新能源汽车考证驾驶一本通

庞永华 编著

化学工业出版社

·北京·

内容简介

本书依据2022年4月1日起实施的《机动车驾驶证申领和使用规定》《道路交通安全违法行为记分管理办法》和2022年5月1日起实施的《机动车登记规定》《机动车驾驶培训教学与考试大纲》，采用集中讲解理论知识的方式，强化各科目的知识点和考试要点，包括道路交通安全法律法规、安全文明驾驶的基本内容和考试内容。本书形式新颖，内容全面，文字简洁，通俗易懂，实用性很强。

本书是汽车驾驶培训学校学员快速掌握新能源汽车驾驶技能和轻松通过各科目考试的良师益友。

图书在版编目（CIP）数据

新能源汽车考证驾驶一本通/庞永华编著. —北京：
化学工业出版社，2022.11
ISBN 978-7-122-41700-8

Ⅰ.①新…　Ⅱ.①庞…　Ⅲ.①新能源-汽车驾驶员-
资格考试-自学参考资料　Ⅳ.①U471.3

中国版本图书馆CIP数据核字（2022）第107734号

责任编辑：黄　滢　　　　　　　　　　装帧设计：刘丽华
责任校对：杜杏然

出版发行：化学工业出版社（北京市东城区青年湖南街13号　邮政编码100011）
印　　装：北京缤索印刷有限公司
787mm×1092mm　1/16　印张14　字数390千字　2023年1月北京第1版第1次印刷

购书咨询：010-64518888　　　　　　　售后服务：010-64518899
网　　址：http://www.cip.com.cn

2022年4月1日，新修订的《机动车驾驶证申领和使用规定》和《道路交通安全违法行为记分管理办法》开始施行，新的《机动车登记规定》也在2022年5月1日正式实施。

为了帮助准备购买和驾驶新能源汽车的读者朋友更好地学习新能源汽车驾驶技术，顺利通过各科目考试，特精心编写了本书。本书形式新颖，集中介绍了新能源汽车基础知识、道路交通安全法律法规、场地驾驶技能、道路驾驶技能、临危处置与事故救护、安全文明驾驶和新能源汽车维护保养，全面解析了科目一考试的各知识点和学习考试技巧，同时介绍了通过科目二考试项目所需的操作要点和方法，以及科目三道路驾驶技能考试和安全文明驾驶常识考试所需的操作规范与知识。学习掌握这些知识和驾驶训练要点，不仅有利于学员顺利通过考试，轻松拿到驾驶证，而且可以帮助初领驾驶证的新手培养良好的驾驶素养，有效规避驾驶风险。

本书文字简洁，尽可能"用图说话"，以大量彩色图片为主进行介绍；对涉及实际驾驶操作的内容配以精美的MP4 3D动画演示视频讲解，扫描书内相应章节的二维码即可观看，直观形象，通俗易懂，实用性很强。理论知识加独家考试精讲，再配以化繁为简、见招拆招的学习和考试技巧，教你轻松通过新能源汽车驾驶人各科目的考试，顺利拿到驾驶证。

本书在编写过程中得到了众多汽车驾驶培训学校教练和网友的大力支持，同时也参考了一些相关资料，在此一并表示衷心的感谢！

由于编者水平有限，书中难免会有不妥和疏漏之处，恳请广大读者批评指正。

编　者

目录

CONTENTS

《新能源汽车考证驾驶一本通》
配套动画演示视频

序号	动画视频内容		页码
9	交通警察的指挥（一）	9.1 停止信号	053
		9.2 直行信号	
		9.3 左转弯信号	
		9.4 左转弯待转信号	
10	交通警察的指挥（二）	10.1 右转弯信号	053
		10.2 变道信号	
		10.3 车辆慢行信号	
		10.4 示意车辆靠边停车信号	
11	场地驾驶技能	11.1 汽车直线行驶	069
		11.2 汽车转弯	
		11.3 汽车掉头	
12	道路驾驶技能（一）	12.1 安全汇入车流	073
		12.2 安全跟车	
		12.3 安全会车	
13	道路驾驶技能（二）	13.1 安全倒车	077
		13.2 安全通过铁路道口	
		13.3 安全通过人行横道	
14	道路驾驶技能（三）	14.1 在红色信号灯亮的路口	079
		14.2 在绿色信号灯亮的路口	
		14.3 通过设有箭头信号灯的路口	
		14.4 礼让行人	
		14.5 没有交通信号灯控制的路口	
		14.6 路口左转弯	
		14.7 有导向箭头的路口左转弯	
		14.8 有交通信号灯控制的路口左转弯	
		14.9 路口右转弯	
		14.10 路口右转弯遇到红灯亮	
15	道路驾驶技能（四）	15.1 安全通过高速公路	089
		15.2 雾天安全驾驶	
		15.3 雨天安全行车	
		15.4 夜间安全驾驶	
16	安全文明驾驶	16.1 公交线路专用车道	097
		16.2 驾驶人文明礼让行为	
		16.3 交通事故	

第1章

新能源汽车基础知识

第1节　新能源汽车的定义

新能源汽车，是指采用新型动力系统，完全或主要依靠新型能源驱动的汽车，主要包括纯电动汽车、插电式混合动力电动汽车、增程式电动汽车和燃料电池汽车。

驾驶新能源汽车，需要的驾驶证最低是C级，和驾驶普通小型汽车没有太大区别。考虑到目前驾校的教练车基本还是以新能源纯电动汽车为主，为方便读者学习和理解，在本书中主要以新能源纯电动汽车C2驾驶证为例进行讲解。如无特别说明，本书所述新能源汽车主要是指纯电动汽车。

新能源纯电动汽车，是指以车载电源（动力电池）为动力，用电机（电动机/发电机）驱动车轮行驶，符合道路交通、安全法规各项要求的车辆。它通过动力电池向电动机提供电能，驱动电动机运转，从而推动汽车前进。

第2节　新能源汽车的基本构造

如图1-1所示为新能源纯电动汽车的基本构造。纯电动汽车都由电力驱动控制系统、底盘、车身和辅助系统四大部分组成，它与传统汽车相比，有着相同的车身和车载电气系统，以及一些基本

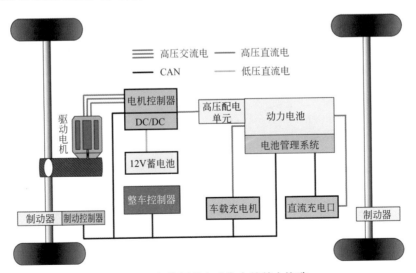

图 1-1　新能源纯电动汽车的基本构造

的液压制动、转向部件。但是，纯电动汽车也有很多自己所独有的结构部件，包括驱动系统、车载12V电源系统以及外部充电系统。

（1）动力电池　动力电池也称动力蓄电池、高压动力电池组或高压电池组，用于存储电能。目前市场上的纯电动汽车的动力电池主要采用的是锂电池，包括磷酸铁锂电池、钴酸锂电池和三元锂电池，能够实现电池的循环充放电。由于纯电动汽车需要有更大存储容量的电池，而按照目前的锂电池技术，电池的体积也会相应地增大。因此，现在大多数的纯电动汽车高压电池组都安装在车辆的底部，没有过多地占用乘客舱的容积。

（2）含电机的变速单元　变速单元是纯电动汽车的动力输出部分，内部主要包括三相电机和减速齿轮机构。如果是前驱的车辆，该系统部件通常安装在前机舱内。

（3）逆变器　逆变器是变速单元的主控部件，通常位于电机变速单元的上部。

（4）车载充电机与充电接口　充电系统通常利用外接220V交流电源，通过充电接口进入车载充电器，车载充电器再通过交直流转换，使得220V交流电转变成直流电提供给动力电池。

传统汽车的四大组成部分是发动机、底盘、车身、电气设备；新能源（纯电动）汽车的四大组成部分是电力驱动控制系统、底盘、车身、辅助系统。新能源汽车与传统汽车的动力区别如图1-2所示。

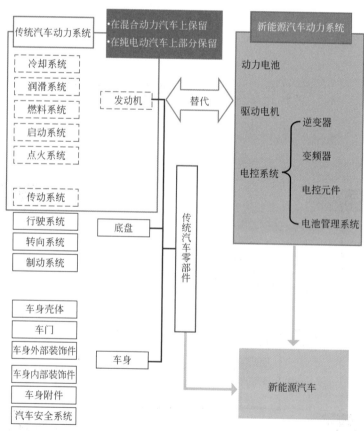

图1-2　新能源汽车与传统汽车的动力区别

第3节　新能源汽车的工作原理

新能源纯电动汽车的基本结构，主要可分为三个子系统，即主能源系统（电动源）、电力驱动系统、能量管理系统。其中，电力驱动系统又由电控系统、电机、机械传动系统和驱动车轮等部分组成，能量管理系统是实现电源利用控制、能量再生、协调控制等功能的关键部件。电力驱动系统是电动汽车的核心，也是其区别于传统汽车的最大不同点。

新能源纯电动汽车的工作原理：动力电池→电流→电力调节器→电机→动力传动系统→驱动汽车行驶，如图1-3所示。

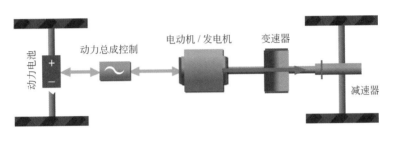

图 1-3　新能源纯电动汽车的工作原理

第4节　新能源汽车的主要安全装置

新能源汽车的主要安全装置与传统汽车一样，有安全头枕、安全带、安全气囊、防抱死制动系统、儿童安全锁、照明与信号装置等，如图1-4所示。

（1）安全头枕　作用是汽车被追尾时，有效保护驾驶人和乘车人的颈椎。调整安全头枕高度时，保持头枕中心与后脑中心平齐，才能发挥保护作用。

（2）安全带　作用是在汽车发生碰撞或紧急制动时，固定驾乘人员位置，减轻对驾乘人员的伤害。驾驶人和乘车人在汽车行驶前，系好安全带是最有效的自我保护方法，在遇到意外危险情况时可以避免受到致命的伤害。

图 1-4　新能源汽车的主要安全装置

（3）安全气囊　这是一种辅助保护装置。汽车发生碰撞时，安全气囊迅速膨胀，在驾乘人员与仪表之间形成一个气垫，从而减轻人体受伤害的程度。安全气囊引爆时会对驾乘人员头部和颈部造成严重伤害，这种伤害对儿童可能是致命的。车辆发生正面碰撞时，只有安全气囊加上安全带的双重保护，才能充分发挥对驾乘人员的保护作用。

（4）防抱死制动系统（ABS）　汽车紧急制动时，ABS可防止车轮抱死，最大限度发挥制动器效能，在提供最大制动力的同时能使车轮保持转向能力，消除制动过程中的跑偏、甩尾等不稳定状态，并获得良好的制动效果。安装防抱死制动系统（ABS）的车辆紧急制动时，可用力踩制动踏板，但在紧急制动的同时转向，车辆还可能侧滑。另外，不要依赖防抱死制动系统（ABS）缩短制动距离，尤其是在冰雪路面上紧急制动时，防抱死制动系统（ABS）无法有效缩短制动距离。

第5节　新能源汽车的仪表装置

　　新能源汽车的仪表板上有各种仪表、指示灯和报警灯，用于帮助驾驶人观察和掌握汽车及各系统的工作情况，提示异常现象和故障，以便及时消除安全隐患。以纯电动汽车为例，和传统汽车的组合仪表相比，少了发动机转速表、冷却液温度表和燃油表，但相应地增加了电机转速表、电流表、电压表和剩余电量表这些与纯电动汽车相关的信息表。

　　（1）车速表　车速表可以显示汽车的行驶速度，单位为千米/时（km/h），车速表指针所指的数字显示当前车辆的行驶速度。

　　（2）转速表　用于显示电动机的即时转速。

　　（3）荷电状态表　显示动力蓄电池的剩余电量，用符号"SOC"表示。

　　（4）电压表　用于测量（显示）动力蓄电池的电压。在组合仪表的标度盘上应标示出恰当的工作电压范围，通常电压在300V以上。

　　（5）电流表　电流表测量（显示）动力蓄电池的电流。

　　（6）指示灯和报警灯　仪表板上的各种指示灯和报警灯亮时，提示驾驶人判断车辆各部件运行情况或异常现象，及时发现安全隐患，预防机械事故发生，保证车辆正常运行。传统汽车一般涉及油量报警、冷却液温度报警、发动机故障报警、机油压力报警和真空度报警等指示灯，纯电动汽车可以取消这些与发动机相关的指示灯，同时需要增加与动力电池、电机相关的指示灯，如运行准备就绪、动力电池充电状态、电机及控制器过热、系统故障、动力蓄电池故障等。纯电动汽车的信息指示，更多地选用数字或液晶屏幕显示。

　　以比亚迪e5 450纯电动汽车为例，其组合仪表与传统汽车仪表所显示的信息有所不同，仪表外形如图1-5所示，主要显示功率、车速、剩余电量、警告信息等。比亚迪e5 450纯电动汽车的仪表指示灯、警告灯的含义如表1-1所示。

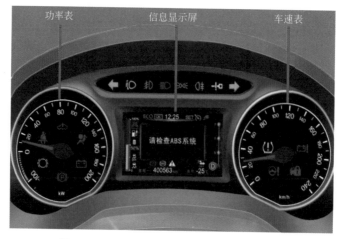

图1-5　比亚迪 e5 450 纯电动汽车组合仪表

表 1-1　比亚迪 *e5* 450 纯电动汽车的仪表指示灯、警告灯的含义

指示灯、警告灯	含义	指示灯、警告灯	含义
	驻车制动故障警告灯		ESP 故障警告灯
	驾驶员座椅安全带指示灯		防盗指示灯
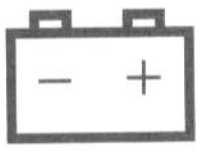	充电系统警告灯		主报警指示灯
	前雾灯指示灯	ECO	ECO 指示灯
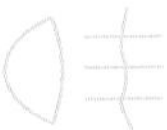	后雾灯指示灯		动力电池电量低警告灯
	智能钥匙系统警告灯	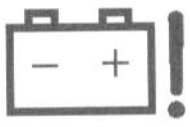	动力电池故障警告灯
 (ABS)	ABS 故障警告灯		胎压故障警告灯
	电机冷却液温度过高警告灯	 (P)	电子驻车状态指示灯
	车门状态指示灯	OK	OK 指示灯
	SRS 故障警告灯		动力系统故障警告灯
	EPS 故障指示灯		动力电池过热警告灯
	近光指示灯		动力电池充电连接指示灯
	远光指示灯		巡航主指示灯
	转向指示灯	SET	巡航控制指示灯

第6节 新能源汽车的操纵机构

图1-6 比亚迪 *e5* 450 纯电动汽车操纵机构

比亚迪*e5* 450纯电动汽车操纵机构如图1-6所示。

（1）方向盘 作用就是在驾驶人的操纵下改变或保持汽车行驶方向。

（2）加速踏板 纯电动汽车上的加速踏板，其本质是一个传感器，传递的信息是驾驶人的驾驶意图。

（3）制动踏板 这是强制汽车减速或停车的操纵机件。

（4）变速杆 操纵变速杆，变换变速器内不同齿轮的啮合，可改变汽车的动力、速度和进退方向，使汽车加速、减速，实现倒车。

（5）驻车制动杆 驻车制动杆控制驻车制动系统，可以使汽车可靠地停住而不溜滑。拉紧驻车制动杆起制动作用，放下后制动作用解除。比亚迪*e5* 450纯电动汽车采用电子驻车开关，标识是"Ⓟ"，一般简称为电子手刹。

（6）各种开关 主要有点火开关、刮水器和洗涤器开关、雾灯开关、灯光和信号组合开关、除雾器开关等。

温馨提示

有的新能源纯电动汽车上的单踏板控制，如图1-7所示，其实硬件上也是两个踏板，即制动踏板和加速踏板。单踏板不仅仅用于控制车辆加速过程，还可以控制减速过程。驾驶人踩下加速踏板时，车辆加速行驶；松开加速踏板时，车辆减速。单踏板控制能够满足驾驶人日常90%的操作需求，避免了驾驶人不断轮流踩踏加速踏板和制动踏板的情况，有助于减轻驾驶压力。

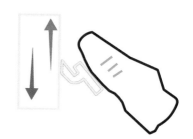

图1-7 单踏板控制示意
（踩下时加速，松开时减速）

第7节 新能源汽车的优缺点

随着新能源汽车的快速发展，很多人已经接触或购买了新能源汽车，人们对它褒贬不一。现在以纯电动汽车为例，简单介绍一下其优缺点。

（1）纯电动汽车的优点

1）没有污染，非常环保。纯电动汽车采用动力电池组及电机驱动动力，它工作时不会像传统汽车那样产生废气，不会造成污染，非常环保。

2）噪声很低，几乎没有。纯电动汽车不会像传统汽车那样产生噪声，它的噪声几乎没有。

3）成本低廉，经济实惠。纯电动汽车的使用成本低廉，只有汽油车的1/5左右，而且能量转换效率高，同时可回收制动、下坡时的能量。

4）结构简单，维修方便。纯电动汽车比传统汽车结构简单，运转、传动部件少，维修保养工作量小。纯电动汽车采用电动机及电池驱动，只需定期检查电动机和电池等组件即可。

5）政策优惠，国家支持。纯电动汽车摇号中签率高，免征购置税等政策上的优势较为明显。

6）驾驶操控，极其简单。纯电动汽车的有些部件，根据所选的驱动方式不同，已被简化或省去了，所以比传统汽车更容易驾驶。

（2）纯电动汽车的缺点

1）续航里程，不够理想。纯电动汽车的续航里程一般是500km左右，再加上天气、路况、电池等方面因素，实际的续航能力也会打折扣。

2）充电时间，有点过长。纯电动汽车的充电时间长，一般正常的充电时间为8h左右，快速充电也至少需要1h。

3）配套设施，不够完善。目前，国内的充电站数量有限，要想像传统汽车加油那样方便，还需要较长的时间来建设配套基础设施。

第1节　驾驶证申领与使用

　　新能源汽车和传统汽车一样，需要驾驶人依法取得驾驶证后，才能上路行驶。由于新能源汽车大多数都是自动挡，因此对于普通汽车消费者，只需要拥有小型自动挡汽车驾驶证（C2）即可。

　　（1）C2驾驶证的申请条件

　　1）年龄条件：18周岁以上，70周岁以下；年龄在70周岁以上，但能够通过记忆力、判断力、反应力等能力测试的。

　　2）身体条件：无身高限制，其他条件如下。

　　❶ 视力：两眼裸视力或者矫正视力达到对数视力表4.9以上；单眼视力障碍，优眼裸视力或者矫正视力达到对数视力表5.0以上，且水平视野达到150°的。

　　❷ 辨色力：无红绿色盲。

　　❸ 听力：两耳分别距音叉50cm能辨别声源方向。有听力障碍但佩戴助听设备能够达到以上条件的。

　　❹ 上肢：双手拇指健全，每只手其他手指必须有三指健全，肢体和手指运动功能正常；手指末节残缺或者左手有三指健全，且双手手掌完整。

　　❺ 下肢：双下肢健全且运动功能正常，不等长度不得大于5cm；单独左下肢缺失或者丧失运动功能，但右下肢正常。

　　❻ 躯干、颈部：无运动功能障碍。

　　3）禁止申请条件：有下列情形之一的人员，不得申请机动车驾驶证。

　　❶ 有器质性心脏病、癫痫病、美尼尔氏症、眩晕症、癔症、震颤麻痹、精神病、痴呆以及影响肢体活动的神经系统疾病等妨碍安全驾驶疾病的。

　　❷ 3年内有吸食、注射毒品行为或者解除强制隔离戒毒措施未满3年，以及长期服用依赖性精神药品成瘾尚未戒除的。

　　❸ 造成交通事故后逃逸构成犯罪的。

　　❹ 饮酒后或者醉酒驾驶机动车发生重大交通事故构成犯罪的。

　　❺ 醉酒驾驶机动车或者饮酒后驾驶营运机动车，依法被吊销机动车驾驶证未满5年的。

　　❻ 醉酒驾驶营运机动车，依法被吊销机动车驾驶证未满10年的。

　　❼ 驾驶机动车追逐竞驶、超员、超速、违反危险化学品安全管理规定运输危险化学品构成犯罪，依法被吊销机动车驾驶证未满5年的。

　　❽ 因第❹项以外的其他违反交通管理法律法规的行为发生重大交通事故构成犯罪，依法被吊销机动车驾驶证未满10年的。

⑨ 因其他情形依法被吊销机动车驾驶证未满2年的。

⑩ 驾驶许可依法被撤销未满3年的。

⑪ 未取得机动车驾驶证驾驶机动车，发生负同等以上责任交通事故造成人员重伤或者死亡未满10年的。

⑫ 3年内有代替他人参加机动车驾驶人考试的。

⑬ 法规、行政法规规定的其他情形。

（2）申领C2驾驶证的条件

1）初次申领机动车驾驶证。

2）已持有低速载货汽车、三轮汽车、轻型牵引挂车、普通三轮摩托车、普通二轮摩托车、轻便摩托车、轮式专用机械车、无轨电车、有轨电车驾驶证的，可以申请增驾。条件是在本记分周期和申请前最近一个记分周期内没有记满12分记录。

（3）学习机动车驾驶

在道路上学习驾驶，应当随身携带学习驾驶证明，使用教练车或者学车专用标识签注的自学用车，在教练员或者学车专用标识签注的指导人员随车指导下，按照公安机关交通管理部门指定的路线、时间学习。自学直考人员在道路上学习驾驶时，应当在自学用车上按规定放置、粘贴学车专用标识，自学用车不得搭载随车指导人员以外的其他人员。

（4）机动车驾驶人考试科目

1）道路交通安全法律、法规和相关知识考试科目（科目一）。

2）场地驾驶技能考试科目（科目二）。

3）道路驾驶技能和安全文明驾驶常识考试科目（科目三）。

（5）机动车驾驶证核发

申请人考试合格后，在接受不少于半小时的交通安全文明驾驶常识和交通事故案例警示教育，并参加领证宣誓仪式后，当日核发机动车驾驶证。

（6）机动车驾驶证的换证、补证

1）在驾驶证的6年有效期内，每个记分周期均未记满12分的，换发10年有效期的驾驶证；在驾驶证的10年有效期内，每个记分周期均未记满12分的，换发长期有效的驾驶证。

2）在驾驶证有效期满前90日内，驾驶人向驾驶证核发地或者核发地以外的车辆管理所申请换证。

3）驾驶证遗失的，驾驶人要向驾驶证核发地或者核发地以外的车辆管理所申请补发。符合规定的，在1日内补发驾驶证。补领驾驶证后，原驾驶证作废，不得继续使用。驾驶证被依法扣押、扣留或者暂扣期间，驾驶人不得申请补发。

（7）驾驶证的实习期

1）初次申领机动车驾驶证后的12个月为实习期。

2）在实习期内驾驶机动车的，应当在车身后部粘贴或者悬挂统一式样的实习标志。

3）在实习期内不得驾驶公共汽车、营运客车或者执行任务的警车、消防车、救护车、工程抢险车以及载有爆炸物品、易燃易爆化学物品、剧毒或者放射性等危险物品的机动车；驾驶的机动车不得牵引挂车。

4）在实习期内驾驶机动车上高速公路行驶，应当由持相应或者更高准驾车型驾驶证3年以上的驾驶人陪同。在增加准驾车型后的实习期内，驾驶原准驾车型的机动车时不受上述限制。

5）在实习期内有记满12分记录的，注销实习的准驾车型驾驶资格。被注销的驾驶资格不属于最高准驾车型的，注销最高准驾车型驾驶资格。

（8）驾驶证的审验

1）持有C2驾驶证的驾驶人，发生交通事故造成人员死亡，承担同等以上责任未被吊销驾驶证的，应当在本记分周期结束后30日内到公安机关交通管理部门接受审验。

2）年龄在70周岁以上的驾驶人，发生责任交通事故造成人员重伤或者死亡的，应当在本记分周期结束后30日内到公安机关交通管理部门接受审验。

3）对道路交通安全违法行为或者交通事故未处理完毕的、身体条件不符合驾驶许可条件的以及未按照规定参加学习、教育和考试的，不予通过审验。

（9）驾驶证的注销

驾驶人具有以下情形之一的，将被注销驾驶证。

1）死亡。

2）提出注销申请。

3）丧失民事行为能力，监护人提出注销申请。

4）身体条件不适合驾驶机动车。

5）有器质性心脏病、癫痫病、美尼尔氏症、眩晕症、癔症、震颤麻痹、精神病、痴呆以及影响肢体活动的神经系统疾病等妨碍安全驾驶疾病。

6）被查获有吸食、注射毒品后驾驶机动车的行为，依法被责令社区戒毒、社区康复或者决定强制隔离戒毒，或者长期服用依赖性精神药品成瘾尚未戒除。

7）代替他人参加机动车驾驶人考试。

8）超过驾驶证有效期1年以上未换证。

9）年龄在70周岁以上，在一个记分周期结束后1年内未提交身体条件证明。

10）驾驶证依法被吊销或者驾驶许可依法被撤销。

（10）驾驶证累积记分

依据2022年4月1日起施行的《道路交通安全违法行为记分管理办法》，公安机关交通管理部门对驾驶人的交通违法行为除依法给予行政处罚外，实行累积记分制度，见表2-1。

1）记分周期为12个月，满分12分。

2）记分周期自驾驶人初次领取驾驶证之日起连续计算，或者自初次取得临时驾驶证许可之日起累积计算。

3）记分达到满分的，驾驶人应当参加满分学习、考试。

表2-1 道路交通安全违法行为记分分值（C2驾驶证）

记分分值	一次记12分
记分项目	（1）酒后驾车 （2）造成致人轻伤以上或者死亡的交通事故后逃逸，尚不构成犯罪 （3）使用伪造、变造的机动车号牌、行驶证、驾驶证、校车标牌或者使用其他机动车号牌、行驶证 （4）超员100%以上 （5）在高速公路、城市快速路上行驶超速50%以上 （6）在高速公路、城市快速路上倒车、逆行、穿越中央分隔带掉头 （7）代替实际机动车驾驶人接受交通违法行为处罚和记分牟取经济利益
记分分值	一次记9分
记分项目	（1）驾驶7座以上载客汽车超员50%以上未达到100% （2）在高速公路或者城市快速路上违法停车 （3）驾驶未悬挂机动车号牌或者故意遮挡、污损机动车号牌的机动车上道路行驶 （4）准驾不符

续表

记分分值	一次记6分
记分项目	（1）驾驶校车、公路客运汽车、旅游客运汽车载人超员未达到20%，或者驾驶7座以上载客汽车超员20%以上未达到50%，或者驾驶其他载客汽车超员50%以上未达到100% （2）驾驶校车、中型以上载客载货汽车、危险物品运输车辆以外的机动车在高速公路、城市快速路上行驶超速20%以上未达到50%，或者在高速公路、城市快速路以外的道路上行驶超速50%以上 （3）驾驶机动车不按交通信号灯指示通行 （4）驾驶证被暂扣或者扣留期间驾驶机动车 （5）造成致人轻微伤或者财产损失的交通事故后逃逸，尚不构成犯罪 （6）在高速公路或者城市快速路上违法占用应急车道行驶
记分分值	一次记3分
记分项目	（1）驾驶校车、公路客运汽车、旅游客运汽车、7座以上载客汽车以外的其他载客汽车超员20%以上未达到50% （2）驾驶校车、中型以上载客载货汽车、危险物品运输车辆以外的机动车在高速公路、城市快速路以外的道路上行驶超速20%以上未达到50% （3）在高速公路或者城市快速路上不按规定车道行驶 （4）不按规定超车、让行，或者在高速公路、城市快速路以外的道路上逆行 （5）遇前方机动车停车排队或者缓慢行驶时，借道超车或者占用对面车道、穿插等候车辆 （6）驾驶机动车有拨打、接听手持电话等妨碍安全驾驶的行为 （7）行经人行横道不按规定减速、停车、避让行人 （8）不按规定避让校车 （9）驾驶不按规定安装机动车号牌的机动车上道路行驶 （10）在道路上车辆发生故障、事故停车后，不按规定使用灯光或者设置警告标志 （11）在高速公路上行驶低于规定最低时速
记分分值	一次记1分
记分项目	（1）不按规定会车，或者在高速公路、城市快速路以外的道路上不按规定倒车、掉头 （2）不按规定使用灯光 （3）违反禁令标志、禁止标线指示 （4）驾驶机动车载货长度、宽度、高度超过规定 （5）驾驶未按规定定期进行安全技术检验的公路客运汽车、旅游客运汽车、危险物品运输车辆以外的机动车上道路行驶 （6）未按规定系安全带

第2节 道路通行规则

在道路上通行的车辆、行人以及与道路交通活动有关的单位和个人，应当遵守道路交通安全法律、法规的规定，按照道路交通的通行原则和法律、法规所赋予的权利及义务进行道路交通活动。

（1）道路的概念 《道路交通安全法》中所称的"道路"，是指公路、城市道路和虽在单位管辖范围但允许社会机动车通行的地方，包括广场、公共停车场等用于公众通行的场所，如图2-1所示。

（a）公路

（b）城市道路

图 2-1　道路

（2）道路通行原则

1）右侧通行原则：机动车、非机动车实行右侧通行。右侧通行是指机动车、非机动车在道路上行驶时，如道路上划设中心线、中心隔离设施的，以中心线、中心隔离设施为界，靠道路右侧通行；未划设中心线、中心隔离设施的，一律靠道路右侧行驶，如图2-2所示。

（a）道路上划设中心线、中心隔离设施的，以中心线、中心隔离设施为界，靠道路右侧通行

（b）道路上未划设中心线、中心隔离设施的，一律靠道路右侧通行

图 2-2　右侧通行原则

2）分道通行原则：是指车辆、行人按照道路交通安全法规规定在道路上不同的空间内通行，是车辆和行人共同遵守的通行原则，也是交通法规赋予交通参与者在道路上的通行权利。

❶ 道路划分为机动车道、非机动车道和人行道的路段，机动车、非机动车和行人实行分道通行。

❷ 道路没有划分机动车道、非机动车道和人行道的，机动车在道路中间通行，非机动车和行人在道路两侧通行。

❸ 道路划设专用车道的，在专用车道内只准许规定的车辆通行，其他车辆不准进入专用车道内行驶。比如，公交专用车道。

❹ 在同方向划有2条以上机动车道的路段，左侧为快速车道，右侧为慢速车道。在快速车道行驶的机动车，按照快速车道规定的速度行驶，未达到快速车道规定的行驶速度的车辆在慢速车道行驶。慢速车道内的机动车超越前车时，可以借用快速车道行驶。

3）优先通行原则：指车辆或行人在道路上相遇时，依据道路交通安全法规规定的其中一方优先通行，另一方应当依法履行让行的义务在其后通行。

4）安全通行原则：这是道路交通管理的总原则，任何情况下都是安全第一。

扫一扫看动画视频

第3节 新能源汽车通行规定

（1）交叉路口通行规定 驾驶机动车通过交叉路口，要按照交通信号灯、交通标志、交通标线或者交通警察的指挥通过。通过没有交通信号灯、交通标志、交通标线或者交通警察指挥的交叉路口时，要减速慢行，并让行人和优先通行的车辆先行。

1）通过有交通信号灯控制的交叉路口。

❶ 在划有导向车道的路口，按所需行进方向驶入导向车道（图2-3）。

❷ 准备进入环形路口的，让已在路口内的机动车先行。

❸ 向左转弯时，靠路口中心点左侧转弯。转弯时开启转向灯，夜间行驶时开启近光灯。

❹ 遇放行信号时，依次通过。

❺ 遇停止信号时，依次停在停止线以外。没有停止线的，停在路口以外。

❻ 向右转弯遇有同车道前车正在等候放行信号时，依次停车等候。

❼ 在没有方向指示信号灯的交叉路口，转弯的机动车让直行的车辆、行人先行。相对方向行驶的右转弯机动车让左转弯车辆先行。

2）通过没有交通信号灯控制也没有交通警察指挥的交叉路口。

❶ 准备进入环形路口的，让已在路口内的机动车先行（图2-4）。

❷ 向左转弯时，靠路口中心点左侧转弯。转弯时开启转向灯，夜间行驶时开启近光灯。

❸ 有交通标志、标线控制的，让优先通行的一方先行。

❹ 没有交通标志、标线控制的，在进入路口前停车瞭望，让右方道

图2-3 在划有导向车道的路口，按所需行进方向驶入导向车道

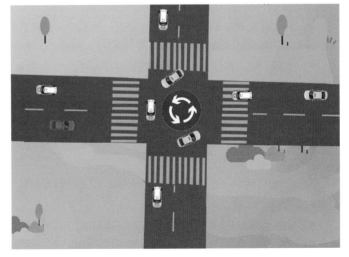

图2-4 准备进入环形路口的，让已在路口内的机动车先行

路的来车先行。

⑤ 转弯的机动车让直行的车辆先行。

⑥ 相对方向行驶的右转弯的机动车让左转弯的车辆先行。

（2）行驶速度规定　驾驶机动车上道路行驶，不得超过限速标志、标线标明的速度。在没有限速标志、标线的路段，应当保持安全车速。驾驶新能源汽车在高速公路、城市快速路上行驶超过规定时速50%以上，处200元以上2000元以下罚款，记12分，可以并处吊销机动车驾驶证。

1）在没有限速标志、标线和道路中心线的城市道路上行驶时，最高车速为30km/h。

2）在没有限速标志、标线和道路中心线的公路上行驶时，最高车速为40km/h（图2-5）。

3）在没有限速标志、标线，且同方向只有1条机动车道的城市道路上行驶时，最高车速为50km/h。

4）在没有限速标志、标线，且同方向只有1条机动车道的公路上行驶时，最高车速为70km/h（图2-6）。

图 2-5　没有道路中心线的公路上
最高车速为 40km/h

图 2-6　同方向只有 1 条机动车道
的公路上最高车速为 70km/h

5）在高速公路上行驶时，最高车速不得超过120km/h，最低车速不得低于60km/h。

6）在同方向有2条车道的高速公路左侧车道上行驶时，车速不能低于100km/h。

7）在同方向有3条以上车道的高速公路最左侧车道上行驶时，车速不能低于110km/h；在中间车道上行驶时，车速不能低于90km/h。

8）进出非机动车道，通过铁路道口、急弯路、窄路、窄桥，在冰雪、泥泞的道路上行驶，掉头、转弯、下陡坡，最高行驶速度都不得超过30km/h。

9）遇雾、雨、雪、沙尘、冰雹天气，以及能见度在50m以内时，要降低行驶速度，最高行驶速度都不得超过30km/h。

（3）超车规定　超车是指同一车行道行驶的车辆，后车从左侧超越前车的过程。

1）驾驶机动车超车时，提前开启左转向灯，变换使用远、近光灯或者鸣喇叭提示前车。在确认有充足的安全距离后，从前车的左侧超越。在与被超车辆拉开必要的安全距离后，开启右转向灯，驶回原车道（图2-7）。

2）不得在铁路道口、交叉路口、窄桥、弯道、陡坡、隧道、人行横道、市区交通流量大的路段等没有超车条件的路段超车。

3）在慢速车道内行驶，需要超越同车道行驶的前车时，可以借用快速车道行驶。

4）从左侧超车时，无法保证与正常行驶前车的横向安全间距，或发现对面来车有会车可能时，要主动放弃超车（图2-8）。

机动车超车时，提前开启左转向灯，变换使用远、近光灯或者鸣喇叭提示前车

图 2-7　超车时，后车从前车的左侧超越　　　　图 2-8　与对面来车有会车可能时，不得超车

5）遇到前方同车道行驶的执行紧急任务的警车、消防车、救护车、工程抢险车时，不得超车。

6）在没有道路中心线或者同方向只有1条机动车道的道路上，前车遇后车发出超车信号时，在条件许可的情况下，应降低速度，靠右让路。

7）遇到前车正在左转弯、掉头、超车时，不得超车。

（4）会车规定　在没有中心隔离设施或者没有中心线的道路上，机动车遇相对方向来车时应当遵守下列规定。

1）减速靠右行驶，并与其他车辆、行人保持必要的安全距离。

2）在有障碍的路段，无障碍的一方先行。但是，有障碍的一方已驶入障碍路段而无障碍的一方未驶入时，有障碍的一方先行。

3）在狭窄的坡路，上坡的一方先行。但是，下坡的一方已行至中途而上坡的一方未上坡时，下坡的一方先行。

4）在狭窄的山路，不靠山体的一方先行。

5）夜间会车，应当在距相对方向来车150m以外改用近光灯，在窄路、窄桥与非机动车会车时应当使用近光灯。

扫一扫看动画视频

（5）掉头规定

1）掉头时，要严格控制车速，仔细观察道路前后方情况，确认安全。

2）在没有禁止掉头或者没有禁止左转弯标志、标线的地点可以掉头，但不得妨碍正常行驶的其他车辆和行人的通行。

3）在有禁止掉头或禁止左转弯标志、标线的地点以及在铁路道口、人行横道、桥梁、急弯、陡坡、隧道或容易发生危险的路段，不得掉头（图2-9）。

（6）倒车规定

1）倒车时，要查明车后情况，确认安全后倒车。

2）不得在铁路道口、交叉路口、单行路、桥梁、急弯、陡坡或者隧道中倒车。

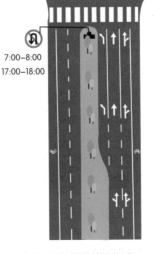

（a）在有禁止掉头标志、标线的地点，不得掉头　　（b）在有禁止左转弯标志、标线的地点，不得掉头

图 2-9　禁止掉头

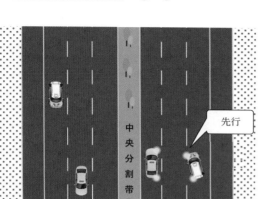

图 2-10　左右两侧车道的车辆向同一车道变更时，
左侧车道的车辆让右侧车道的车辆先行

图 2-11　在车道减少的路段，遇前车停车排队
或缓慢行驶时，要依次通行

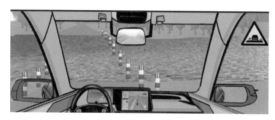

图 2-12　驾驶机动车行经漫水路或者漫水桥时，
要停车查明水情，确认安全后低速通过

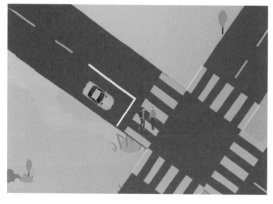

图 2-13　通过人行横道

（7）变更车道规定

1）在道路上变更车道，不能影响其他车辆正常行驶。

2）在道路同方向划有2条以上机动车道的路段，变更车道的机动车不得影响相关车道内行驶的机动车的正常行驶。

3）不得频繁变更车道。

4）在道路同方向划有2条以上机动车道的，不得一次连续变更2条以上机动车道。

5）左右两侧车道的车辆向同一车道变更时，左侧车道的车辆让右侧车道的车辆先行（图2-10）。

6）遇到交通警察发出变更车道手势信号时，要及时按交通警察手势方向变更车道，腾空指定的车道并减速慢行。

（8）缓慢和拥堵路段通行规定

1）遇到前方车辆停车排队等候或者缓慢行驶时，不得借道超车或者占用对面车道，不得在等候的车辆中穿插。

2）在车道减少的路口、路段，遇到前方机动车停车排队等候或者缓慢行驶的，应当每车道一辆车依次交替驶入车道减少后的路口、路段（图2-11）。

3）遇到前方交叉路口交通阻塞时，要依次停在路口以外等候，不得进入路口。

（9）漫水路、漫水桥通行规定　驾驶机动车行经漫水路或者漫水桥时，要停车查明水情，确认安全后低速通过，如图2-12所示。

（10）人行横道通行规定

1）行经人行横道时，要减速慢行；遇行人正在通过人行横道时，要停车让行人先行（图2-13）；不得在人行横道区域内停车等候。

2）经过没有交通信号的道路时，遇行人横过道路，要及时减速或停车避让。

（11）铁路道口通行规定

1）驾驶机动车通过铁路道口时，应自觉遵守通行规定，避免事故。

2）通过有交通信号或者管理人员的铁路道口时，要按照交通信号或者管理人员的指挥通行。

3）通过没有交通信号或者管理人员的铁路道口时，要减速或者停车观察，确认安全后以不超过30km/h的车速通过。

4）如图2-14所示，通过道路与铁路平面交叉道口，有两个红灯交替闪烁或一个红灯亮时，要将车停在停止线以外等待，等红灯熄灭时通行。对于没有停止线的铁路道口，要将车辆停在距离道口50m以外。

（12）灯光和喇叭使用规定 灯光和喇叭是机动车保证行驶安全，并与其他交通参与者交换交通信息的装置。驾驶机动车上路行驶，必须保证灯光齐全和喇叭有效。

1）灯光的使用规定：灯光主要包括转向灯、前照灯、后位灯、示廓灯、制动灯等。驾驶人必须保证灯光齐全、有效，并按照道路交通安全法规的要求正确使用。

图2-14 通过铁路道口

❶ 机动车在夜间路灯开启期间，应当开启前照灯、示廓灯和后位灯，如图2-15所示。

❷ 向左转弯、向左变更车道、准备超车、驶离停车地点或者掉头时，应当提前100～50m开启左转向灯。

❸ 向右转弯、向右变更车道、超车完毕驶回原车道、靠路边停车时，应当提前100～50m开启右转向灯。

❹ 机动车在夜间没有路灯、照明不良或者遇有雾、雨、雪、沙尘、冰雹等低能见度情况下行驶时，要开启前照灯、示廓灯和后位灯，但同方向行驶的后车与前车近距离行驶时，不得使用远光灯。雾天行驶，还应当开启雾灯和危险警告灯。

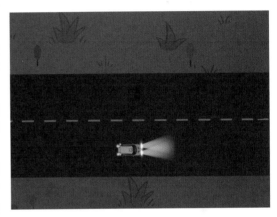

图2-15 使用灯光

❺ 机动车在夜间通过急弯、坡路、拱桥、人行横道或者没有交通信号灯控制的路口时，应当交替使用远、近光灯示意。

❻ 机动车在行驶中不得使用危险警告灯，但道路交通安全法律、法规规定的牵引与被牵引的机动车、道路作业车辆、警车护卫的车队以及低能见度气象条件下行驶的机动车除外。

2）喇叭的使用规定：机动车驶近急弯、坡路顶端等影响安全视距的路段以及超车或者遇有紧急情况时，应当减速慢行，并鸣喇叭示意。在禁止鸣喇叭的区域及夜间驾驶车辆，应当用变换远、近灯光的方式替代喇叭。

（13）装载规定

1）载物规定：机动车载物不得超过核定的载质量。载物长度、宽度不得超出车厢。载客汽车除车身外部的行李架和内置的行李舱外，不得载货。载客汽车行李架载货，从车顶起高度不得超过0.5m，从地面起高度不得超过4m。

2）载人规定：机动车载人不得超过核定的人数。机动车在行驶中，乘车人不得将身体任何部分伸出车外，不得跳车。

（14）牵引故障车（图2-16）规定

1）被牵引的机动车除驾驶人外，不得载人，不得拖带挂车。

2）被牵引的机动车宽度不得大于牵引车的宽度。

图 2-16　牵引故障车

3）使用软连接牵引装置时，牵引车与被牵引车之间的安全距离应大于4m、小于10m。

4）对制动失效的被牵引车，应当使用硬连接牵引装置牵引。

5）牵引车和被牵引车都要开启危险警告灯。

6）汽车吊车和轮式专用机械车不得牵引车辆。

7）不得牵引摩托车。

8）转向或者照明、信号装置失效的故障车，应当使用专用清障车拖曳。

（15）机动车发生故障时的规定

1）机动车在道路上发生故障，需要停车排除故障时，应立即开启危险警告灯，将车移至不妨碍交通的地方停放。

2）机动车在道路上发生故障或者发生交通事故后，难以移动至不妨碍交通的地方的，应当持续开启危险警告灯，白天在车后50m以上，夜间在100m以上设置警告标志，同时开启示廓灯和后位灯，必要时报警。

（16）停车规定

1）长时间停放机动车的规定：机动车的停放是指驾驶人离开车辆，长时间地停留。

❶ 机动车应当在停车场或者交通标志、标线规定的道路停车泊位内停放（图2-17）。

❷ 在施划停车泊位的地点停放时，应按顺行方向停放，车身不得超出停车泊位，并做到关闭电路，锁好车门。

❸ 借道进出停车场或者道路停车泊位的，不得妨碍其他车辆或者行人正常通行。

❹ 禁止在人行道上停放机动车。

2）临时停车规定：临时停车是指车辆在非禁止停车的路段，在驾驶人不离开车辆的情况下，靠道路右边按顺行方向的短暂停留（图2-18）。在道路上临时停车时，不得妨碍其他车辆和行人通行。

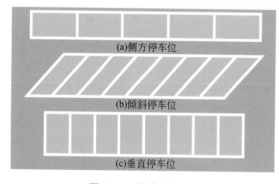

图 2-17　停车方位线

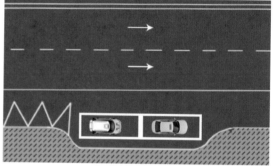

图 2-18　按顺行方向停放

❶ 车身右侧紧靠边缘，不得超过30cm，同时开启危险警告灯。

❷ 在设有禁停标志、标线的路段，在机动车道与非机动车道、人行道之间设有隔离设施的路段以及人行横道、施工地段，不得停车。

❸ 交叉路口、铁路道口、急弯路、宽度不足4m的窄路、桥梁、陡坡、隧道以及距离上述地点50m以内的路段，不得停车（图2-19）。

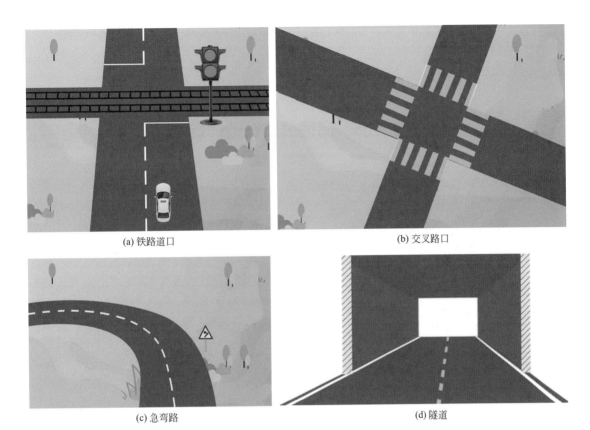

(a) 铁路道口   (b) 交叉路口

(c) 急弯路   (d) 隧道

图 2-19 上述地点及距离上述地点 50m 以内的路段，不得停车

❹ 公共汽车站、急救站、加油站、消防栓或者消防队（站）门前以及距离上述地点 30m 以内的路段，除使用上述设施的机动车外，不得停车。

❺ 车辆没有停稳前，不得开车门和上下人员。开关车门不得妨碍其他车辆和行人通行。

❻ 路边停车应当紧靠道路右侧，驾驶人不得离车，上下人员或者装卸物品后立即驶离。

❼ 夜间或者遇风、雨、雾等低能见度气象条件下停车，要开启示廓灯、后位灯、雾灯。

（17）特种车辆的避让规定

1）驾驶机动车遇到执行紧急任务的警车、消防车、救护车、工程抢险车时要及时让行。

2）驾驶机动车遇到正在进行作业的道路养护车辆、工程作业车时要注意避让。

（18）驾驶人的安全行为规定 驾驶人应当自觉遵守道路交通安全法规，不得有下列行为。

1）在车门、车厢没有关好时行车。

2）在机动车驾驶室的前后窗范围内悬挂、放置妨碍驾驶人视线的物品。

3）拨打和接听手持电话、观看电视等妨碍安全驾驶的行为。

4）下陡坡时熄火或者空挡滑行。

5）向道路上抛撒物品。

6）连续驾车超过 4h 未停车休息或者停车休息时间少于 20min。

7）在禁止鸣喇叭的区域或路段鸣喇叭。

扫一扫看动画视频

（19）驾驶机动车上路行驶的条件

1）机动车上路行驶前，应当对机动车的安全技术性能进行认真检查，不得驾驶安全设施不全或者机件不符合技术标准等具有安全隐患的机动车。

2）上道路行驶的机动车，应当悬挂机动车号牌，随身携带机动车行驶证，放置检验合格标志、保险标志、环保标志。机动车号牌应当按照规定悬挂并保持清晰、完整，不得故意遮挡、污损。

3）严格遵守道路交通安全法规对车辆报废的规定，应当报废的机动车必须及时办理注销登记。达到报废标准的机动车，不得上道路行驶。

第4节　高速公路管理规定

图2-20　高速公路管理规定

（1）驶入规定　驾驶机动车从匝道驶入高速公路，在高速公路三角地带开启左转向灯，注意观察行车道内的车辆，正确选择汇入行车道的时机，以确保安全。

（2）限速规定　机动车在高速公路上行驶时，最高车速不得超过120km/h（图2-20），最低车速不得低于60km/h。在高速公路上行驶的小型载客汽车最高车速不得超过120km/h，其他机动车不得超过100km/h，摩托车不能超过80km/h。同方向有2条车道的，左侧车道的最低车速为100km/h；同方向有3条以上车道的，最左侧车道的最低车速为110km/h，中间车道的最低车速为90km/h。道路限速标志标明的车速与上述车道行驶车速的规定不一致的，按照道路限速标志标明的车速行驶。

（3）安全距离规定　驾驶机动车在高速公路上行驶，车速超过100km/h，与同车道前车保持100m以上的距离；车速低于100km/h，与同车道前车距离可以适当缩短，但最小距离不得小于50m。

（4）驶离规定　驾驶机动车驶离高速公路时，要开启右转向灯，驶入减速车道，按照标志限定的速度，降低车速后驶离。

（5）特殊情形规定　驾驶机动车在高速公路遇雾、雨、雪、沙尘、冰雹等，能见度小于200m时，车速不得超过60km/h，与同车道前车保持100m以上的距离；能见度小于100m时，车速不得超过40km/h，与同车道前车保持50m以上的距离；能见度小于50m时，车速不得超过20km/h，并从最近的出口尽快驶离高速公路。

（6）驾驶机动车发生故障或交通事故时的规定　驾驶机动车在高速公路上发生故障时，应迅速将车辆移至不妨碍交通的地方停放。故障车难以移动时，要立即开启危险警告灯，在故障车来车方向150m以外设置警告标志，车上人员应迅速转移到右侧路肩上或者应急车道内，并迅速报警。机动车在高速公路上发生故障或者交通事故，无法正常行驶时，应当由救援车、清障车拖曳、牵引。

（7）高速公路上禁止行为　不得在高速公路上倒车、逆行、穿越中央分隔带掉头或者在行车道内停车；不得在匝道、加速车道或者减速车道上超车；不得骑、轧车行道分界线或者在路肩上行驶；不得试车或者学习驾驶机动车；不得在非紧急情况时在应急车道行驶或者停车。

扫一扫看动画视频

温馨提示

驾驶新能源纯电动汽车，上高速公路前一定要注意电量和续航里程。现在大多数高速公路的服务区都有充电桩，如果电量不够可以到就近的服务区进行充电，不过事先一定要做好规划。

第5节 道路交通事故处理

交通事故，就是指车辆在道路上因过错或意外造成的人身伤亡或财产损失的事件（图2-21）。

（1）构成交通事故应当具备的要素

1）事故是由车辆造成的。

2）事故是在道路上发生的。

3）事故是行为人有过错或有其他意外因素。

4）事故有损害后果发生。

（2）交通事故的处置方式

1）当事人自行协商解决。

2）交通警察适用简易程序处理。

3）交通警察适用一般程序处理。

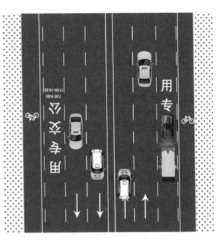

图2-21　道路交通事故

（3）自行协商处理事故　在道路上发生仅造成轻微财产损失、未造成人身伤亡的交通事故，当事人对事实及成因无争议时，可以即行撤离现场，将车辆移至不妨碍交通的地点，恢复交通，自行协商处理损害赔偿事宜。移动车辆时，当事人要在确保安全的原则下，对现场进行拍照或者标划事故车辆现场位置。

（4）简易程序处理事故　有下列情形的，适用简易程序处理。

1）财产损失事故。

2）当事人伤势轻微，各方当事人一致同意适用简易程序处理的事故。

适用简易程序的，可以由一名交通警察处理。

（5）应当标划现场后报警的情形　有下列情形之一的，驾驶人应现场拍照或标划现场，固定证据，然后迅速将车辆移至不妨碍交通的地点后报警。

1）碰撞建筑物、公共设施或者其他设施。

2）机动车无检验合格标志或者无保险标志。

（6）应当保护现场并立即报警的情形　有下列情形之一的，驾驶人应立即报警，在现场等候交通警察处理。

1）车辆无号牌或者使用伪造、变造的号牌。

2）驾驶人无驾驶证或准驾不符。

3）驾驶人有饮酒、服用国家管制的精神药品或者麻醉药品嫌疑。

4）当事人不能自行移动车辆。

5）一方当事人离开现场。

6）有证据证明事故是由一方故意造成的。

7）驾驶人有从事校车或者旅客运输业务，有严重超员或者严重超速嫌疑。

（7）单方事故仅造成自身车辆损坏的情形　机动车发生单方交通事故仅造成自身车辆损坏的情形，驾驶人应迅速将车辆移至不妨碍交通的地点并向保险公司报案，等候保险公司处理。

（8）发生交通事故造成人员重伤、死亡的情形　发生交通事故造成人员重伤、死亡的，驾驶人应采取下列措施。

1）不得移动肇事车辆及现场与事故有关的散落物。造成人员伤亡（包括乘车人），应当立即抢救受伤人员并及时拨打120或999急救电话，请专业医护人员进行救护，因抢救受伤人员而变动现场的应当标明位置。

2）迅速报告值勤的交通警察或拨打122报警电话，等候交通警察处置现场。

3）为了防止再次发生事故，驾驶人应及时开启危险警告灯，白天在车后50m处设置警告标志，夜间还应同时开启示廓灯和后位灯，并在车后100m处设置警告标志。

4）驾驶人和乘车人除采取上述措施外，应立即离开车辆，转移至右侧路肩、车行道以外或其他安全的位置。转移过程中，要注意避让行驶中的车辆，防止再次发生事故。

5）已投保机动车保险的车辆，驾驶人或车主还应及时通知保险公司。

（9）事故现场的强制撤离　交通警察适用简易程序处理道路交通事故时，在固定现场证据后，责令当事人撤离现场，恢复交通。拒不撤离现场的，予以强制撤离。造成交通堵塞的，对驾驶人处200元罚款。

第6节　交通安全违法行为处罚

（1）刑事法律责任

1）违反交通运输管理法规而发生重大事故，致人重伤、死亡或者使公私财产遭受重大损失的，处3年以下有期徒刑或者拘役。

2）交通肇事后逃逸或者有其他特别恶劣情节的，处3年以上7年以下有期徒刑。

3）因逃逸致人死亡的，处7年以上有期徒刑。

（2）行政强制措施　行政强制措施是指行政执法主体为了预防或制止可能发生或正在发生的违法行为，或者为了保全证据，确保案件查处工作的顺利进行，对行政管理人的人身自由及财产、证件强行限制的具体行政行为。

1）扣留车辆。有以下情形之一的，公安机关交通管理部门依法扣留车辆。

❶ 上道路行驶的机动车未悬挂机动车号牌，未放置检验合格标志、保险标志，或者未随车携带机动车行驶证、驾驶证。

❷ 伪造、变造或者使用伪造、变造及其他车辆的机动车登记证书、号牌、行驶证、检验合格标志、保险标志。

❸ 未按照国家规定投保机动车交通事故责任强制保险。

❹ 机动车有被盗窃、拼装、达到报废标准嫌疑。

2）扣留机动车驾驶证。有以下情形之一的，公安机关交通管理部门依法扣留机动车驾驶证。

❶ 酒后驾车。

❷ 超速50%。

❸ 在一个记分周期内累积记分达到12分。

❹ 驾驶拼装或者已达到报废标准的机动车。

❺ 将机动车交由未取得机动车驾驶证或者机动车驾驶证被吊销、暂扣的人驾驶。

3）拖移机动车。

4）收缴非法牌证、装置及拼装或报废的机动车。

5）检验驾驶人体内酒精、国家管制的精神药品和麻醉药品含量。

（3）道路交通安全违法行为的行政处罚　道路交通安全违法行为的行政处罚种类，包括警告、罚款、暂扣或者吊销机动车驾驶证、拘留。

（4）部分道路交通安全违法行为的处罚标准

1）违反交通信号处罚。机动车驾驶人违反道路交通安全法律、法规关于道路通行规定的，处警告或者20元以上200元以下罚款。

2）酒驾处罚。

❶ 饮酒后驾驶机动车的，处暂扣六个月机动车驾驶证，并处1000元以上2000元以下罚款。因饮酒后驾驶机动车被处罚，再次饮酒后驾驶机动车的，处10日以下拘留，并处1000元以上2000元以下罚款，吊销机动车驾驶证。

❷ 醉酒驾驶机动车的，由公安机关交通管理部门约束至酒醒，吊销机动车驾驶证，依法追究刑事责任，5年内不得重新取得机动车驾驶证。

❸ 饮酒后或者醉酒驾驶机动车发生重大交通事故，构成犯罪的，依法追究刑事责任，并由公安机关交通管理部门吊销机动车驾驶证，终生不得重新取得机动车驾驶证。

❹ 饮酒后驾驶营运机动车的，处15日拘留，并处5000元罚款，吊销机动车驾驶证，5年内不得重新取得机动车驾驶证。

❺ 醉酒驾驶营运机动车的，由公安机关交通管理部门约束至酒醒，吊销机动车驾驶证，依法追究刑事责任；10年内不得重新取得机动车驾驶证，重新取得机动车驾驶证后，不得驾驶营运机动车。

3）涉牌涉证处罚。

❶ 伪造、变造或者使用伪造、变造的机动车登记证书、号牌、行驶证、驾驶证的，由公安机关交通管理部门予以收缴，扣留该机动车，处15日以下拘留，并处2000元以上5000元以下罚款；构成犯罪的，依法追究刑事责任。

❷ 伪造、变造或者使用伪造、变造的检验合格标志、保险标志的，由公安机关交通管理部门予以收缴，扣留该机动车，处10日以下拘留，并处1000元以上3000元以下罚款；构成犯罪的，依法追究刑事责任。

❸ 使用其他车辆的机动车登记证书、号牌、行驶证、检验合格标志、保险标志的，由公安机关交通管理部门予以收缴，扣留该机动车，处2000元以上5000元以下罚款。

4）罚款标准。有下列行为之一的，处200元以上2000元以下罚款。

❶ 未取得机动车驾驶证、机动车驾驶证被吊销或者被暂扣期间驾驶机动车。

❷ 将机动车交由未取得机动车驾驶证或者机动车驾驶证被吊销、暂扣的人驾驶。

❸ 造成交通事故后逃逸，尚不构成犯罪。

❹ 超速50%。

❺ 强迫机动车驾驶人违反道路交通安全法律、法规和机动车安全驾驶要求驾驶机动车，造成道路交通事故，尚不构成犯罪。

❻ 违反交通管制的规定强行通行，不听劝阻。

❼ 故意损毁、移动、涂改交通设施，造成危害后果，尚不构成犯罪。

❽ 非法拦截、扣留机动车，不听劝阻，造成交通严重阻塞或者较大财产损失。

注意

有❷、❹情形之一的，可以并处吊销机动车驾驶证；有❶、❸、❺～❽情形之一的，可以并处15日以下拘留。

有下列行为之一的，处200元以上500元以下罚款。

❶ 机动车驾驶证被依法扣押、扣留或者暂扣期间，采用隐瞒、欺骗手段补领驾驶证。

❷ 驾驶人身体条件发生变化不适合驾驶机动车，仍驾驶机动车。

❸ 逾期不参加审验仍驾驶机动车。

有下列行为之一的，处20元以上200元以下罚款。

❶ 机动车驾驶人补换领机动车驾驶证后，继续使用原机动车驾驶证。

❷ 在实习期内驾驶机动车上高速公路行驶，没有持相应或者包含其准驾车型驾驶证3年以上的驾驶人陪同。

5）对驾驶拼装或报废车的处罚。

❶ 驾驶拼装的机动车或者已达到报废标准的机动车上道路行驶的，公安机关交通管理部门应当予以收缴，强制报废。

❷ 对驾驶拼装的机动车或者已达到报废标准的机动车上道路行驶的驾驶人，处200元以上2000元以下罚款，并吊销机动车驾驶证。

6）其他违法行为的处罚。

❶ 违反道路交通安全法律、法规的规定，发生重大交通事故，构成犯罪的，依法追究刑事责任，并由公安机关交通管理部门吊销机动车驾驶证。

❷ 造成交通事故后逃逸的，由公安机关交通管理部门吊销机动车驾驶证，终生不得重新取得机动车驾驶证。

（5）简易程序处罚　对违法行为人处以警告或者200元以下罚款，适用简易程序。交通警察按照简易程序当场做出行政处罚决定，并出具行政处罚决定书。

第7节　新能源汽车管理

（1）机动车登记制度　机动车必须经过公安交通管理部门登记后，方可上道路行驶。尚未登记的机动车，需要临时上道路行驶的，应当取得临时通行牌证。已领有号牌的机动车，当所有权发生转移、登记内容变更、用作抵押、报废等情况时，须办理相应的登记。

1）注册登记：初次申领机动车号牌、行驶证的，应当向住所地的车辆管理所申请注册登记。

2）变更登记：已注册登记的机动车有下列情形之一的，应当向登记地车辆管理所申请变更登记。

❶ 改变车身颜色。

❷ 更换发动机。

❸ 更换车身或者车架。

❹ 因质量问题更换整车。

❺ 机动车登记的使用性质改变。

❻ 机动车所有人的住所迁出或者迁入车辆管理所管辖区域。

3）转让登记：已注册登记的机动车所有权发生转让的，现机动车所有人应当自机动车交付之日起30日内向登记地车辆管理所申请转让登记。

4）抵押登记：机动车所有人将机动车作为抵押物抵押时，机动车所有人（抵押人）和抵押权人应当向登记地车辆管理所申请抵押登记；抵押权消灭的，应当向登记地车辆管理所申请解除抵押登记。

5）注销登记：有下列情形之一的，机动车所有人应当向登记地车辆管理所申请注销登记。

❶ 机动车已达到国家强制报废标准。

❷ 机动车未达到国家强制报废标准，机动车所有人自愿报废。

❸ 因自然灾害、失火、交通事故等造成机动车灭失。

❹ 机动车因故不在我国境内使用。

❺ 因质量问题退车。

扫一扫看动画视频

（2）机动车检验制度 小型、微型非营运载客新能源汽车，6年以内，2年1检；超过6年，1年1检；超过15年，半年1检。

（3）机动车报废制度 我国实行机动车强制报废制度，根据机动车使用和安全技术、排放检验状况等，对达到报废标准的机动车实施强制报废，小、微型私家车无使用年限限制。不过，国家会对达到一定行驶里程的机动车进行引导报废，其中小、微型非营运载客汽车的行驶"上限"为60万千米。

达到报废标准的机动车，机动车所有人须在报废期满前将机动车交售给机动车回收企业办理注销登记，不得上道路行驶。部分报废车辆应当在公安机关交通管理部门的监督下解体。

（4）第三者责任强制保险 为救助交通事故伤者的需要，我国实行机动车第三者责任强制保险制度。在办理注册登记和定期检验时，需提供合法的第三者责任强制保险。如果不提供或不提供真实的保险单据，及办理后又退险的，要承担相应的法律责任。

第8节 交通信号灯

交通信号灯由红灯、绿灯、黄灯组成（图2-22）。红灯表示禁止通行，绿灯表示准许通行，黄灯表示警示。交通信号灯分为机动车信号灯、非机动车信号灯、人行横道信号灯、车道信号灯、方向指示信号灯、闪光警告信号灯、道路与铁路平面交叉道口信号灯。

（1）机动车信号灯 机动车信号灯是由红色、黄色、绿色三个无图案圆形单元组成的一组灯，指导机动车通行。

1）绿灯亮时：准许车辆通行，但转弯的车辆不得妨碍被放行的直行车辆、行人通过。

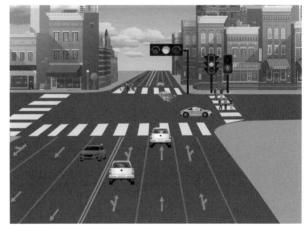

图 2-22 交通信号灯

2）黄灯亮时：已越过停止线的车辆可以继续通行。

3）红灯亮时：禁止车辆通行。不过，右转弯的车辆在不妨碍被放行的车辆、行人通行的情况下，可以通行。

（2）非机动车信号灯 非机动车信号灯是由红色、黄色、绿色三个内有自行车图案的圆形单元组成的一组灯，指导非机动车通行。

1）绿灯亮时：准许非机动车通行，但转弯的非机动车不得妨碍被放行的直行车辆、行人通过。

2）黄灯亮时：已越过停止线的非机动车可以继续通行。

3）红灯亮时：禁止非机动车通行。在未设置非机动车信号灯的路口，非机动车和行人应当按照机动车信号灯的标示通行。

（3）人行横道信号灯　人行横道信号灯是由内有红色行人站立图案和内有绿色行人行走图案组成的一组信号灯，指导行人通行。

1）绿灯亮时：准许行人通过人行横道。

2）红灯亮时：禁止行人进入人行横道，但是已经进入人行横道的，可以继续通过或者在道路中心线处停留等候。

（4）车道信号灯　车道信号灯是由叉形图案和箭头图案组成的信号灯，指导本车道内的车辆按指示通行。

1）绿色箭头灯亮时：准许本车道车辆按指示方向通行。

2）红色叉形灯或者箭头灯亮时：禁止本车道车辆通行。

（5）方向指示信号灯　方向指示信号灯是由红色、黄色、绿色三个内有箭头图案组成的一组灯，用于指导机动车按指示方向通行。

1）箭头方向向左：表示左转。

2）箭头方向向上：表示直行。

3）箭头方向向右：表示右转。

（6）闪光警告信号灯　闪光警告信号灯为持续闪烁的无图案黄灯，提示车辆和行人通过时注意瞭望，确认安全后通过。闪光警告信号灯一般设置在危险路段以及车流量少的路口，以提醒车辆和行人注意，在确保安全的情况下通行。该信号灯也是夜间使用的一种警用信号，在夜间其他指挥灯停止指挥交通后，利用其中的黄灯来表示。

（7）道路与铁路平面交叉道口信号灯　道路与铁路平面交叉道口信号灯是设置在道路与铁路相交路口的两个或一个红色信号灯，用于指导车辆和行人通行。

1）两个红灯交替闪烁或者一个红灯亮时：表示禁止车辆、行人通过。

2）红灯熄灭时：表示允许车辆、行人通过。

第9节　交通标志

道路交通标志，是指用图形、符号、颜色和文字等对道路通行人员予以引导和指挥的特定信息，是用以管制、警告及引导交通的安全设施，一般设置在路侧或道路上空间位置。道路交通标志共250多种，包括警告标志、禁令标志、指示标志、指路标志、旅游区标志、道路施工安全标志、辅助标志和告示标志等。

道路交通标志的作用：

1）用简明的文字、符号规范交通行为；

2）调节交通流量，疏导交通，提高道路通行效率；

3）预示道路状况，以减少交通事故，保障交通安全。

（1）警告标志　警告标志中除个别标志外，形状均为等边三角形，顶角朝上，颜色为黄底、黑边、黑图案，见表2-2。

1）路口警告标志：设在距路口15～30m的驶入路段上，用于警告车辆、行人前方是路口，应减速，注意观察，并做好采取应急措施的准备，安全通过。

2）弯路警告标志：设在距弯道起点30～50m的驶入路段上，用于警告驾驶人前面就要驶入弯道，要减速、鸣喇叭、靠右行，注意对向驶来车辆，保证会车安全。

3）坡路警告标志：设在距坡道起点50m左右的驶入路段上，用于警告驾驶人前面是坡路，要提高警惕，谨慎驾驶，安全通过。

4）窄路警告标志：设在车道变窄以前的30～50m的地方，用于警告驾驶人前面道路变窄，应注意减速，采取相应措施，防止驶出路外或发生碰撞。

5）复杂路段警告标志：设在傍山险路、堤坝路、隧道、渡口、桥梁、过水路面、村庄等驶入路段的适当位置，用于警告驾驶人根据不同道路特点，注意相应的危险情况，采取相应的预防措施，谨慎驾驶，保证安全。

6）提醒注意标志：有注意障碍物标志、注意行人标志、注意儿童标志、注意非机动车标志、注意牲畜标志、注意落石标志、注意信号灯标志、注意横风标志和注意危险标志。

❶ 注意障碍物标志：设置在障碍物的驶入路段30～50m处，用于提醒驾驶人注意绕行。

❷ 注意行人标志：用于警告驾驶人注意前方有人行横道，注意行人并做好减速让行准备。

❸ 注意儿童标志：主要设在小学校园、幼儿园、少年宫等处附近的道路边上，用于警告驾驶人前方是少年儿童的集散地，他们好奇心强，缺乏行为能力，在道路上通行的突然性大，要特别注意，保证安全。

❹ 注意非机动车标志：设在经常有非机动车横穿、出入的地点前适当位置，提醒机动车驾驶人注意慢行。

❺ 注意牲畜标志：设置在乡村道路中牲畜经常行经的路段。

❻ 注意落石标志：设置在傍山险路上，用于提醒驾驶人注意山坡上落下石块。

❼ 注意信号灯标志：设在驾驶人不易发现交通信号灯的路口、隧道、窄桥、渡口或由高速公路驶入一般道路的第一个信号灯控制路口以前的适当位置，用于警告驾驶人前方是有信号灯指挥的路口，应注意信号，按信号指挥通行。

❽ 注意横风标志：设置在汽车高速行驶的道路、侧面易受大风袭扰处，用于提醒驾驶人注意横向大风。

❾ 注意危险标志：设在危险地点以前的适当位置，用于警告驾驶人注意以上标志不能包括的其他危险情况。这种标志虽然所指危险的内容不具体，但是危险情况是存在的，要求驾驶人从多方面做好防范准备，在发现情况后便知道了警告危险的内容。

7）铁路道口标志：有无人看守铁路道口标志、有人看守铁路道口标志及叉形符号、斜杠符号。

❶ 无人看守铁路道口标志和有人看守铁路道口标志：设置在驶入道口路段30～50m处，用于提醒驾驶人注意火车，做到"一看二慢三通过"。

❷ 叉形符号：表示多股铁道与道路交叉。

❸ 斜杠符号：根据斜杠数量不同分为距铁路道口50m标志、距铁路道口100m标志、距铁路道口150m标志三个，分别设在距铁路道口50m、100m和150m的地方，用于提醒驾驶人接近铁路道口的距离。

8）其他警告标志：除以上警告标志外，还有双向交通和慢行标志。

❶ 双向交通标志：设在双向行驶路段前30～50m的地方。在单向车道改为双向行驶的路段设置这种标志，用于警告驾驶人改变单向行驶、对面会有来车，特别要注意会车的安全。

❷ 慢行标志：设在道路条件较差或交通情况复杂的驶入路段适当位置，用于警告驾驶人减速慢行，防止事故发生。

表 2-2　警告标志的含义与图形

含义	图形	含义	图形
交叉路口		连续下坡	
		窄路	左侧变窄　　两侧变窄　　右侧变窄
		窄桥	
		双向交通	
急弯路	向左急弯路　　向右急弯路	注意行人	
反向弯路		注意儿童	
连续弯路		注意牲畜	
陡坡	上陡坡　　下陡坡	注意野生动物	

续表

含义	图形	含义	图形
注意信号灯		路面不平	
注意落石		路面高凸	
注意横风		路面低洼	
易滑		过水路面（或漫水桥）	
傍山险路		有人看守铁路道口	
堤坝路		无人看守铁路道口	
村庄		多股铁路与道路相交	
隧道		距无人看守铁路道口50m、100m、150m	
渡口		注意非机动车	
驼峰桥		注意残疾人	

续表

含义	图形	含义	图形
事故易发路段		注意分离式道路	  十字平面交叉　丁字平面交叉
慢行		注意合流	 
注意障碍物	   左侧绕行　左右绕行　右侧绕行	避险车道	  避险车道　避险车道
注意危险		注意路面结冰	
施工		注意雨（雪）天	
建议速度	 30km/h	注意雾天	
隧道开车灯		注意不利气象条件	
注意潮汐车道		注意前方车辆排队	
注意保持车距			

（2）禁令标志 禁令标志的形状绝大多数为圆形或长方形，只有两个分别为等边八角形和顶角向下的等边三角形。除个别标志外，颜色多为白底、红圈、红杠、黑图案，图案压杠，见表2-3。禁令标志的作用，就是禁止或限制车辆、行人的交通行为。

表 2-3 禁令标志的含义与图形

含义	图形	含义	图形
停车让行		禁止小型客车驶入	
减速让行		禁止挂车、半挂车驶入	
会车让行		禁止拖拉机驶入	
禁止通行		禁止三轮汽车、低速货车驶入	
禁止驶入		禁止摩托车驶入	
禁止机动车驶入		禁止某两种车辆驶入	
禁止载货汽车驶入		禁止非机动车进入	
禁止电动三轮车驶入		禁止畜力车进入	
禁止大型客车驶入		禁止人力客运三轮车进入	

续表

含义	图形	含义	图形
禁止人力货运三轮车进入		禁止超车	
禁止人力车进入		解除禁止超车	
禁止行人进入		禁止停车	
禁止向左转弯		禁止长时停车	
禁止向右转弯		禁止鸣喇叭	
禁止直行		限制宽度	3m
禁止向左向右转弯		限制高度	3.5m
禁止直行和向左转弯		限制质量	10t
禁止直行和向右转弯		限制轴重	10t
禁止掉头		限制速度	40

续表

含义	图形	含义	图形
解除限制速度		区域限制速度解除	
停车检查		区域禁止长时停车	
禁止运输危险物品车辆驶入		区域禁止长时停车解除	
海关		区域禁止停车	
区域限制速度		区域禁止停车解除	

（3）指示标志　指示标志的形状为圆形、长方形和正方形三种，颜色为蓝底、白图案，见表2-4。指示标志的作用，就是指示车辆、行人行进。

表2-4　指示标志的含义与图形

含义	图形	含义	图形
直行		直行和向左转弯	
向左转弯		直行和向右转弯	
向右转弯		向左和向右转弯	

续表

含义	图形	含义	图形
靠右侧道路行驶		路口优先通行	
靠左侧道路行驶		会车先行	
立体交叉直行和左转弯行驶		人行横道	
立体交叉直行和右转弯行驶		右转车道	
环岛行驶		左转车道	
单行路（向左或向右）		直行车道	
单行路（直行）		直行和右转合用车道	
步行		直行和左转合用车道	
鸣喇叭		掉头车道	
最低限速	50	掉头和左转合用车道	

续表

含义	图形	含义	图形
分向行驶车道		快速公交系统专用车道	
公交线路专用车道		多乘员车辆专用车道	
机动车行驶		停车位	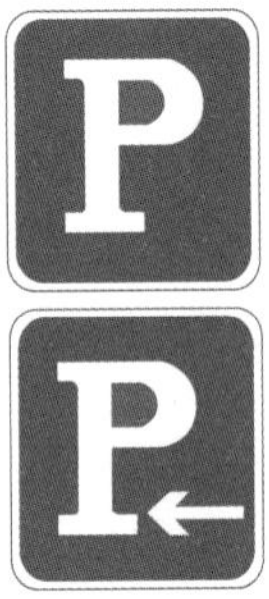
机动车车道			
非机动车行驶		允许掉头	
非机动车车道			

（4）指路标志　指路标志分为一般道路指路标志、高速公路指路标志和其他指路标志，指路标志的作用就是传递道路方向、地点和距离等方面信息，见表2-5和表2-6。

1）一般道路指路标志：形状除地点识别标志外均为长方形，颜色大多为蓝底白图案。

2）高速公路指路标志：形状大多为长方形、正方形和菱形，颜色大多为绿底白图案。

3）其他指路标志：如线形诱导标基本单元标志、基本单元组合使用标志、两侧通行标志等。

表2-5　一般道路指路标志的含义与图形

含义	图形	含义	图形
四车道及以上公路交叉路口预告		大交通量的四车道及以上公路交叉路口预告	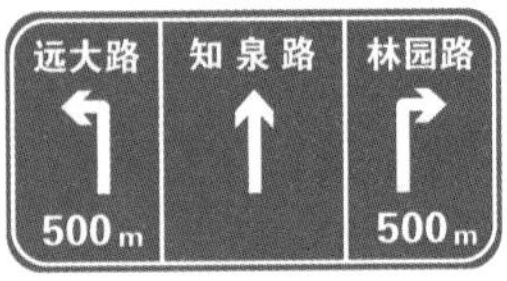

续表

含义	图形	含义	图形
箭头杆上标识公路编号、道路名称的公路交叉路口预告	西 长江路 南直路 ← → 阜城路 前方500m	街道名称	新街口外大街
十字交叉路口预告	北 G2 南京路 → ← 东北路 前方500m	路名牌	123 南 192 ◀西土城路▶ 193 北 220
丁字交叉路口预告	南 文慧路 ▼ 徐庄路	地点距离	南直路 2km 八一路 15km G101 25km
Y形交叉路口预告	↖王平 新屿↗	地名	上清水 斋堂镇 沿河城
互通式立体交叉路口预告	西 G119 G209 G211	著名地点	昆仑山口 海拔 2247m
环形交叉路口预告	北 复兴路 G205 G108 ◀ S212 S212 ▶ G109	行政区划分界	北京界
国道编号	G 105	道路管理分界	顺义道班 平谷道班
省道编号	S203	地点识别	
县道编号	X008	露天停车场	P
乡道编号	Y002	室内停车场	P

含义	图形	含义	图形
错车道		此路不通	
人行天桥		车道数变少	
人行地下通道		车道数增加	
残疾人专用设施		交通监控设备	
观景台		隧道出口距离预告	2500m 2500m
应急避难设施（场所）		线形诱导（基本单元）	
休息区		线形诱导（组合使用）	
绕行	4m	线形诱导（左侧通行、两侧通行、右侧通行）	

续表

含义	图形	含义	图形
里程碑	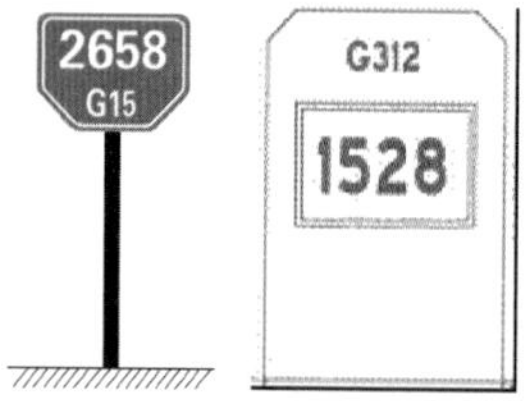 2658 G15　　G312 1528	公路界碑	 公路界
百米牌	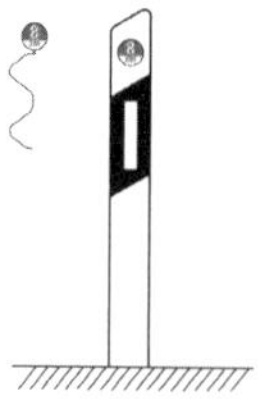		

表2-6　高速公路、城市快速路指路标志的含义与图形

含义	图形	含义	图形
入口预告	 G15 汕头　深圳 入口 2 km ↑	下一出口预告	 下一出口 ⑮ 双营路 4 km
地点、方向	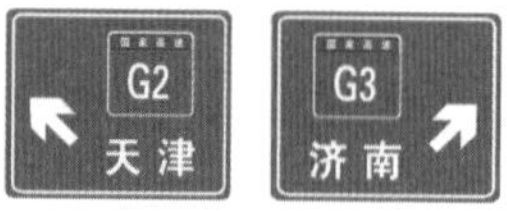 ← G2 天津　G3 济南 ↗	出口编号	 出口 113
编号	 国家高速 G2	右侧出口预告	 出口 48 G324 云霄 常山 ↗
命名编号	 国家高速 G2 京沪高速	左侧出口预告	 左出口 32 前进路 G206　G8 ←
路名	 佛山一环	出口	 出口 98 婺源 ↗
地点距离	 璜塘 8 km G2 17 km 上海 25 km	出口地点方向	 左出口 26 廊坊 ↖

续表

含义	图形	含义	图形
起点		电话位置指示	
终点预告		救援电话	
终点提示		不设电子不停车收费（ETC）车道的收费站预告	
终点		不设电子不停车收费（ETC）车道的收费站	
交通信息		设有电子不停车收费（ETC）车道的收费站预告	
停车领卡		设有电子不停车收费（ETC）车道的收费站	
车距确认		电子不停车收费（ETC）车道指示	
特殊天气建议速度		计重收费	
紧急电话		加油站	

续表

含义	图形	含义	图形
紧急停车带	 P	露天停车场	 P
服务区预告	 P 天目湖 ↗	室内停车场	 P
停车区预告	 P 浪网 ↗	爬坡车道	 爬坡车道 ↓
停车场预告	 P 南口 ↗	超限超载检测站	 超限超载检测站

（5）旅游区标志　旅游区标志的形状为长方形（指引标志）和正方形（旅游符号），颜色为棕色底、白字符，见表2-7。旅游区标志的作用，就是提供旅游景点方向和距离。

表 2-7　旅游区标志的含义与图形

含义	图形	含义	图形
旅游区距离	 灵山 16 km	野营地	 △
旅游区方向	 云居寺 →	营火	 营火图形
问询处	 i	游戏场	 游戏场图形
徒步	 徒步图形	骑马	 骑马图形
索道	 索道图形	钓鱼	 钓鱼图形

续表

含义	图形	含义	图形
高尔夫球		冬季游览区	
潜水		滑雪	
游泳		滑冰	
划船			

（6）道路施工安全标志　道路施工安全标志的形状为长方形（立体），颜色为蓝底白字，图案部分为黄底、黑图案，见表2-8。道路施工安全标志的作用，就是通告道路施工区通行信息。

表2-8　作业区标志的含义与图形

含义	图形	含义	图形
施工护栏	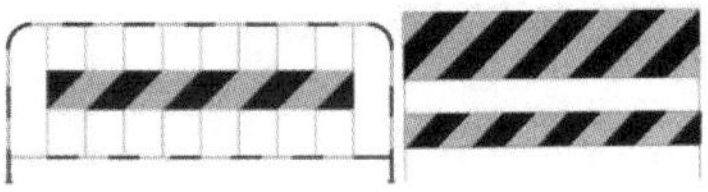	左道封闭	
锥形交通标		右道封闭	
道路施工		中间封闭	
道路封闭		车辆慢行	
向左改道		移动性施工标志	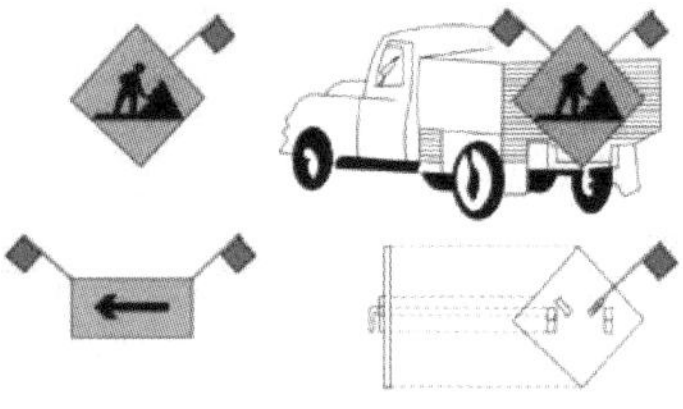
向右改道			

（7）辅助标志　辅助标志有时间标志、车辆种类标志、区域或距离标志、警告及禁令理由标志、组合辅助标志5种，形状均为长方形，颜色为白底、黑字、黑边，见表2-9。辅助标志附设在主标志之下，起辅助说明的作用。

表2-9　辅助标志的含义与图形

含义	图形	含义	图形
时间范围	7:30-10:00 7:30-10:00 16:30-18:30	某区域内	二环路区域内
除公共汽车外	除公共汽车外	距离某地200m	200m
货车、拖拉机	货车拖拉机	长度	长度 5km
机动车	 （机动车图形）	学校	学校
货车	 （货车图形）	海关	海关
私人专用	私人专用	事故	事故
行驶方向标志	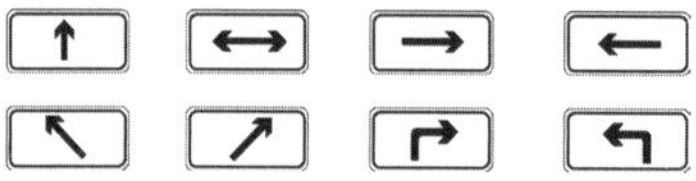 ↑ ↔ → ← ↖ ↗ ↱ ↰	塌方	塌方
向前200m	200m↑	教练车行驶路线	教练路线
向左100m	←100m	驾驶考试路线	考试路线
向左向右各50m	←50m|50m→	校车停靠站点	校车停靠站点
向右100m	100m→	组合辅助	 100m 7:30-18:30

（8）告示标志　告示标志的作用，就是解释、指引道路设施、路外设施或者告示有关道路法律、法规的内容，如图2-23所示。

（a）告示标志和警告等标志同时设置示例

（b）校车停靠站点示例　　　　（c）行车安全提醒标志示例

图 2-23　告示标志

第10节　交通标线

道路交通标线，是指由标划于路面的各种线条、箭头、文字以及立体标记、凸起路标和路边线轮廓标记等构成的交通信号设施。交通标线有70多种，主要有以下几种分类方式。

1）按标划方法分：白色虚线、白色实线、黄色虚线、黄色实线、双白虚线、双白实线、双黄虚线和黄白虚实线等。

2）按作用分：车行道中心线、车道分界线、停止线、减速让行线、人行横道线、导流线、导向箭头和左转弯导向线等。

3）按功能分：指示标线、禁止标线和警告标线。

道路交通标线的作用是使机动车、非机动车和行人分隔，提高道路利用率，减少或防止交通事故发生，并与交通标志、交通信号配合使用，增加其有效性。

（1）指示标线　指示标线常见的有双向两车道路面中心线、车行道分界线、左转待转区线等，见表2-10。

表 2-10　指示标线的含义、作用与图形

标线特征	含义	作用	图形
黄色虚线	可跨越对向车行道分界线	用于分隔对向行驶的交通流	
白色虚线	可跨越同向车行道分界线	用于分隔同向行驶的交通流	
双黄虚线	潮汐车道线（车辆行驶方向可随交通管理需要进行变化的车道称为潮汐车道）	指示潮汐车道的位置	
白色实线	车行道边缘线	用于指示禁止车辆跨越的车行道边缘或机动车和非机动车分界	
白色虚线	车行道边缘线	用于指示车辆可临时越线行驶的车行道边缘	

续表

标线特征	含义	作用	图形
白色虚线	左弯待转区线	用于指示左转弯车辆在直行时段进入待转区等待左转的位置	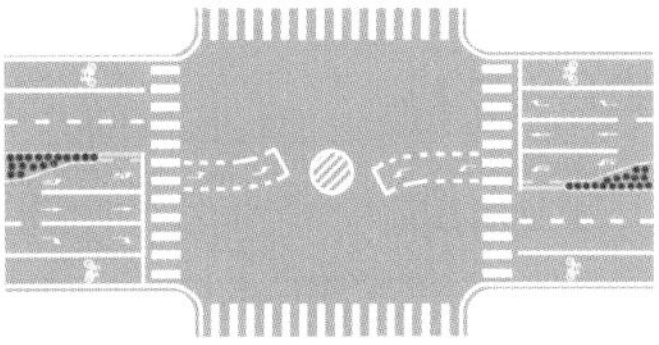
白色圆曲(或直)虚线	路口导向线	用于连接同向车行道分界线或机动车和非机动车分界线的路口导向	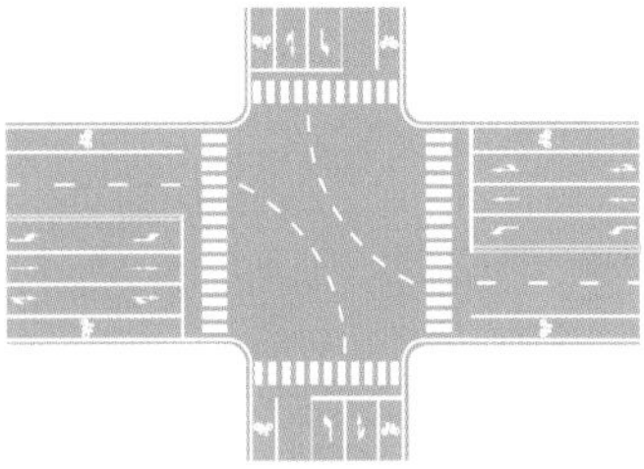
黄色圆曲(或直)虚线	路口导向线	用于连接对向车行道分界线的路口导向	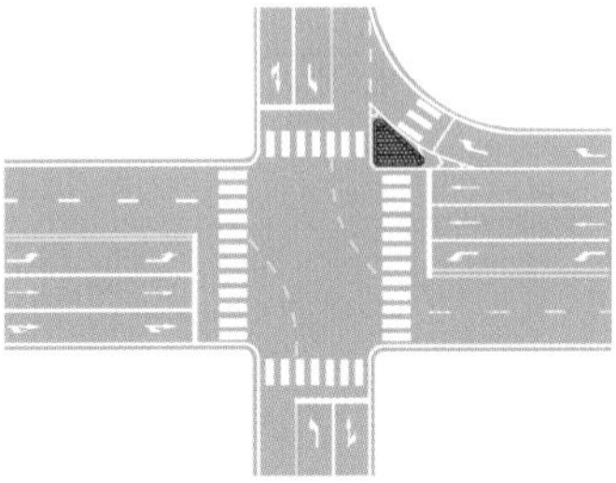
白色实线	导向车道线	用以指示车辆应按导向方向行驶的导向车道的位置	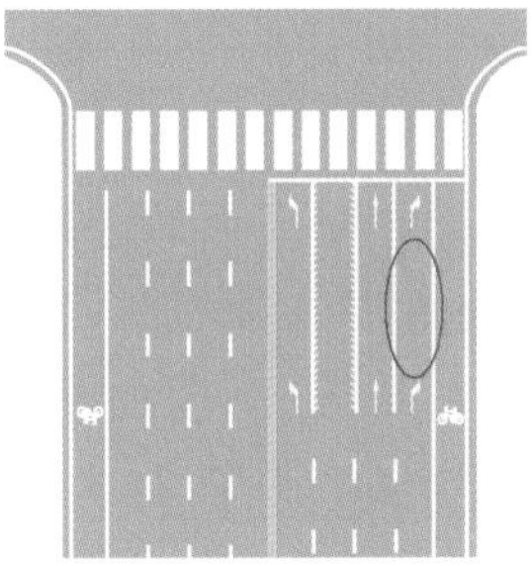
带有斜杠的白色实线	可变导向车道线	用以指示导向方向随需要可变的导向车道的位置	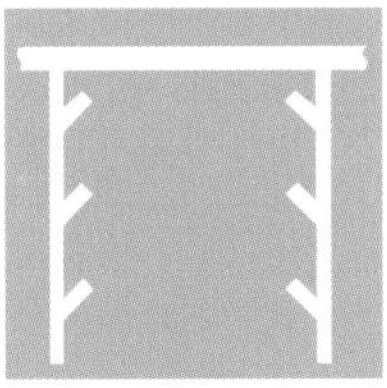
白色平行粗实线	人行横道线	既标示一定条件下准许行人横穿道路的路径,又警示机动车驾驶人注意行人及非机动车过街	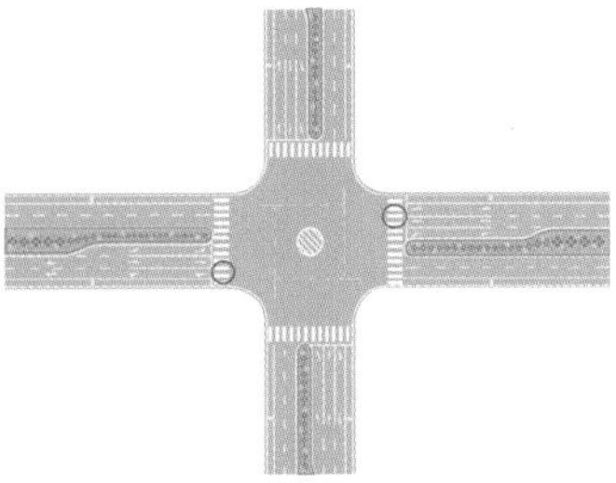

续表

标线特征	含义	作用	图形
白色菱形图案	人行横道预告	用于告知前方为人行横道	
白色折线	车距确认	作为车辆驾驶人保持行车安全距离的参考，视需要设于较长直线段、易发生追尾事故或其他需要的路段，应与车距确认标志配合使用	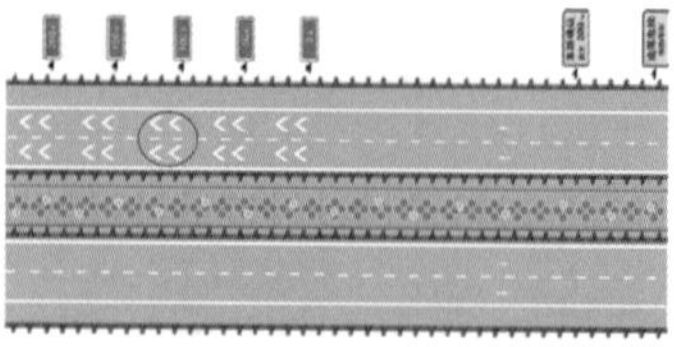
白色半圆状			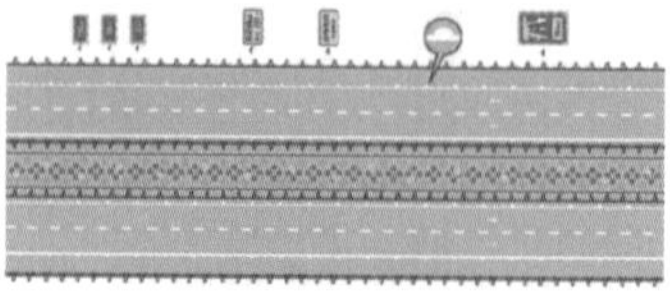
白色图案(结合出口形式和具体线形设计)	道路出口	用于高速公路出口横向标线或三角地带标线，为驶入匝道车辆提供安全交汇引导	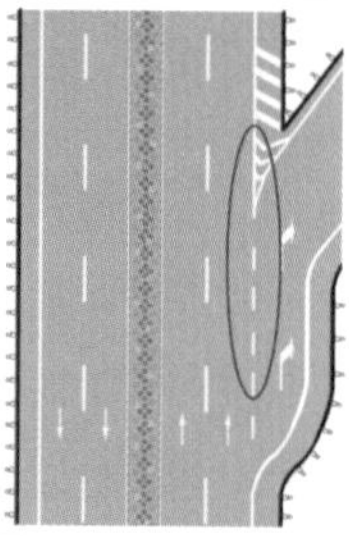
白色图案(结合入口形式和具体线形设计)	道路入口	用于高速公路入口横向标线或三角地带标线，为驶出匝道车辆提供安全交汇引导	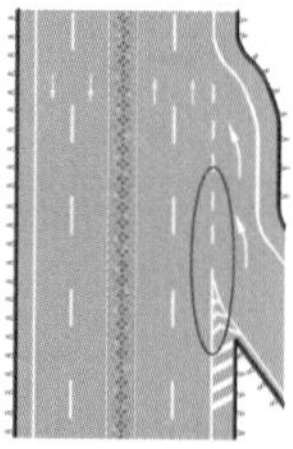
图示实线矩形框	平行式停车位	用于标示车辆停放位置；停车位标线的颜色为蓝色时表示此停车位为免费停车位，为白色时表示停车位为收费停车位，为黄色时表示此停车位为专属停车位	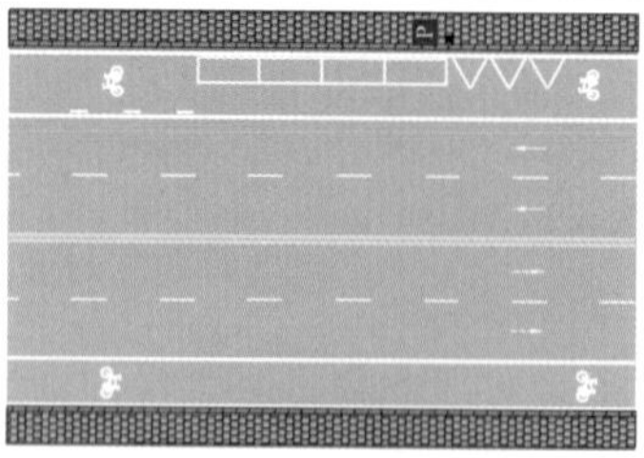
图示实线菱形框	倾斜式停车位		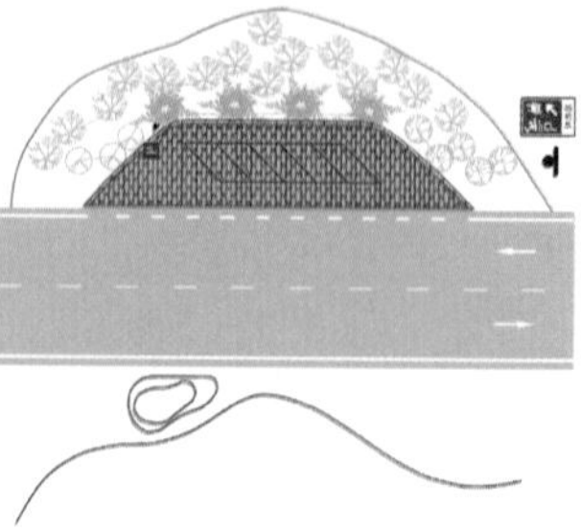

续表

标线特征	含义	作用	图形
图示实线矩形框内有箭头	固定停车方向停车位	用于标示车辆停放位置；停车位标线的颜色为蓝色时表示此停车位为免费停车位，为白色时表示停车位为收费停车位，为黄色时表示此停车位为专属停车位	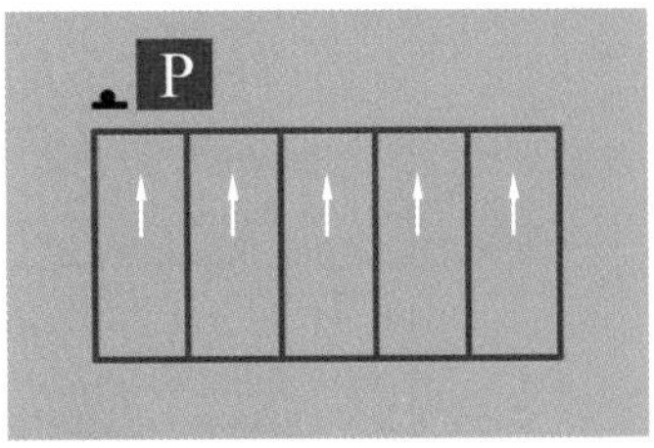
图示虚线矩形框内有时间	限时停车位		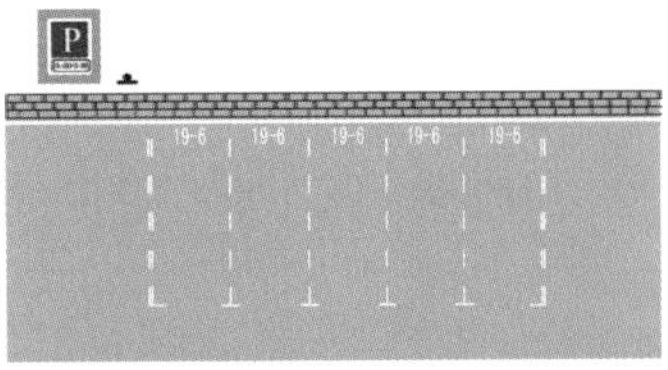
图示路边梯形框	港湾式停靠站	标示车辆通向专门的分离引道的路径和停靠位置	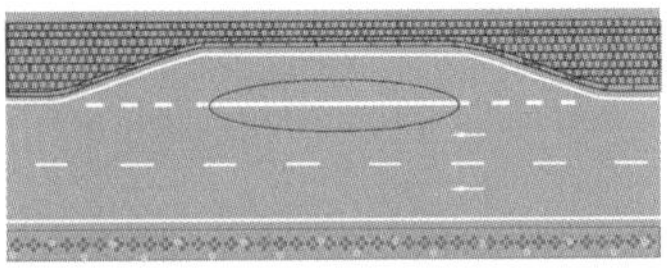
图示标有"公交车"的路边梯形框	公交车停靠站	指示公交车停靠站的位置，并指示除公交车外其他车辆不得在此区域停留	
图示白色箭头	指示直行	用以指示车辆的行驶方向	
	指示前方可直行或左转		
	指示前方可直行或右转		
	指示前方左转		
	指示前方右转		
	指示前方掉头		

扫一扫看动画视频

续表

标线特征	含义	作用	图形
图示白色箭头	指示前方道路有左弯或需向左合流	用以指示车辆的行驶方向	
	指示前方道路有右弯或需向右合流		
	指示前方可左转或掉头		
	指示前方可直行或掉头		
	指示前方仅可左右转弯		
黄色数字	最高限速	用于限制车辆最高行驶速度	
白色数字	最低限速	用于限制车辆最低行驶速度	
白色非机动车图案	非机动车道标记	施划于车道起点或车道中，表示该车道为非机动车道	

（2）禁止标线 禁止标线常见的有禁止超车线、停止线、让行线等，见表2-11。

表2-11 禁止标线的含义、作用与图形

标线特征	含义	作用	图形
双黄实线	禁止跨越对向车行道分界线	禁止双方向车辆越线或轧线行驶	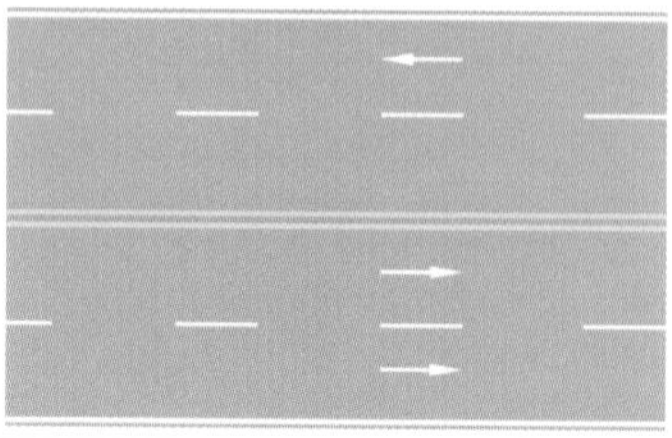

续表

标线特征	含义	作用	图形
黄色虚实线	禁止跨越对向车行道分界线	实线一侧禁止车辆越线或轧线行驶，虚线一侧准许车辆暂时越线或转弯	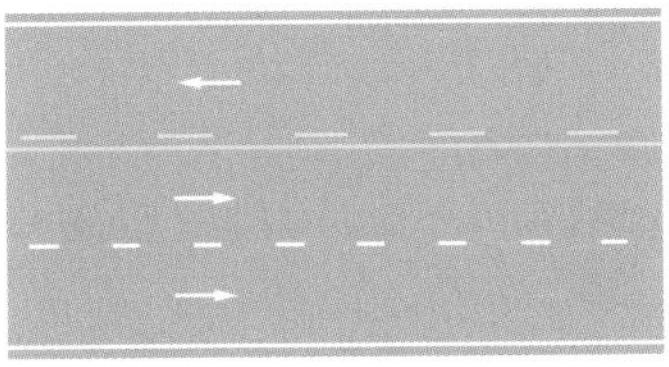
单黄实线	禁止跨越对向车行道分界线	禁止双方向车辆越线或轧线行驶	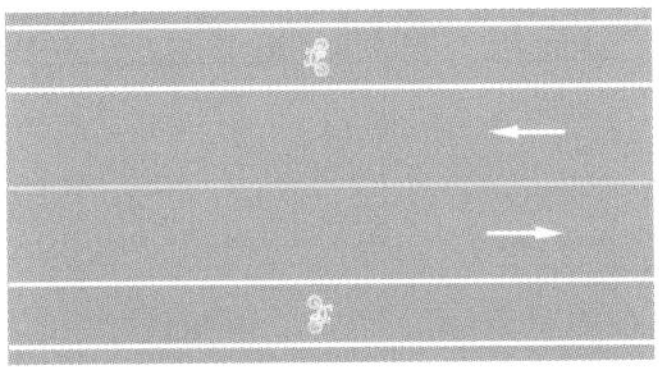
双黄实线中黄色斜线填充	禁止跨越对向车行道分界线	禁止双方向车辆越线或轧线行驶	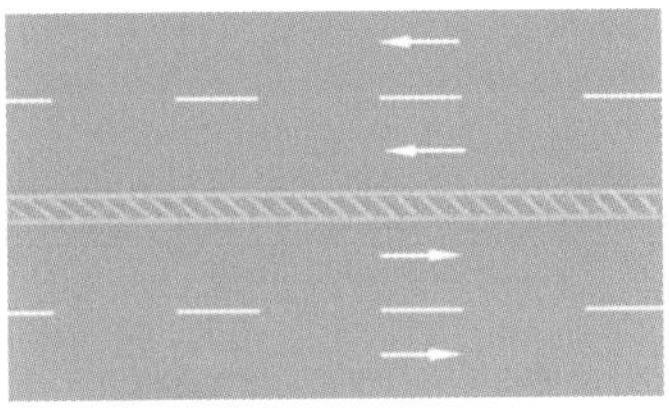
双黄实线	禁止跨越同向车行道分界线	设于交通繁杂而同向有多条车行道的路段，用于禁止车辆跨越车行道分界线进行变换车道或借道超车	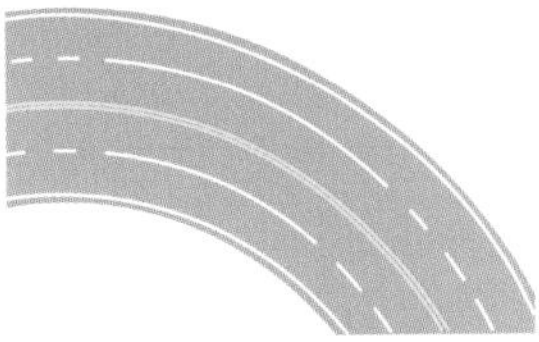
图示人行道边缘黄色虚线	禁止长时停车线	用以禁止路边长时停放车辆	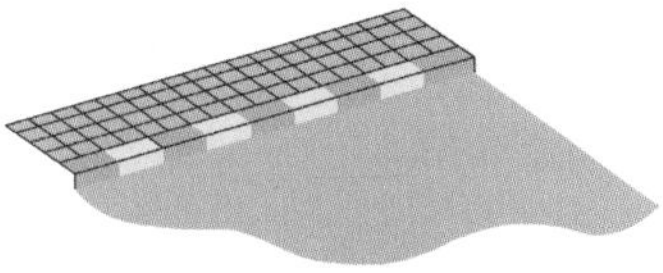
图示人行道边缘黄色实线	禁止停车线	用以指示禁止路边停放车辆	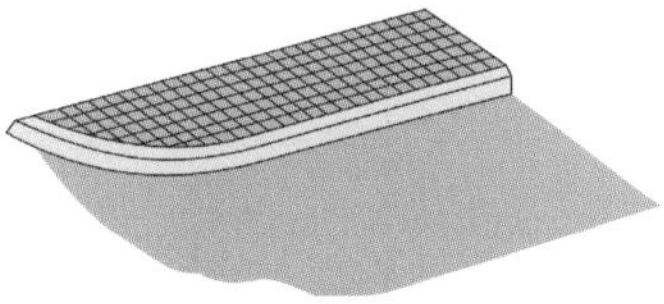
单条白实线	停止线	表示车辆让行、等候放行等情况下的停车位置	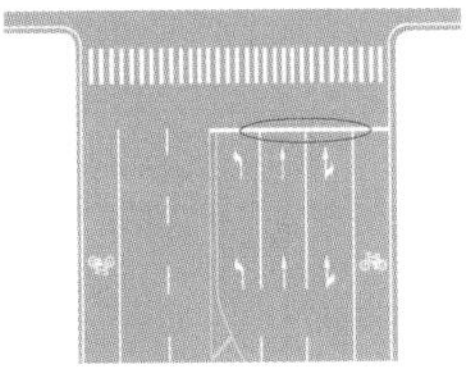
两条平行白色实线和一个白色"停"字	停车让行线	表示车辆在此路口停车让干道车辆先行	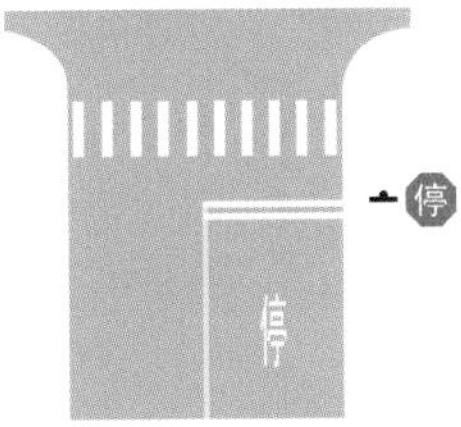

续表

标线特征	含义	作用	图形
两条平行的白色虚线和一个白色倒三角形	减速让行线	表示车辆在此路口应减速让干道车辆先行	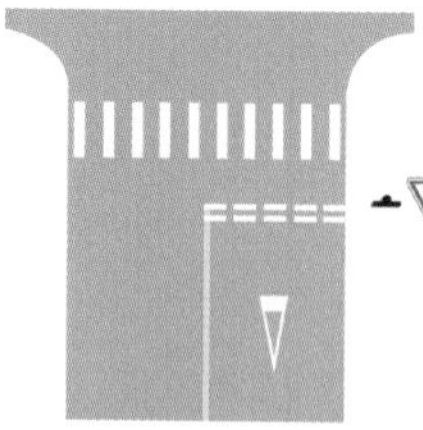
图示白色图案	导流线	表示车辆需按规定的路线行驶，不得轧线或越线行驶	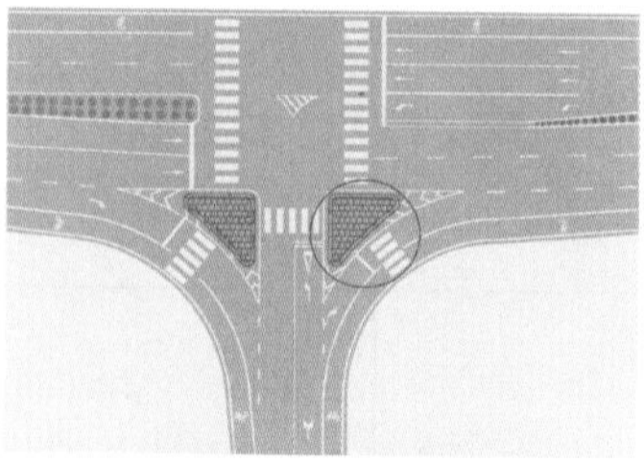
白色圆形	中心圈	用以区分车辆大、小转弯或作为交叉口车辆左右转弯的指示，车辆不得轧线行驶	
白色菱形	中心圈	用以区分车辆大、小转弯或作为交叉口车辆左右转弯的指示，车辆不得轧线行驶	
黄色网状	网状线	用以标示禁止以任何原因停车的区域	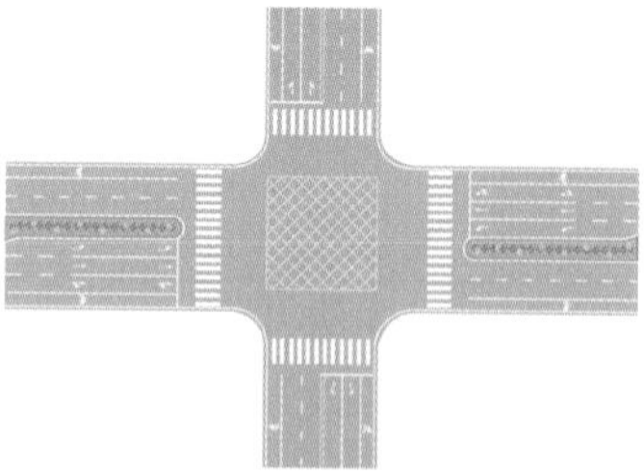
由黄色虚线及白色文字组成	公交专用车道	表示除公交车外，其他车辆和行人不得进入该车道	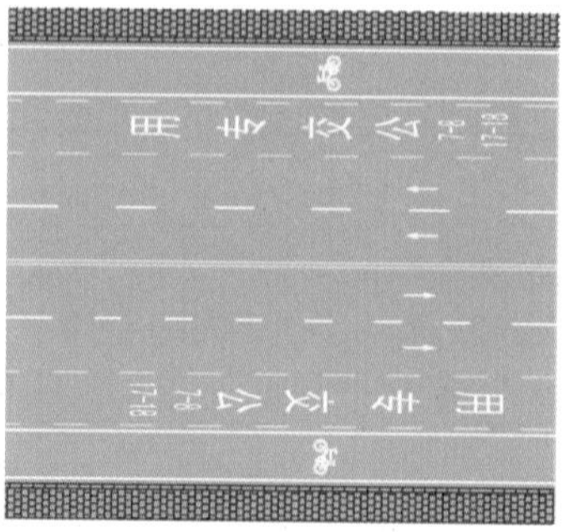

续表

标线特征	含义	作用	图形
由白色虚线及白色文字组成	多乘员车辆专用车道	表示该车行道为有多个乘车人的多乘员车辆专用的车道，未载乘客或乘员数未达规定的车辆不得入内行驶	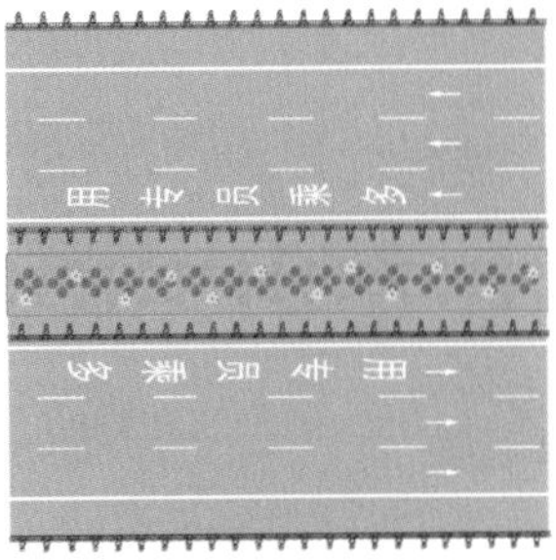
由黄色导向箭头和黄色叉形标记组成	禁止掉头	用于禁止车辆掉头的路口或区间	
由黄色导向箭头和黄色叉形标记组成	禁止转弯	用于禁止车辆转弯的路口或区间	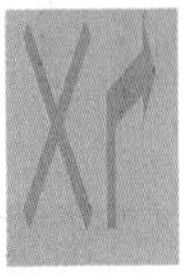

（3）警告标线 警告标线常见的有车行道宽度渐变标线、减速标线等，见表2-12。

表 2-12 警告标线的含义、作用与图形

标线特征	含义	作用	图形
图示双黄实线	路面（车行道）宽度渐变标线	用以警告车辆驾驶人路宽或车道数变化，应谨慎行车，并禁止超车	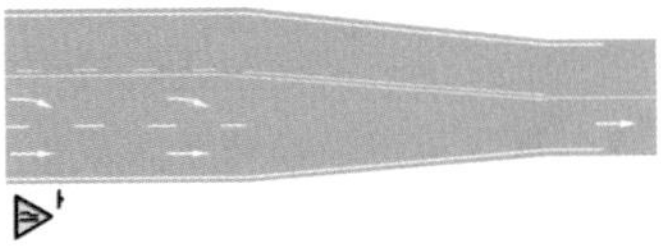
图示车行道分界线变为菱形，其中填充倾斜平行粗实线	接近障碍物标线	用以指示路面有固定性障碍物，警告车辆驾驶人谨慎行车，引导交通流顺畅驶离障碍物区域	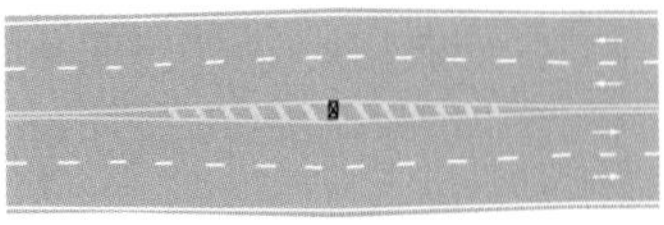
图示叉形白色粗实线旁白色"铁路"两字	铁路平交道口标线	用以指示前方有铁路平交道口，警告车辆驾驶人应在停止线处停车，在确认安全情况下或信号灯放行时，才可通过	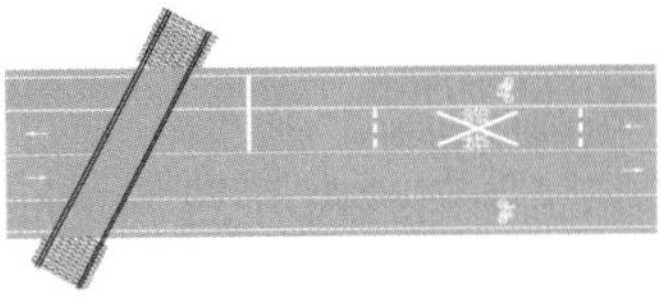
图示一组垂直于车道中心线的白色标线	车行道横向减速标线	用于警告车辆驾驶人前方应减速慢行	

续表

标线特征	含义	作用	图形
图示一组平行于车道分界线的菱形虚线	车行道横向纵向标线	用于警告车辆驾驶人前方应减速慢行	
黄黑相间的倾斜线条	立面标记	用以提醒驾驶人注意，在车行道或近旁有高出路面的构造物	

第11节　交通警察的指挥

图 2-24　交通警察的指挥

交通警察的指挥如图 2-24 所示，分为手势信号和使用器具的交通指挥信号。

交通警察通过手势指挥交通，一般在道路平面交叉口或某些路段上单独使用，有时也与交通信号灯配合使用。

（1）停止信号的动作　停止信号就是示意不准前方车辆通行。

1）左臂由前向上直伸与身体成 135°，掌心向前与身体平行，五指并拢，面部及目光平视前方。

2）左臂垂直放下，恢复立正姿势。

（2）直行信号的动作　直行信号就是示意准许右方直行的车辆通行。

1）左臂向左平伸与身体成 90°，掌心向前，五指并拢，面部及目光同时转向左方 45°。

2）右臂向右平伸与身体成 90°，掌心向前，五指并拢，面部及目光同时转向右方 45°。

3）右臂水平向左摆动与身体成 90°，小臂弯曲至与大臂成 90°，掌心向内与左胸衣兜相对，小臂与前胸平行，面部及目光同时转向左方 45°。

4）右大臂不动，右小臂水平向右摆动与身体成 90°，掌心向左，五指并拢。

5）右小臂弯曲至与大臂成 90°，掌心向内与左胸衣兜相对，与前胸平行，完成第二次摆动。

6）收右臂。

7）收左臂，面部及目光转向前方，恢复立正姿势。

（3）左转弯信号的动作　左转弯信号就是示意准许车辆左转弯，在不妨碍被放行车辆通行的情况下可以掉头。

1）右臂向前平伸与身体成 90°，掌心向前，手掌与手臂夹角不低于 60°，五指并拢，面部及目光同时转向左方 45°。

2）左臂与手掌平直向右前方摆动，手臂与身体成 45°，掌心向右，中指尖至上衣中缝，高度至上衣最下一个纽扣。

3）左臂回位至不超过裤缝，面部及目光保持目视左方 45°，完成第一次摆动。

4）重复 2）动作。

5）重复3）动作，完成第二次摆动。

6）收右臂，面部及目光转向前方，恢复立正姿势。

（4）左转弯待转信号的动作 左转弯待转信号就是示意准许左方左转弯的车辆进入路口，沿左转弯行驶方向靠近路口中心，等候左转弯信号。

1）左臂向前平伸与身体成45°，掌心向下，五指并拢，面部及目光同时转向左方45°。

2）左臂与手掌平直向下摆动，手臂与身体成15°，面部及目光保持目视左方45°，完成第一次摆动。

3）重复1）动作。

4）重复2）动作，完成第二次摆动。

5）收左臂，面部及目光转向前方，恢复立正姿势。

（5）右转弯信号的动作 右转弯信号就是示意准许右方的车辆右转弯。

1）左臂向前平伸与身体成90°，掌心向前，手掌与手臂夹角不低于60°，五指并拢，面部及目光同时转向右方45°。

2）右臂与手掌平直向左前方摆动，手臂与身体成45°，手掌向左，中指尖至上衣中缝，高度至上衣最下一个纽扣。

扫一扫看动画视频

3）右臂回位至不超过裤缝，面部及目光保持目视右方45°，完成第一次摆动。

4）重复2）动作。

5）重复3）动作，完成第二次摆动。

6）收左臂，面部及目光转向前方，恢复立正姿势。

（6）变道信号的动作 变道信号就是示意车辆腾空指定的车道，减速慢行。

1）面向来车方向，右臂向前平伸与身体成90°，掌心向左，五指并拢，面部及目光平视前方。

2）右臂向左水平摆动与身体成45°，完成第一次摆动。

3）恢复至1）动作。

4）重复2）动作，完成第二次摆动。

5）收右臂，恢复立正姿势。

（7）减速慢行信号的动作 减速慢行信号就是示意车辆减速慢行。

1）右臂向右前方平伸，与肩平行，与身体成135°，掌心向下，五指并拢，面部及目光同时转向右方45°。

2）右臂与手掌平直向下方摆动，手臂与身体成45°，面部及目光保持目视右方45°，完成第一次摆动。

扫一扫看动画视频

3）重复1）动作。

4）重复2）动作，完成第二次摆动。

5）收右臂，面部及目光转向前方，恢复立正姿势。

（8）示意车辆靠边停车信号的动作 示意车辆靠边停车信号就是示意车辆靠边停车。

1）面向来车方向，右臂前伸与身体成45°，掌心向左，五指并拢，面部及目光平视前方。

2）左臂由前向上直伸与身体成135°，掌心向前与身体平行，五指并拢。

3）右臂向左水平摆动与身体成45°，完成第一次摆动。

4）右臂恢复至1）动作。

5）重复3）动作，完成第二次摆动。

6）右臂恢复至1）动作。

7）双臂同时放下，恢复立正姿势。

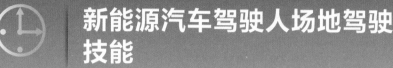

第1节　基本驾驶能力训练

（1）培养安全意识　在练车时，学员向教练员学习驾驶操作技能固然重要，但更重要的是学会怎样安全行车，牢记生命无价，树立高度的社会责任感，将安全行车与安全礼让有机结合起来。

1）安全意识，逐步提高。学员对于教练员讲解的法律、法规、驾驶道德与安全驾驶相关知识，应认真记住记牢，并在学车中进行运用，这样就可以逐步提高安全意识。

2）分析案例，吸取教训。在教练员进行典型事故案例分析时，学员应认真吸取教训，增强法律意识和社会责任感，培养自己规范操作的安全意识和文明行车意识，并贯穿于整个驾车过程中。

（2）练习驾驶人感知觉能力　感知觉能力，就是充分利用眼、耳、鼻、手、脚的感知驾驶汽车。因为驾驶汽车时要眼观六路，耳听八方，这样才能充分掌握道路的交通信息，做到处乱不惊，遇险不慌，冷静处理，避免一切不利因素，做到安全行车。

1）认真练眼，眼观六路。眼睛是观察道路情况的视觉器官，开车时眼睛要平视观看道路前方的情况，利用眼角的余光观看车辆左右的情况。同时，要随时观看车上的内外后视镜，以观察车后和车内乘车人的情况，一旦发现异样就可灵活运用手脚停车，避免意外情况发生。

2）认真练耳，耳听八方。耳朵是听觉器官，一切外界的声响和本车的响声都是通过耳朵听出来的。例如，后车要超车发出的喇叭声，汽车底盘发生故障时的异响等。

3）认真练鼻，鼻闻"香臭"。鼻子用于闻气味。例如，鼻子闻到汽车内的电气线路烧焦发出的胶臭，就可知道电气线路出了问题。

4）认真练脚，脚踏实地。脚用于踏放制动踏板、加速踏板，如果某一踏板踩下很轻，就知道出了问题。例如，踩加速踏板过重，车速就会提高很快；反之，脚踩加速踏板过轻车速就会提高很慢。只有"脚踏实地"地练习，驾车才能踏实认真，自信而不虚浮。

5）认真练手，得心应手。手用于操纵方向盘和变速杆。只要练习到得心应手了，驾驶时"人车也就合一"了。

驾驶新能源汽车时，驾驶人运用这些感知觉能力，就可以避免行车事故。因此，学员在道路实车训练中，一定要充分体验，以确保行车安全。

（3）注意力训练　注意力训练，也叫意念集中训练，是帮助学员向某一目标奋进时，不受任何杂念和客观条件的干扰，始终把心理活动集中和指向于当前学习驾驶技术的活动上。但是，从注意力分散到集中注意力，必须经过一段时间的训练，加强注意力的稳定性，提高抗干扰能力。

1）驾车起步，心念警句。驾车起步时，心中默念应集中注意力的警示词句，目的是防止意念分散，集中精力驾驶。

2）车体意象，立体感受。驾车上路时，两眼平视道路前方，甚至要不眨眼地一直盯着路面，一边进行放松，一边感受车体的立体意象。

3）想象对象，意念集中。使意念和眼的焦点集中在道路前方的路面上，直到头脑中能清晰地想象出汽车各个角落的形、色、光、影，感知通行道路对交通参与者的影响，自问当遇有险情时我该怎么做。这样的练习做得越多，对应注意对象的控制就越容易，并且使常有的紧张心理逐渐消失。

4）抓住感觉，及时提醒。当感觉分散时，就要及时提醒："我在开车，我的注意力要集中在驾车上……"

（4）脑海中多"过过电影" "过电影"也叫念动训练法，就是在头脑中运用技术和身体练习时所产生的感觉，结合所形成的操作概念按表象顺序完成操作过程，并配合自我暗示进行意念操作和想象练习。

1）两眼轻闭，想象练习。不练车时，两眼轻闭，想象练习中的内容。比如，自己坐在汽车驾驶室里处理加速踏板的方法。如果上次起步很平稳，可以复习上次的经验；如果上次起步很失败，就要通过念动训练法建立新的成功经验。

2）不断想象，暗示成功。在想象中，不断对自己暗示已经成功了，然后再检查一下想象有无遗漏或不足之处。总之，要使自己的想象始终是积极的、正确的，然后两眼轻闭，再次反复想象自己"最好的操作方法"。这样反复练习，你的驾驶操作就会轻松自如了。

第2节 解锁和闭锁

无钥匙进入和启动（PEPS）系统，是近年来发展起来的汽车电子技术。安装PEPS系统的车辆，车主不需要拿出钥匙，就可以完成解锁、闭锁（图3-1）、开后备厢、启动车辆、自动开启前照灯等操作，方便车主使用车辆。

以比亚迪e5 450纯电动汽车为例，它配备了电子智能钥匙。携带电子智能钥匙，按左右前门微动开关（外把手上黑色按钮），可以解锁/闭锁所有车门；按车后微动开关（后备厢亮饰条上的黑色按钮），可以打开后备厢盖。此外，还可通过遥控钥匙上的按键使用寻车等功能。

图 3-1 解锁和闭锁

第3节 调整座椅、靠背倾斜角度和头枕

（1）前排座椅调整 驾驶人上车后，可根据自己的身高和体型对座椅进行调整。合适的座椅位置，是驾驶人保持正确驾驶姿势的前提。以比亚迪e5 450纯电动汽车为例，其驾驶人座椅调节如图3-2所示，驾驶人座椅可实现前后调节、高度调节和靠背角度调节。

（2）调整手动座椅

1）用右手抓住方向盘12点钟左右的位置。

2）左手拉起座椅前端下的锁止手柄，借用双腿弯曲及臀部的力量向前或向后移动座椅。

靠背角度调节

座椅前后调节　座椅高度调节

图 3-2 比亚迪 e5 450 纯电动汽车的驾驶人
座椅调整

3）调到所需位置时松开手柄，并用臀部和后背的前后移动力来确认座椅是否锁止牢固。

温馨提示

❶ 调整座椅应在车辆未起步之前完成，在车辆行驶中切勿调整，否则会影响行车安全。

❷ 座椅位置的合适程度，要依据每个人的不同身型和体态而定。

❸ 座椅调整得远近会直接影响驾驶的舒适程度，感觉双腿伸、曲、踩、抬不影响方向盘操作为宜。

（3）调整电动座椅　虽然各种车型的电动座椅调节按钮的外形和位置可能有所不同，但调整方法大体相近。

1）驾驶座椅前后调整：向前后移动控制按钮，可以使座椅前后移动到理想位置，松开按钮时座椅将固定在该理想位置上。

2）驾驶座椅高度调整：上下移动控制按钮的前后部，可以调节座椅的前后部位的升降。

3）驾驶座椅靠背角度调整：前后移动相应的控制按钮，可以调整座椅靠背的倾斜角度，至理想角度后松开按钮，则锁定该位置。

温馨提示

现在，座椅记忆功能越来越常见，大都有3个位置的记忆功能或更多。若想将座椅调整成某种常用状态，只需按一下记忆开关，座椅便会快捷地调整到当初设定的最佳位置。

（4）调整靠背　调整座椅靠背倾斜角度，使座椅靠背支撑住腰，向后靠时不要让腰部悬空，这样就可以减少驾驶过程中的疲劳。调整方法如下。

1）旋动座椅左侧的调节钮，根据自己的身材进行调节，最多倾斜1～2段。

2）调整时，以背部的力量调节靠背倾角，调节至手掌能按住方向盘上端为宜。

温馨提示

❶ 合适的靠背倾斜角度，会大大减轻驾驶人的疲劳感。在调整时，可与座椅相互调整，以达到倾斜角度适宜的效果。

❷ 车辆在行驶中，不应调整座椅及靠背。如果需要调整，应靠边停车后再进行。

❸ 座椅调整在科目三考试中有明确的要求，在练习时要多加注意。

❹ 座椅及靠背的调整工作应在系安全带之前完成。

（5）调整头枕　为了更好地起到对驾驶人颈部的保护作用，应将汽车座椅头枕调节到合适的位置。汽车座椅头枕有手动调节式和自动调节式两种，手动调节式只能进行高度的单向调节，而自动调节式则可以在二维的方向自动调节。

1）调节头枕时，将头枕高度调整到与眼眉在一条线上即可，太低则容易造成头颈受伤。

2）后脑与头枕之间的距离越近越好，最好不要超过10cm。

3）如果是具有锁止功能的可调整头枕，在调整后一定要保证将头枕位置锁止，以免撞击时发生移位。

第4节 调节安全带

安全带是系在驾乘人员胸前或腰部，用于防止身体前冲的安全用品。当汽车遇到意外情况紧急制动时，它可以将驾乘人员束缚在座椅上以免前冲，从而保护驾乘人员避免二次冲撞造成的伤害。使用安全带时，首先应检查安全带是否失效，缓慢地用手将安全带向下拉时应能顺利地从卷绕器中拉出，猛拉安全带时应拉不动。否则，说明安全带失效。以比亚迪*e5* 450纯电动汽车为例，调节安全带如图3-3所示。车辆行驶前，应确保车中所有乘员均已正确系好安全带。

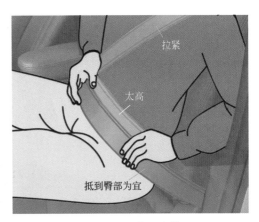

图3-3 调节安全带

1）座椅调整合适后，开始系安全带。身体和头略向左转，眼睛看安全带存储仓，右手从胸前跨过，抓住安全带舌片（插头）朝身体右前方平顺地将安全带拉出存储仓，同时左手辅助右手使安全带顺畅拉出，横过胸前及髋部，检查是否有打结或扭转。

2）右转头，眼睛看向两个座椅中间，在驾驶座椅右侧旁边位置有一个偏口朝上的安全带插座，右手抓住安全带舌片将其插入插座孔内，直至听到"咯"的一声为止。

3）调整肩部的安全带使其与髋部贴紧，腰部的安全带必须紧贴骨盆部，尽量往下系牢。

4）解安全带时，用左手拿安全带，右手按压插扣上的按钮，插头便可自动弹出，左手慢慢松开安全带，安全带卷收器可将安全带自动卷入。

温馨提示

❶ 安全带应在座椅调整合适之后再系，程序反了操作起来不太方便。

❷ 在系安全带时，带面应与身体部位贴紧，要求带面平坦，没有扭曲扣结。在解开安全带时，一定要缓慢放回，不要打开锁止机关让其自己弹回，以免金属舌片在弹回时打到人的面部或者打碎车窗玻璃。

❸ 未系安全带时，仪表盘上的安全带指示灯点亮，注意观察。

第5节 调节方向盘

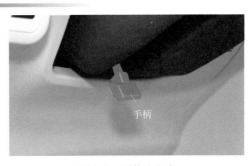

方向盘角度可调节至不同驾驶人所需的驾驶位置。当车辆停止时，要改变方向盘的角度时，可握住方向盘，把转向管柱调节手柄向下按，将方向盘倾斜到所需要的角度，然后把手柄恢复到原位，如图3-4所示。

图3-4 调节方向盘

第6节 调节后视镜

图3-5 后视镜调节开关

汽车后视镜反映汽车后方和侧方的情况，使驾驶人可以间接看清楚这些位置的情况，扩大了视野范围。为了更好地发挥后视镜的作用，驾驶人应将车内外后视镜调到最佳位置。以比亚迪e5 450纯电动汽车为例，它的外后视镜为电动后视镜，由后视镜调节开关控制，后视镜调节开关位于驾驶人中控台左侧，如图3-5所示。把电动外后视镜调节到刚好可以在后视镜中看到车辆的侧边。

调节步骤如下。

1）把后视镜调节开关调到"L"或"R"位置（选择左侧或右侧后视镜）。

2）按动上/下/左/右按钮调节外后视镜镜面。

3）当调节完成后，将调节开关调回中间位置。

（1）调节后视镜的技巧

1）调节车内后视镜时，驾驶人应保持正确姿势，面向正前方，左手握方向盘，将后视镜调到能反映整个后窗、左侧反映到自己头部少许为宜，调到只要转动眼球就可看到车后面全部情况为宜。

2）调节车外后视镜时，先在水平方向进行调节，使车身占镜面1/4，车外物体占镜面3/4；然后，再进行垂直方向调整，使地面在镜面中占1/3。

3）调节后视镜时，要明确视觉在自然状态上，不要通过左右移动身体来从左右后视镜中探寻后方情况，这样不利于安全驾驶。

温馨提示

❶ 在车辆起步前，一定要检查好后视镜的位置和角度是否合适，是否可以看见自己车辆左右两侧合理范围内的物体。

❷ 车辆进入行驶状态后，尽量不要调整后视镜。

❸ 平面镜和凸型镜的镜片中所反映出的实物效果有所差异，应根据不同类型镜面来判断后方事物的变化与本车所处的大致距离。

❹ 如果在狭窄的地方停车，可以把车外后视镜折叠收起。折叠后视镜时，只需将整个后视镜朝车尾方向推动即可。需要注意的是，有电动机操纵的车外后视镜严禁用手扳。

第7节 换挡方式和挡位设置

新能源纯电动汽车的换挡方式，有变速杆式换挡和旋钮式换挡两类。变速杆式通常有三个挡位位置（D、R、N），旋钮式大多有四个挡位位置（D、R、N、E）。D是前进挡，R是倒车挡，N是空挡；E是节能挡（经济模式），与D挡一样用于前进，可以自动回收制动和减速时的能量，使得纯电动汽车的续航里程加长约20%。变速杆或旋钮外还有驻车挡P（按键）。以比亚迪e5 450纯电动汽车为例，它的挡位如图3-6所示。

图3-6　比亚迪 *e5* 450 纯电动汽车的挡位

1）驻车挡（P）：在停放车辆时使用。按下此按键后，可实现驻车。为避免损坏变速器，必须在车辆完全停止后按下P挡按键。启动时，车辆应处于"OK"状态，踩下制动踏板，即可从P挡切换到其他挡位。

2）倒车挡（R）：用于倒车，必须在汽车完全停稳后才能使用。

3）空挡（N）：当需要暂时停车时使用。无论出于什么原因，只要驾驶人下车，就必须换到驻车挡。

4）前进挡（D）：在正常行驶时使用。换挡成功后，手松开，换挡杆自动回到中间位置。

不同新能源纯电动汽车的换挡方式和挡位设置有所不同，应依据所驾车型的使用说明书进行操作。

第8节　驾驶前的准备与上下车动作

（1）驾驶前的准备

1）进入车内之前，要检查一下车辆四周的情况。

2）解锁车门，打开车门进入车内。

3）调整座椅、靠背倾斜角度以及头枕的高度和方向盘的角度。

4）调整车辆内外后视镜。

5）关上所有车门。

6）系好安全带。

（2）上车动作　在上车前，要养成绕车一周检查车辆外观和安全状况的习惯，同时对车辆的周围环境、轮胎和车灯进行仔细检查，确认没有影响安全起步的隐患后方可走到驾驶室左侧门前，然后再次由前向后观察道路上的交通情况，确认安全后打开车门，按规范动作进入驾驶室。

1）上车前，从车后侧至右侧绕到车头前端，走到车身左侧前车门处，对车身周围的安全情况进行检查，确认安全。检视的内容包括两部分：一是观察车辆周围有无行人和障碍物；二是检查车辆轮胎技术状况，车身表面有无异常，车身下的路面有无滴痕等。

2）确认安全后，用左手打开左前车门准备上车。车门的敞开程度，应以身体能够顺利进入驾驶室为宜。

3）车门打开后，左手抓住车门内侧手柄，右手握在方向盘2～3点钟之间的位置上，右腿抬起，将右脚伸入车内加速踏板前，身体随之进入，左脚收回到室内底板上。

4）用左手关上车门，右手握在方向盘3点钟的位置上。关车门时，应注意左手将车门拉至距关闭状态10～20cm时稍停顿，然后再用力将车门关好。

5）关好车门后，轻轻推动或通过车灯观看，确认车门是否关好，然后按下车门锁按钮。

（3）下车动作　下车的安全确认重点，可放在车身左侧及后侧。

1）解开安全带，通过车辆左、中、右后视镜和车身自然透明空间观察车下安全状况，也可将左侧车窗玻璃落下来，将头稍探出室外进一步查明情况，注意观察左侧前后方有无急速而来的车辆和行人，确认无机动车、非机动车和行人超越。

2）确认安全后，开启车门锁，左手扳动车门内侧锁销，借力将车门推至开启状态，随后左手抓住车门内侧把手，左脚随之移至室外地面上，将头探出室外，身体随之起立外移，随着身体的外移，将右脚置于室外地面上。

3）当身体完全站立在车门与车身中间位置时，身体向左移至车门空间之外，右转身面对车身，用左手将车门推至距关闭状态20cm左右时稍用力，呈推带式将车门关好。

需要注意的是，当车门呈开启状态时，左手一定要控制车门的敞开程度，不应撒手不管，同时应注意左右脚置地的先后次序，更应注意观察脚下地面上是否安全，尤其是冬季。下车后，如果是长时间离开或者车上无人时，要把车门锁好。

上、下车易犯的错误如下。

❶ 上车前不绕车一周进行安全检查，忽视车身底部的安全情况。

❷ 开、关车门前不转头向后观察。

❸ 车门未关好关牢时，就盲目起步行车。

第9节　正确的驾驶姿势

图3-7　正确的驾驶姿势

驾驶车辆时保持正确的驾驶姿势，不但便于驾驶操作，使驾驶动作更准确、迅速和合理，而且能够减轻长时间驾驶的疲劳，保证良好的驾驶视野。正确的驾驶姿势如图3-7所示。

1）身体面对方向盘坐正坐稳，双肩端平，两肘自然下垂，全身放松，两手分别握在方向盘两侧3点钟和9点钟的位置上。

2）背部向后自然靠紧椅背，两眼向前平视，看远顾近，注意两边，巡视盲区时头随眼动。

3）头部端正，微收下颌，颈部肌肉自然放松。

4）胸部略挺，两膝分开，右脚以脚跟为支点，脚掌轻放在加速踏板上，左脚自然地放在底板的左前方。

❶ 驾驶姿势一定要自然，要保持充沛的精力。

❷ 不正确的驾驶姿势，会直接影响行车安全，影响操作和动作的规范性，同时也会影响下肢运动配合的协调性，给行车带来潜在的安全隐患。

❸ 不正确的驾驶姿势不符合科目三实际道路驾驶技能考试要求。

第10节　操作方向盘

方向盘的作用，就是在驾驶人的操纵下改变或保持汽车行驶方向。操作方向盘如图3-8所示，握方向盘时，四指由外向里握住轮缘，拇指向上自然伸直并靠拢轮缘。手握方向盘的位置，将方向盘按照时钟刻度划分，左手握在9 ～ 10点钟的位置，右手握在2 ～ 3点钟的位置。转向时，通常是以左手为主、右手为辅的操握形式，即左手推送、右手顺势拉动，做到均匀柔和、快慢适中。当连续快速转向时，可用交叉法来操纵方向盘。

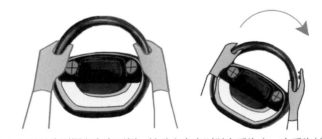

（a）两手分别握方向盘两侧，转动方向盘时以左手为主、右手为辅

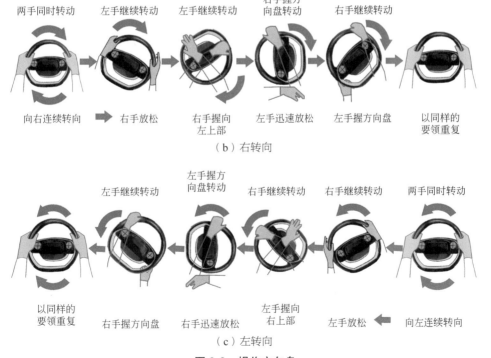

（b）右转向

（c）左转向

图 3-8　操作方向盘

通常情况下，操作方向盘的方法有以下三种。

（1）推拉法　这种操作方法适用于直线行驶时的方向修正，操作时以左手为主、右手为辅，少打少回，保证直线行驶。

（2）传递法　这种操作方法适用于一般缓弯，操作时先拉动后回送。右转弯时，右手下拉到方向盘下方，左手同时适当下滑至适当位置接替右手向上推动，回方向时动作相反；左转弯时，左手下拉到方向盘下方，右手同时适当下滑至合适位置接替左手向上推动，回方向时动作相反。

（3）交叉法　这种操作方法适用于急转弯或掉头等。以左转弯为例，操作时右手推、左手拉，两手交叉时左手松开方向盘，移到右上方接方向盘下拉，右手在下方翻手，继续上推，回方向时按相反方向进行。

温馨提示

❶ 操作方向盘时，双手应轻松自如，推、接、拉、回位应适度。

❷ 不要双手紧紧抓住方向盘不放，否则会出现反别轮情形，这时的姿势相当难受。

❸ "掏轮" "别轮" "大把攥轮" 以及像 "荡秋千式" 的握方向盘的手法都是不正确的，在实际道路考试中不应发生，否则将会影响考试成绩。

第11节　操作加速踏板和制动踏板

（1）操作加速踏板　新能源纯电动汽车上的加速踏板，其本质是一个传感器，传递的信息是驾驶人的驾驶意图。驾驶意图被设计人员从两个角度去理解：一方面，你想要得到什么样的速度；另一方面，你期望多长时间能够达到这个速度，也就是加速度。这两个参数对应到加速踏板上，就体现为开度和开度的变化率。通过对加速踏板位置和运动速率的准确描述，传递驾驶人当前意图。

1）加速踏板的踏法，就是将右脚跟放在驾驶室底板上作为支点，脚掌轻踏在加速踏板上，用踝关节伸屈动作踏下或放松踏板。

2）踏下加速踏板时，一定要轻踏、平稳、缓慢，不能忽快忽慢，也不能忽踏忽抬，更不能一脚踏到底。

3）抬起加速踏板时，一定要缓抬，不能一下抬到顶。

4）车辆行驶时，右脚应轻松地放在加速踏板上。踩下和放松加速踏板时，用力要柔和，不可猛踩急抬或连续抖动。

温馨提示

在踩踏加速踏板时，一定要突出一个 "轻" 字。在学习阶段所要求的一种踩踏方法，就是 "轻踏、缓抬、匀加速"，既规范又经济。

（2）操作制动踏板　制动踏板是强制汽车减速或停车的操纵机件。制动踏板的操作方法，就是用右脚前脚掌踏制动踏板，利用膝关节的伸屈动作踏下或放松，如图3-9所示。

1）踩下制动踏板时，首先把右脚从加速踏板移至制动踏板，然后根据需要确定踩下制动踏板的行程、速度和力度：当需要降低车速时，应先轻后重缓慢踩下；当需要停车时，除按减速要领操作外，在车辆即将停止时放松踏板再缓慢踩下；当需要紧急制动时，应迅速有力地将踏板踩到底。

2）放松制动踏板时，应根据需要操作，可以一次放松，也可以分次逐渐放松。

3）踩下制动踏板的行程、速度和力度，应根据制动效果的需要而定。

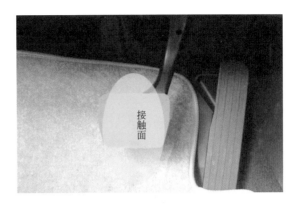

(a)合适

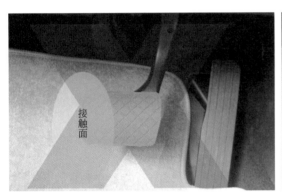

(b)偏左

(c)偏右

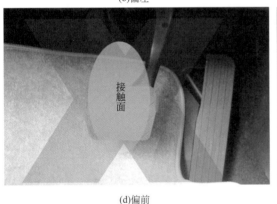

(d)偏前

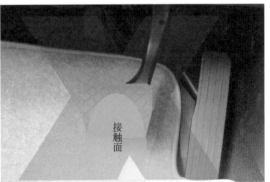

(e)偏后

图 3-9 操作制动踏板

制动踏板的踩踏方法有两种：一种是整体移动，适用于紧急制动；另一种是以脚跟为轴心，脚前部移向制动踏板，适用于在行驶中带制动时。一般在行驶中没有突发情况时，适合采用以脚跟为轴心、前脚掌移动的踩踏方法。

第12节 启动开关与启动操作

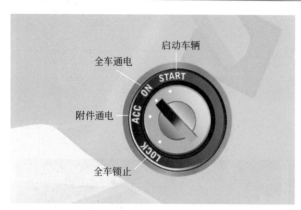

图 3-10 新能源纯电动汽车的启动开关

目前，大部分新能源纯电动汽车的启动开关，分为4个挡位，如图3-10所示。

1）LOCK：拔下启动钥匙，全车锁止。

2）ACC：方向盘解锁，附件通电。

3）ON：全车通电，所有仪表、警告灯和电路工作。

4）START：启动车辆，进入可行驶状态。

温馨提示

❶ 当钥匙转动到ON挡时，要停顿3～5s，使整车通电并完成自检，观察仪表显示正常后，再转动钥匙至START位置。

❷ 当车辆启动时，要踩着制动踏板转动钥匙至START位置。

❸ 启动时，水泵会发出"嗡嗡"的声音，这是正常现象。

❹ 变速杆处于空挡（N）或驻车挡（P）位置时，才能启动车辆。当变速杆处于其他位置时，无法启动车辆。

新能源纯电动汽车的启动方式，现在常见的有旋转钥匙启动和无钥匙一键启动。

（1）旋转钥匙启动

1）把钥匙插入点火开关并转动到ON挡。

2）系统自检，"READY"指示灯亮起，表明车辆准备完毕，可以行驶。

3）检查SOC电量表。

4）踩下制动踏板。

5）把变速杆换至D挡。

6）松开驻车制动。

7）缓抬制动踏板，车辆行驶。

（2）无钥匙一键启动 无钥匙一键启动操作很简单（图3-11）。以比亚迪e5 450纯电动汽车为例，启动车辆的步骤如下。

1）使用有效智能钥匙。

2）踩住制动踏板，按下启动按键。

3）观察仪表，车辆进行自检。如果各系统正常，自检完成后，故障指示灯和警告灯应自动熄灭，OK指示灯亮起，标识车辆已为驾驶准备就绪。

4）检查驾驶就绪指示灯（OK指示灯）亮起。

（a）　　　　　　　　　　（b）　　　　　　　　　　（c）

图 3-11　无钥匙一键启动操作

5）检查电池电量和计程表上的预估行程。

虽然不用钥匙就可以启动车辆，但是如果钥匙不在车内，或者超出一定的距离，钥匙发出的信号就无法被检测到，车辆也就不能启动。

第13节　使用前进挡（D）

驾驶新能源汽车，起步前安全检查确认和上车后的其他事项及操作要求，都与传统汽车的要求相同。以比亚迪 e5 450 纯电动汽车为例，使用前进挡（D）的方法如下。

1）右脚踩住制动踏板。

2）把变速杆移至"D"挡。松开后，变速杆会回到原来的中央位置。观察信息显示屏上的挡位指示器，确认显示在仪表上的"D"挡信息，如图 3-12 所示。

3）逐渐平稳地松开制动踏板，右脚移到加速踏板上轻轻踩下，车辆缓慢加速向前行驶。观察仪表的能量监视

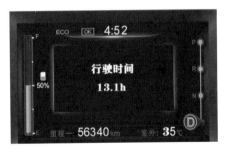

图 3-12　比亚迪 e5 450 纯电动汽车使用前进挡（D）的方法

器，显示动力电池正在给驱动电机供电，驱动车辆行驶。如果车辆提速迅猛，功率表显示车辆当前输出功率增加。松开加速踏板，能量监视器显示当前车辆正在给动力电池充电。

注意

当挡位在D挡或者R挡并且安全带收紧时，踩下加速踏板后，电子手刹会自动松开，也可以手动释放电子手刹。

4）当车辆行驶起来以后，再根据前方路况和车辆本身的运动状态调整加速踏板的踩踏力度。

温馨提示

❶ 汽车在运行中的速度变化，基本上靠加速踏板来控制，注意踩加速踏板的力度要均衡，不要踩踏过度或过急，让汽车保持匀速行驶的状态。

❷ 出现"坐"车现象，是由于猛踩加速踏板所致，这时略收加速踏板然后再平缓踩下去，便可消除"坐"车现象。

第14节 使用倒挡（R）

1）在选择倒挡前，确保车辆处于静止状态。

2）踩下制动踏板，把变速杆移至倒挡（R）。

3）松开制动踏板，缓慢踩下加速踏板，车辆开始向后行驶。这时，能量监视器显示动力电池正在给驱动电机供电，驱动车辆行驶。

第15节 使用驻车挡（P）

驾驶新能源汽车需要停车时，首先选择停车位置，并考虑如何才能顺利地将车停在目标停车地。

1）打开右转向灯。

2）观察右侧车道内的安全情况，同时右脚前脚掌仰起收加速踏板降速，并准备移向制动踏板。

3）右脚整体移向制动踏板，根据目标停车位置采用"轻重轻"的踩踏方式，不要猛踩。

4）感觉车速已经降下来时，要调节踩制动踏板的力度，看着目标停车点将车顺直调正后停车。

5）停车时，按下变速杆上的P挡按键，同时踩住制动踏板。通过电子驻车状态指示灯，确认电子驻车处于"已启动"状态。

6）松开制动踏板，按下电源挡位，使之处于"OFF"位置。

自动挡汽车行驶中临时停车时，可根据停车时间的长短采用相应的操作方法。

1）如果停车时间较短，比如在等交通信号灯停车时，可将变速杆仍置于D挡，只需踩下制动踏板，这样只要一放松制动踏板便可重新起步。

2）如果估计停车时间稍长，最好将变速杆由D挡移至N挡，并踩下制动踏板。

3）如果临时停车时间较长，应拉紧驻车制动器，并将变速杆移至N挡，同时松开制动踏板。

4）如果是在较陡的坡道上停车，应拉紧驻车制动器，并将变速杆置于P挡。使用驻车制动，不仅可以防止自动变速器挂入P挡时锁止机构负荷过大，也能使P挡更易于分离。

温馨提示

驻车制动器的使用及操作方法，应随车型而定。车型不同，驻车制动器的样式及安装位置也不同，具体情况参照所驾车型的使用说明书进行操作。

第16节 设置能量回馈强度

传统汽车在减速、制动的时候，车辆运行的动能通过制动的方式变成了热能，并释放到空气中。在新能源纯电动汽车上，这种由于制动浪费掉的动能可以通过制动能量回收技术转变为电能，重新储存在动力电池中。

通过多功能方向盘调节组合仪表上的信息显示屏上的设置功能，可以进行能量回馈强度设置。以比亚迪e5 450纯电动汽车为例，能量回馈强度设置有标准和较大两种模式选择，如图3-13所示。

（1）标准模式 可提升驾驶舒适性，出厂默认为此模式。

（2）较大模式 可回收更多能量。

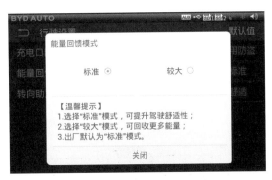

图3-13 能量回馈强度设置

第17节 汽车直线行驶

要想使汽车按需要直线行驶（图3-14），就要在行车中平稳地控制方向，保持汽车直线运动状态，并适时控制好行驶速度。

1）坐姿端正才能自如地调整方向。只有身体对正车体前方，才能感觉到目标路线正直与偏离，加上视觉反应良好，才能及时准确地把握修正方向的时机。

2）双手握方向盘时不要握得太紧，否则不利于方向盘的调整和不容易接收到路面的触感信息。将方向盘握得越紧，方向跑偏的感觉就越强烈，也就无法控制平衡点。

3）全身放松，两肘自然下垂，视线放远，目视前方，看远顾近，并兼顾车身两侧。

图3-14 直线行驶

4）选择行驶前方的目标参照点，参照点的位置以车轮在路面上的延长线为基准。参照点的距离要随着车速的快慢而移动，快则远，慢则近。

5）双手合理调配，以左手为主，右手为辅，突出左实右虚握方向盘手法的特点。

6）向左跑偏时，左手向右推方向盘至12点钟方向，看前方参照点，感觉车身似正非正时，左手拉回到9点钟位置。向右跑偏时，右手由3点钟方向左推方向盘至12点钟方向，以前方的参照点为依据，感觉车身似正非正时，右手将方向盘再拉回到3点钟位置。

7）左右调整方向合适后，在车正轮直状态感觉有跑偏迹象时要及时调整方向盘，保持直线行驶状态。

8）左右跑偏轻微时，可做小幅度推拉调整。9～12点钟、3～12点钟方向的推拉，适用于跑偏程度较大时。

在练习中，要认真体会在道路上正直行驶与偏离中心参照点的因果关系，便于尽快掌握方向盘的修正要领。

第18节 汽车曲线行驶

图 3-15 曲线行驶

车辆行驶在曲线弯道上时，通常情况下前轮沿着路边缘线的弯度移动，即车辆顺弯而行（图3-15）。为了便于驾驶人能够准确控制行驶方向，一般情况下是在车身某个部位上选择一个比较适宜的参照点，向前行进时使参照点始终沿着边缘线运行，以此来保证车辆顺弯行驶的需要。

1）左弯道行驶时，始终保持车头中心线沿着车道边缘线移动。

2）右弯道行驶时，基本能够保持车头右前角与车道边缘线目测间距在45cm左右的位置移动。

第19节 汽车转弯

图 3-16 转弯

汽车转弯（图3-16）时，同侧前后车轮轮迹不在一条线上，前轮转弯半径大，后轮转弯半径小。内侧前轮与后轮轮迹的半径之差，就称为内轮差。

1）转弯时，必须为内轮差留出余量。

2）左转弯时，将余量留在左侧；右转弯时，将余量留在右侧。

3）转弯前必须降低车速，否则汽车转弯时产生的离心力易使汽车侧滑、侧翻，影响行车安全。

第20节 汽车掉头

车辆作180°转向，朝原来相反的方向行驶称为掉头。

车辆在宽阔地段，车头朝前只利用转向实施掉头的称为顺车掉头，利用地形采用倒车掉头的称为倒车掉头。

汽车掉头时，应尽量选择在广场、岔路口或平坦、宽阔、土质坚实的地段进行。如果没有上述理想的地段，也应选择路旁有空地可利用的地点掉头。进行倒车掉头时，可利用岔路口掉头，方法是：使车靠岔路口外侧低速行进，接近岔路口时，迅速转向，让车驶入岔路并贴近岔路的外侧停车，然后选择倒挡，倒入来路，同时向所需掉头的方向转动方向盘，当车驶入原来道路时便完成了掉头。

第21节 汽车倒车

汽车在使用过程中，经常需要倒车。新能源纯电动汽车倒车时，先将挡位调至倒车挡。当挂入倒车挡后，配有倒车影像的汽车，在中控屏上会自动显示倒车影像，按照倒车影像提示倒车即可；如果没有倒车影像，可观察后视镜进行倒车操作。

倒车分为直线倒车和曲线倒车。

直线倒车时，选好倒车参照基准线，只要始终保持车身与基准线一致即可。倒车时，汽车尾部倒退的方向和方向盘旋转的方向一致，但前部偏向的方向与方向盘的旋转方向相反。倒车时，转动方向盘后不能立即改变汽车尾部的方向，只有当前轮方向发生变化后，车体前部做横向移动，然后汽车倒车的方向才会改变，这时需要注意汽车尾部盲区的安全。

曲线倒车时，无论是向左还是向右倒车，最后停止时都应使车身摆正，方向回正。曲线倒车的关键是在车上选择和观察正确的参照点，当参照点与地（路）面的限位线（角）重合后及时地转（回）方向盘。

1）倒车一般是从后车窗观察后方情况，从后视镜观察两侧情况。在特殊情况下，也可以半打开驾驶室门，将头伸出车外向后观察情况。由后车窗观察倒车时，可选择车上后端的目标，对准停靠地点的可视目标倒车。将头伸出车门外观察倒车时，可以车厢角或后轮为目标，对准停靠场地的目标倒车。

2）倒车时，先挂入倒挡，起步要缓慢，并控制好速度，稳住加速踏板，正确操纵方向盘。直线倒车时，如果车尾向左偏斜，应将方向盘向右少量回转；如果车尾向右偏斜，应将方向盘向左少量回转，等车接近正直时便及时修正方向，切不可猛打猛回。

3）在倒车中，如果因地形或车辆转向角所限，须反复前进、后倒时，应在每次后倒或前进接近停车前的一瞬间，迅速利用车辆的移动回转方向盘，为再次前进或后倒做好转向准备。不允许在车辆停住后强力转动方向盘，以防转向机构受损。

4）在倒车时，应随时准备采取应急措施。在环境复杂或较窄的通道倒车时，调整方向应谨慎，避免发生打反方向而造成车辆某个部位被剐擦，或其他危险情况发生。

温馨提示

❶ 倒车过程中，不要"顾尾不顾头"，应注意车头及其两角区域。

❷ 不要过于"迷恋"倒车影像，它的摄像头一般是大广角结构，呈现出的影像可能会严重变形。

扫一扫看动画视频

▶▶ 第4章

新能源汽车驾驶人道路驾驶技能

第1节 安全检查

为了使出行安全和顺利，驾驶人在出行前应做些必要的检查。

（1）检查证件 检查各证件是否携带齐全。

（2）检查车外 主要检查车外表有无伤痕，如果有较重的伤痕，找出原因，影响行车安全时要及时维修。检查轮胎的磨损、紧固和气压情况，如果轮胎磨损超过标准，要及时更换；如果发现螺栓松动，要进行紧固；如果气压不足，要找出原因，有针对性地进行处理。

（3）检查内部 检查驾驶室，先检查操作装置，启动车辆后再检查仪表和报警信号灯的情况，发现异常要及时送修。不要驾驶故障车上路行驶。

（4）检查工具 检查随车附件，包括千斤顶、灭火器、随车工具等是否齐备和完好。

温馨提示

起步前应绕车一周看看（图4-1）。至于如何"绕"车，这要根据驾驶人和车辆之间所处的位置以及起步后车辆的走向来决定。绕行查看的目的：一是查看车门是否关严；二是查看车辆周围有无依附物；三是查看车身是否端正和各轮胎气压是否正常；四是查看车底有无玩耍的小孩或其他小猫、小狗等。

❶ 如果你处在车的左侧且起步后要前进，就从车前绕到车右侧再到车后，最后绕至左门。人、车位置保持不变；如果起步后要倒车，就要从车后绕到车右侧再到车前，最后绕至左门。

图4-1 绕车一周

❷ 如果你处于车的右侧，起步后要前进，就要从车前绕至车的左门，人、车位置保持不变；如果起步后要倒车，就要从车后绕至左门。

第2节 安全起步

（1）正常气象条件下起步 起步前开启左转向灯，先观察周围交通情况，再通过内外后视镜并向左转头观察，确认左侧和后方安全，必要时也可以直接将头伸出窗外进行安全确认。

（2）雾天起步 起步时要开启前后雾灯和危险警告灯，必要时开启近光灯，要比正常气象条件下更仔细观察前方和车两侧情况。不要开启远光灯和长时间鸣喇叭，也不能只打开左转向灯就起步[图4-2（a）]。

（3）夜间起步 起步时开启近光灯、左转向灯，注意观察两侧的车辆和行人，特别要注意提防黑暗中的车辆和行人。在夜间起步前，不要开启远光灯[图4-2（b）]。

（4）雨雪天起步 起步时要开启近光灯，雨天要使用刮水器，雪天可用雪地模式（❄），要注意预防雨雪中行人抢行[图4-2（c）、（d）]。

（5）停车场起步 起步时应先观察车辆两侧是否有正在行驶的车辆。一般刚进入停车场的车辆，驾驶人都会急于寻找停车位，很容易忽视其他从停车位上突然行驶出来的车辆。等确认安全后再起步，并随时注意从两侧停车位上突然行驶出来的车辆。

（6）在车辆较多的道路上起步 起步后，应沿原停车方向缓行一段，等车速提高到一定程度，并确认左后方无车超越时，再向道路中央行驶。

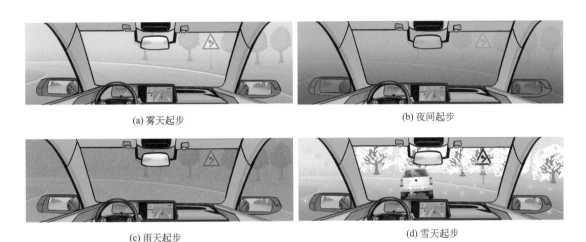

(a) 雾天起步　　　　　　　　　　　　　　　(b) 夜间起步

(c) 雨天起步　　　　　　　　　　　　　　　(d) 雪天起步

图 4-2　安全起步

第3节　安全汇入车流

安全汇入车流如图4-3所示。

1）驾驶机动车起步后，要随时注意车辆两侧道路情况，向左缓慢转向，在不影响其他车辆通行的前提下，逐渐驶入正常行驶道路。

2）遇到左侧车辆较多时，让左侧车辆先行，不要向左突然急加速转向汇入车流。

3）从辅路汇入主路车流时，要在降低车速的情况下合理选择汇入时机，不能急加速汇入车流。

图 4-3　安全汇入车流

第4节 安全变更车道

图 4-4 安全变更车道

安全变更车道如图4-4所示。

1）变更车道前，通过内外后视镜观察后方道路交通情况，确认安全后提前3s开启转向灯，再次观察道路两侧有无车辆超越，在不妨碍其他车辆正常行驶的情况下逐渐变更到所需车道后，关闭转向灯。

2）变更车道时，应以小角度斜线并入所要进入的车道。变更车道的动作要一气呵成，避免没变更成又返回原来车道。

3）在有导向车道的路口转弯时，要注意观察标志、标线，进入实线区前，根据选择的行驶路线按导向箭头方向变更车道。右转弯，进入右转弯导向车道；左转弯，进入左转弯导向车道。进入实线区后，不能变更车道。

4）转弯变更车道时，避免急转方向盘驶入相邻的车道，防止与突然出现的车辆碰撞或因路面光滑引起车辆侧滑。

5）在车流量大的路段，尽量不要变更车道。确需变更车道时，要提前打开转向灯，通过后视镜观察将要驶向车道一侧行驶车辆的情况。当确认无车辆行驶或无后车超越时，缓慢地向将要驶入的车道一侧转向，密切注意车辆侧后方或尾随车辆的动态，随时做好减速或驶回原车道的准备。遇有车辆继续超越时，不能变更车道。

6）没有变更车道机会时，不要勉强，或者挤、别其他正常行驶的车辆。不要变更车道后就踩制动踏板，这样很容易追尾。除非万不得已，不要连续变更车道，否则很容易使后车来不及制动而造成事故。万不得已需要连续变更车道时，一定要逐一车道进行，并在每次变更车道时都要仔细观察相邻车道的情况。

7）在车道分界线为虚实线的路段，实线一侧的车辆严禁变更车道。

第5节 安全跟车

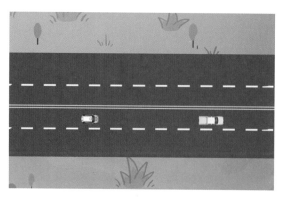

图 4-5 安全跟车

安全跟车如图4-5所示。

1）驾驶机动车跟车行驶，要与前车保持安全距离，注意观察前车的动态。遇前车制动时，及时采取减速措施，防止发生追尾事故。

2）在城市道路上跟车行驶时，不能将注视点固定在前车上，要以2～3辆前车为目标，及时观察路面和前方道路的交通情况，前方车速改变时，及时调整车速。前方行驶路线变化时，要及时判断原因，随即进行调整。

3）遇前车绕行障碍物时，要根据障碍物的情况确定跟车避让线路，留出足够的安全距离，适当转动方向盘，大半径、长弧线跟车绕过，避免在临近障碍物时超车或急转向绕行。

第6节 安全会车

安全会车如图4-6所示。

1）会车时，如果遇到障碍物，只能单车通过，应避免"三点一线"。

2）车辆交会时，应遵守距离较近、车速较快、前方无障碍物一方车辆先行的原则。如果来车速度较慢或离障碍物较远，应果断加速超越障碍物后驶入右侧并交会，也可根据需要适当降低车速，在超越障碍物前与来车交会。

3）有的公路路基土质较松软，注意不要因过于靠边压坏路基而造成翻车。

4）在窄于5m的道路上会车，车速要控制在15km/h以下。

图4-6 安全会车

5）在没有隔离带的双车道上会车，可先减速然后靠右，控制车速，稳住方向盘，同时照顾道路两旁的情况，以保证会车时有足够的横向间距。

6）在窄而陡的坡道上会车困难时，下坡车应让上坡车先行，避免在坡道上交会。

7）尽量避免在特殊道路环境下会车，比如桥梁、隧道、涵洞、急弯等处。

第7节 安全超车

扫一扫看动画视频

安全超车如图4-7所示。

1）不可强行超车。时机不成熟时，一定要耐心等待。

2）在法律不允许超车的地方严禁超车，如隧道、桥梁等。

3）打算超车前，观察前方情况，视线尽量放远，和被超车保持20m的距离，不要太近或太远。在前方路段150m范围内没有来车，通过后视镜并扭头观察后方也没有车要超越你时，打转向灯或鸣喇叭示意你要超车。在超车时，只需将加速踏板快速踩到底，果断地从前车左侧超过去。

4）超越后继续保持直行，驶离被超车约30m时打开右转向灯，缓缓向右转动方向盘，进入正常车道后回正方向，关闭右转向灯，完成超车全过程。

5）超车看车头，就是在超车时要着重观察被超车辆的前部变化，从中判定被超车辆的进一步反应。比如，在超越过程中发现被超车辆的车头部分有向自己靠近的趋势，就要立即减速，停止超越，或在保证安全的情况下向旁侧转动方向盘躲避。

6）夜晚超越前车，应跟上前车，用变换灯光的方法提醒前车能够让路。如果前车让路，并且道路前方又没有来车，就可以进行超车。

图4-7 安全超车

7）对于不肯让超的车，驾驶人要有耐心，反复鸣喇叭提醒，跟车距离也可适当缩短一些，一有机会便快速超越。超越后，不要采取报复措施而向右猛打方向盘或进行制动等。

8）能见度差时，超车要格外小心，因为很难判断前、后方的情况，这时极易发生事故。

9）坚决避免双重超车。前车正在超车时，后车不能超车，即使路面条件允许这种双重超车，也会形成超速行驶，车辆并行也会影响对面来车的行驶，极易造成事故。

10）在超车过程中，当发现道路左侧有障碍，或发现横向间距过小，有可能出现挤擦危险时要从容减速，终止超越行为。尽量不要紧急制动，以免发生侧滑事故。

11）驾驶机动车发现后车发出超车信号时，如果具备让车条件，应及时开启右转向灯，减速靠右让行，必要时辅以手势示意让超，不得故意不让或让路不让速。

12）遇到后方车辆强行超车，不给留出安全距离便向右变更车道时，要减速或靠右停车避让，千万不要赌气。

第8节　安全掉头

图4-8　安全掉头

安全掉头如图4-8所示。

1）车辆掉头时，尽量选择广场、交叉路口或平坦宽阔、土质坚实的安全地段进行，避免在坡道、道路狭窄、路基较高或两侧有深沟等路面复杂的路段或交通繁杂的地方进行。

2）在较宽阔的道路上，适合大迂回一次顺车掉头，既方便又安全。

3）在有交通指挥人员的地方，事先发出掉头信号，得到指挥人员的许可并示意后，降低车速，鸣喇叭，慢车行驶掉头。

4）在一些特殊路段掉头需要特别注意，如遇倾斜路面或特别狭窄路面，则在使用制动踏板时还须使用驻车制动器，等车停稳后再挂挡前进或后退。

5）在路口掉头是相对危险的动作，在计划出行路线时尽量避免在路口掉头。如果要在路口掉头，要选择虚线处掉头，实线处不得掉头。

6）在允许掉头的路段或路口掉头时，提前开启左转向灯，进入左侧掉头导向路段，在不影响其他车辆正常行驶的情况下向左侧变更车道，按交通标志的指向完成掉头。进入路口实线区后，不得向左变道。

7）在无隔离设施允许掉头的路段掉头，先要仔细观察道路交通情况，必要时停车观察，确认车辆前后无其他车辆或行人通过时，方可打开左转向灯进行掉头。掉头时，不得妨碍正常行驶的其他车辆和行人通行。

8）如果路口较窄，不能一次完成掉头，可先向右打方向盘，让车往右靠点，甚至借用点右侧车道，这需要观察好后车的情况，确认安全后再往右靠，然后再打左转向灯开始掉头。

9）在路口掉头尽量不要采取倒车的方法。万不得已时，要在确认安全后采取倒车的方式掉头。

10）在城市街道掉头，一定要有耐心，等找到设有掉头标志的地方才可掉头。否则，很容易造成交通堵塞，稍有不慎就会发生剐蹭事故。

11）掉头的每一次前进或后倒过程中，都要认真观察车辆后侧及两侧道路的交通情况并确认安全，充分考虑车辆的前端和后端距障碍物的距离，以防发生意外。

12）在高速公路上是严禁掉头的。如果超过要驶出的路口，只能选择下一路口驶出，切不可慌张倒车，更不可冒险掉头、逆行折返。

第9节　安全倒车

安全倒车如图4-9所示。

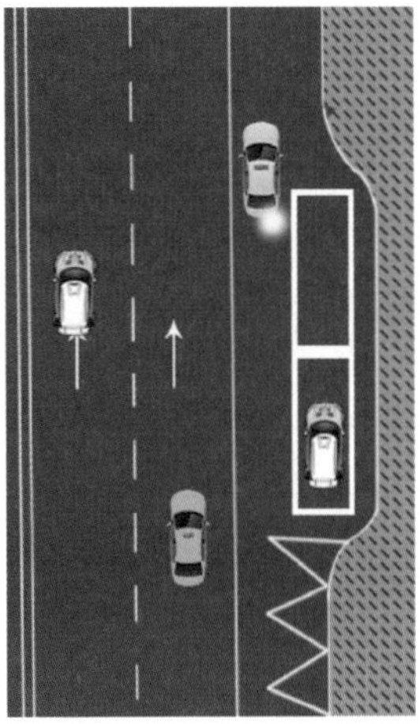

1）倒车时，不可在车后情况不明时盲目进行。

2）倒车前，要仔细观察倒车路线，确认具备安全倒车条件后，方能进行倒车。即便是后方道路条件较好，也不得加速倒车。

3）在一般道路上倒车，应避开交通繁忙、非机动车和行人较多、路面狭窄的路段。倒车时，如果发现有过往车辆通过，应主动停车避让。因掉头需要倒车时，选择在不影响正常交通的地段进行。

4）倒车时，应随时注意动态环境变化。比如，上车时车后没有障碍，但驾驶人在上车和启动过程中情况发生了变化，车后出现行人等"活动障碍"，而障碍又在后视盲区内，发现不了就很容易造成事故。

5）在环境复杂或较窄的通道倒车时，调整方向应谨慎，避免发生打反方向而造成车辆某个部位被剐擦，或其他危险情况发生。

6）在危险地段倒车时，应将车头对着危险地段，车尾对着安全地段，以便于观察。

图 4-9　安全倒车

7）任何时候都不要完全依赖后视镜、倒车雷达之类的配件。

8）倒车一定要慢。即使失手，足够慢的车速也不会造成太大的损失。

9）转向倒车时，应掌握"慢行车、快转向"的操作方法，倒车时要注意车前和车后的情况。由于倒车转弯时，前外侧车轮轨迹的弯曲度大于后轮，因此在照顾全车动向的前提下，还要特别注意前外侧的车轮，避免它碰到路旁的物体。左转向倒车时，如车尾要倒向左（或右）方，方向盘也应向左（或右）方相应回转，回转程度应视转向时车身位置和车速而定，不能在汽车已停止后再强力回转方向盘。

10）倒车时的车速不应超过5km/h。

温馨提示

❶ 驾驶新能源纯电动汽车在选择倒挡（R）前，一定要确保车辆处于静止状态。

❷ 在倒车时，由于自动挡车型不像手动挡车型那样能够使用半联动，因此要特别注意对加速踏板的控制，力度稍不注意就会使倒车车速过快，从而发生事故。

❸ 在汽车未停稳时，不得将变速杆由倒挡换入前进挡。

第10节　安全停车

安全停车如图4-10所示。

1）停车要选择不妨碍交通又无禁止停车标志的路段或地点，提前开启右转向灯，并通过内外后

图 4-10　安全停车

视镜观察后方和右侧交通情况，确认安全后方可靠边停车。不得在设有禁止停车标志的路段停车。

2）停车后，车身距离道路右侧边缘线或者人行道边缘线不得大于30cm，车身不得超过道路右侧边缘线或者人行道边缘线。停车后，按下变速杆上的驻车挡（P）按键，同时踩住制动踏板，确认电子驻车处于"已启动"状态，然后松开制动踏板，按下电源挡位处于"OFF"位置。

3）停车后开车门前，先观察侧后方和左侧交通情况，再缓开车门，以免开车门时妨碍其他车辆和行人通行。

4）车辆还未停住时，乘车人往往急着下车，在这个似停非停的时刻，驾驶人一定要留意乘车人的动向。如果乘车人有此动向，就要及时加以劝阻，以免下车时被车带倒。

5）车辆完全停住后，驾驶人要提醒乘车人不要忙着打开车门，要在确认没有来往车辆和行人以及路边无障碍时，再慢慢打开车门下车。

6）多辆车一起临近停车时，靠道路右侧依次停放，并保持适当的纵向间距，不得与其他车辆并排停放。在城市街道上临时停车，要按指定的位置停放，不得在道路两侧并列停放或逆向停车。

7）在道路上临时停车时，不得妨碍其他机动车和行人通行。夜间或遇风、雨、雪、雾天在路边临时停车，要关闭前照灯，开启示宽灯和危险警告灯。驾驶人下车后关好车门，不要远离车辆，妨碍交通时要迅速驶离。

8）车辆停放时间较长时，选择停车场或准许长时间停放车辆的地点，在规定的位置内依次停放。不准在车行道、人行道和设有禁止长时间停放标志的地点停放车辆。

温馨提示

自动挡汽车在任何情况下停放时，都必须将变速杆移到驻车挡（P）。

第11节　安全通过铁路道口

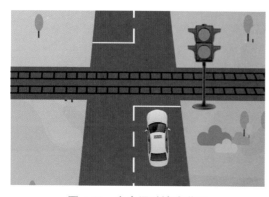

图 4-11　安全通过铁路道口

安全通过铁路道口如图4-11所示。

1）驾驶机动车通过铁路道口时，应自觉遵守通行规定，避免事故。

2）通过有交通信号控制的铁路道口时，在道口外减速，按照信号灯的指示低速通行。遇报警器鸣响或红灯亮时，停车等候，不准抢行通过铁路道口。

3）通过无信号控制或无人看守的铁路道口时，在道口外停车观察，做到：一停，在停止线以外停车；二看，观察左右是否有驶来的列车；

三通过，确认安全后低速通过。

4）通过双股轨道的路口时，遇一侧列车驶过后，还要提防从另一个方向驶来的列车。如果发现有危险情况，应立即停车等待，不能强行通过。

5）车辆前后跟行通过铁路道口时，一定要等前车通过并驶离铁道能容下自车的距离时才可通过，不要紧随前车驶上道口，也不得在道口内停车等候。

扫一扫看动画视频

在铁路轨道上时，如果因驾驶技术失误或车辆故障原因突然熄火，短时间内启动不了而又无外援时，驾驶人首要的任务不是排除故障，而是设法使汽车迅速离开轨道，以免汽车与火车相撞。

第12节 安全通过人行横道

安全通过人行横道如图4-12所示。

1）接近人行横道时，提前减速观察，注意观察人行横道左右两侧是否有行人通行，随时准备停车，礼让行人。

2）遇行人或非机动车通过人行横道时，及时停车让行，不得抢行或绕行。

图4-12 安全通过人行横道

3）右转弯通过时，要特别注意礼让通过人行横道的行人。

4）如果看到人行横道前有停止的车辆，一定要停车，不要盲目通过，前车可能是停车避让行人。

5）不要在人行横道及附近直行超车和变向超车，尤其要提防有些行动缓慢的人可能还滞留在人行横道上。

6）不要在人行横道或人行横道前超车、加速。

7）即使交通灯已经转变为绿色，只要有行人过马路，就不要和其抢道。

8）在有信号灯的路口，严格遵守交通规则，等候时不要将车停在人行横道线上，以免给行人带来不便。在没有信号灯的路口，应注意观察，主动让已经在车辆前方的行人通过，不要从行人前方绕行抢越。

第13节 安全通过学校区域

安全通过学校区域如图4-13所示。

1）驾驶机动车行至学校附近或有注意儿童标志的路段时，一定要及时减速，注意观察道路两侧及周围的情况，时刻提防学生横过道路。

2）遇到上学或放学时段，随时准备避

图4-13 安全通过学校区域

让横过道路的学生和儿童。

3）遇小学生或儿童横过道路时，及时减速或停车让行，避免发生事故。

4）看到道路一侧有家长或大人招手时，要及时减速，注意观察，做好随时停车的准备，预防对面有学生或儿童突然横穿道路奔向家长。

5）有学生通过道路时，应及时停车让行，不要鸣喇叭或与学生抢行。

第14节　安全通过公共汽车站

图4-14　安全通过公共汽车站

安全通过公共汽车站如图4-14所示。

1）驾驶机动车通过公共汽车站，要提前减速行驶，注意观察车站内候车人的动态，不得占用公交专用车道，不能在距离公交车站30m内停车。

2）行经停有公共汽车的车站时，应减速慢行。

3）注意观察公共汽车周围的交通情况，以防突然情况的出现。要特别留意行人的一举一动，有些人发现想搭乘的公共汽车进站，便会心无旁骛地奔向公共汽车，全然不顾忌其他车辆的存在；有些人即便发现了过往的车辆，也会突然地从正常行驶的车辆前面跑过，这时除了要充分理解行人以自我为中心的行为方式外，还要做好随时停车的心理准备。

4）在超越公共汽车时，注意提防公共汽车起步后突然向左转向或上、下车的乘客从车前、车后突然横穿道路，应保持较大的安全间距进行超越，并随时做好停车避让的准备，同时还应注意避让超越公共汽车的非机动车或行人。

第15节　安全通过居民小区

图4-15　安全通过居民小区

安全通过居民小区如图4-15所示。

1）通过居民小区时，要遵守限速标志的规定，低速行驶，随时注意观察两侧情况，遇到突然情况要停车让行，不得连续鸣喇叭或加速抢行。小区门口一般都有提醒减速慢行的限速牌，一般是5km/h。

2）注意避让行人。遇两侧有行人占道行走时，要与行人保持安全距离低速行驶，待行人让路后再通过。

3）遇到非机动车横穿道路时，要及时减速让行，不能在非机动车前方或后方加速通过。

4）遇到在路边玩耍的儿童时，要注意观察儿童的动态，减速缓慢通过。

第16节 安全通过路口

安全通过路口如图4-16所示。

（1）安全直行通过路口

1）驾驶机动车通过有交通信号灯控制的交叉路口时，要减速慢行，注意观察左、右方交通情况。红灯（箭头灯）或黄灯亮时，将车停在路口停止线以外等待放行信号。

2）在绿色信号灯亮的路口直行，遇到对向有左转弯车辆已经进入路口时，要及时减速停车让行，不要抢行通过。

3）在黄色信号灯亮的路口，不能加速通过，要在停止线以外停车等待。黄灯亮时加速通过路口，会影响路口车辆的正常通行。

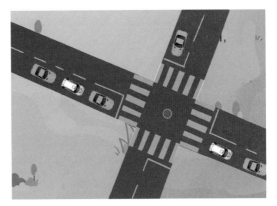

图 4-16 安全通过路口

4）通过设有箭头信号灯的路口，要注意观察信号灯的指示方向，按照绿色箭头信号灯的指示通过。

5）在交叉路口，遇到行人不走人行横道横穿道路时，应及时减速，停车让行，不得加速从行人两侧绕行通过。

6）在没有交通信号灯控制的路口直行，距路口100～50m时减速，行至路口时仔细观察左、右两侧道路的交通情况，做到"一看、二慢、三通过"。遇到有停车让行标志的路口，要停车观察主路情况，确认安全。

7）通过路口时，注意避让正在通行的车辆和行人，随时做好停车的准备。即使有优先通行权，也不能忽视对面来车抢先左转弯或左右车道车辆抢行带来的危险。遇到有减速让行标志的路口，要减速缓慢进入主路。

（2）安全左转弯通过路口

1）在路口左转弯时，提前开启左转向灯，进入左转弯车道或靠道路左侧行驶。在不影响其他车辆和行人正常通行的情况下，沿中心圈左侧低速向左转弯。

2）在有导向箭头的路口左转弯时，要提前按导向箭头指示向左变更车道。同时，注意观察前方和左侧车道内的情况，不能影响左侧车道内左转弯的车辆通行。

3）在有交通信号灯控制的路口，要提前进入左转弯车道或靠道路左侧行驶，等待放行信号，有左弯待转区线的路口，应在直行绿灯亮时进入待转区；绿灯或绿色左转箭头灯亮时，靠路口中心点左侧低速转弯。

（3）安全右转弯通过路口

1）在路口右转弯时，提前开启右转向灯，进入右转弯车道或靠道路右侧行驶，注意观察后方和右转弯方向道路的交通动态，同时观察右转弯的车辆和行人，在不影响其他车辆和行人正常通行的情况下，沿右侧低速向右转弯。

2）在路口右转弯遇到红灯亮时，在不影响其他车辆和行人正常通行的情况下，减速靠右侧转弯通过。

（4）安全通过复杂路口

1）通过复杂路口时，应低速行驶，按规定避让行人和优先通行的车辆，并做好随时停车的准备，不能加速通过路口。

扫一扫看动画视频

2）在视线良好的路口，要谨慎驾驶，以防视线盲区内出现突然情况而措手不及。在路口遇到其他机动车违法变道时，要及时减速避让，礼让通行。

3）遇有路口交通阻塞时，即便是绿灯亮，也要停在路口外等候，不得进入路口或停在路口内等候，以免加剧阻塞或被夹在路口内进退两难。

4）在复杂的交叉路口，遇到路口内车辆较多时，要减速，观察路口内车辆的通行情况，随时准备停车礼让。

（5）安全通过环岛路口

1）驾驶机动车遇到环岛行驶指示标志时，要注意前方环岛路口，提前减速行驶。

2）进入环岛前，根据环岛内行驶车辆的情况，选择时机按逆时针方向安全驶入，驶入环岛时不用开启转向灯。

3）在环形交叉路口内行驶时，如果有车辆强行驶入，要减速避让。

4）驶出环岛前，在驶出的路口前开启右转向灯，在内侧车道的车辆应提前驶入外侧车道，注意观察道路右侧，安全驶出。

驾驶自动挡汽车在路口停车等红绿灯时，如果挡位在前进挡（D）或空挡（N）上，又忘记踩制动踏板或拉驻车制动器，很容易造成与前车追尾或溜车。

第17节　安全通过弯道

图4-17　安全通过弯道

安全通过弯道如图4-17所示。

1）驾驶机动车通过弯道时，会有三种不利因素影响操作：一是弯道视觉盲区；二是存在离心力作用；三是车辆转弯时存在内轮差。

2）遇弯道时，根据弯道路面的宽窄、弯度的大小选择行驶速度。进入弯道前，将车速降到限速范围内，靠右侧转弯通过。

3）如果弯道足够宽，可以按照"贴外切内"的原则走线，这样可以更圆滑地转弯。如果是右转弯，在进弯前可以尽量贴着路中间走，在弯中则尽量贴着路边走，当然前提是路边没有非机动车或行人。如果是左转弯，在进弯前可以贴着路边走，进入弯道时，可以贴着路中间走，其前提也是路边没有非机动车或行人，出弯时则又靠右侧行驶。

4）在无法确认安全的前提下，或弯道中间有禁止超车的实线的情况下，严禁借对方车道行驶。在视野开阔、前后都没有来往车辆的情况下，在通过中间没有实线的弯道时，可以借用对面车道迅速转弯。

5）驾驶机动车在转弯路段遇到对面来车占道时，减速靠右侧行驶。占对向车道行驶、在弯道内急转方向盘、驶入弯道前不减速，这些都容易引发交通事故。

温馨提示

　　驾驶新能源汽车在急加速时，有一个短暂的滞后现象，也就是不能马上就加速。因此，驾驶新能源汽车转弯时，可在出弯道时提前加速，这也是区别于手动挡汽车转弯时的操作方式。

第18节　安全通过立交桥

　　安全通过立交桥主要有以下注意事项。

　　1）行至立交桥路口时，在距路口200m处就要减缓车速，注意观察路标指示并确认自己要驶入的车道。

　　2）进入匝道时，按所要求的速度行驶。没有限速要求时，以40km/h的车速行驶。

　　3）爬越较长的立交桥坡道时，必须注意观察坡道的交通情况。如果条件允许，可提前在100m左右处加速上坡。上坡时，设法与前车保持30m以上距离，以防前车倒退时发生冲撞。

　　4）在下立交桥坡道时，一般应将车速控制在30km/h以内。如果下较陡而长的坡道时，应先在坡顶试踩制动踏板，检查制动作用是否良好，确认情况正常时再与前车保持安全距离，缓慢行驶。

　　5）在立交桥上禁止倒车和停车，尤其是在立交桥的坡道上更严禁停车。

　　6）通过立交桥时，如果发现选择路线错误，应继续行驶至下一立交桥或允许掉头的路口掉头，不得立即在原地掉头或倒车更改路线。

温馨提示

　　❶ 驾驶机动车通过立交桥左转弯时，注意观察交通标志，按指示的引导行驶，过桥后向右转弯进入匝道，再右转弯。

　　❷ 行经立交桥右转弯时，按照交通标志、标线的指示减速行驶，不过桥进入右转弯匝道一次完成右转弯。

第19节　安全通过隧道

　　安全通过隧道如图4-18所示。

　　1）在隧道前面都有宽、高等限制的交通标志，必须按交通标志行驶。

　　2）通过单行隧道时，应观察前方有无来车。如果发现对面已有车驶入隧道或有停车信号，应及时在道口靠右侧停车，等来车通过后或见放行信号后，再进入隧道，并开启前后灯光，再视情况缓急通过。

图4-18　安全通过隧道

3）通过双行隧道，应靠道路右侧行驶，视情况开启灯光，注意交会车辆，保持车速，尽量避免超车。

4）进入隧道后，将视线注视点移到隧道的远处，不要看两侧隧道壁，注意保持行车间距。

5）严禁在隧道内变更车道、超车和随意停车。

6）双向行驶的隧道内，禁止使用远光灯。

7）有些长隧道，前半部分路段为上坡，后半部分路段为下坡，由于这种纵坡结构，汽车驶出隧道的平均车速比驶入隧道的平均车速高 5 ～ 10km/h。由于人在隧道内没有相关参照物，存在视觉误差，不容易感觉到坡度的存在，加上上下坡的势能存在，各种车辆的制动距离都会大打折扣，所以跟车距离要适当拉大。

8）夜间在隧道行车，由于隧道内有照明灯，隧道内比外部明亮，驾驶人也不要因此提高行驶速度。在隧道内行车，不能凭直觉判断车速，一定要通过车速表确认行车速度。

9）驶出隧道前，通过车速表确认行车速度；到达出口时，握稳方向盘，以防隧道口处的横向风引起车辆偏离行驶路线；驶出隧道时，要注意观察隧道口处的交通情况，在出口处及时鸣喇叭，预防发生事故。由于山路隧道和整个山体的结构原因，出隧道后不一定是笔直的路面，很有可能是弯路，不减速非常危险。驶出隧道后，在亮适应过程中切勿盲目加速，以免因视力瞬时下降，不适应环境而造成危险。

温馨提示

如果车辆在隧道内出现故障，只要还能继续行驶，就应尽可能把车辆驶出隧道。当车辆无法驶出隧道时，车上人员必须迅速离开车辆，设法将车移到特别停车点，打开危险警告灯，在车后方 150m 以外设警告标志，并通过紧急电话向高速公路管理中心报警。

第20节　安全通过山区道路

图4-19　安全通过山区道路

安全通过山区道路如图4-19所示。

（1）跟车　跟车行驶时，与前车要适当加大安全距离。遇视线不清或道路条件差的路段，不能盲目超越，要加大跟车距离，以防前车突然停车或停车后溜时发生碰撞事故。

（2）超车　超车时要选择宽阔的缓上坡路段，开启左转向灯，提前鸣喇叭，在确认前车让超后超越；严禁在禁止超车或不具备超车条件的路段超车。

（3）会车　遇到对向来车时，选择安全路段减速或停车交会。对面来车占路面较大时，要减速靠右行驶，不得加速或紧靠道路中心会车，以防发生剐碰事故。

（4）弯道　遇到弯道较多的路段时，要尽量靠道路右侧行驶，转弯时避免占对向车道。通过视线较差的弯道时，要提前观察弯道情况，做到减速、鸣喇叭、靠右行。

（5）上坡　自动挡汽车上坡，要提前观察路况和坡道长度，选择"运动模式"，使车辆保持充足的动力。上陡坡时，要在坡底加速冲坡。在上坡路段驶近坡道顶端等影响安全视距的路段时，要减速慢行并鸣喇叭示意。

（6）下坡　自动挡汽车下长坡时，严禁将变速杆置于空挡（N），也不宜置于前进挡（D），应使用"运动模式"，车速应低于30km/h。

（7）傍山险路　通过时要靠右侧谨慎驾驶，避免停车。在较窄的山路上行车时，如果靠山体的一方车辆不让行，要提前减速并选择安全的地方避让。

（8）危险路段　通过经常发生塌方、泥石流的山区地段时，减速慢行，注意观察，尽快通过，不能停车。

（9）停车　在山区道路行车时尽量避免停车。确需停车时，选择平缓路段，确保安全。下坡中途停车时，踩制动踏板要比在平路时提前；上坡尾随前车中途停车时，与前车的距离要比平路时大。

（10）临时停车　因故障或其他原因在上坡路段临时停车时，为避免车辆后溜，可将方向盘向左转。在下坡路段临时停车时，为避免车辆前溜，可将方向盘向右转。

（11）长时间停车　因车辆故障在上坡路段长时间停车时，要在后方用塞车木或石块塞住车轮，以防车辆后溜；在下坡路段长时间停车时，要在前方用塞车木或石块塞住车轮，以防车辆前溜。

（12）防动物　山区有很多野生动物或牲畜，行车时注意控制好车速，以防意外。

第21节　安全通过高速公路

安全通过高速公路如图4-20所示。

（1）收费站　驶近收费站时，要严格遵守限速规定，选择通道上方亮绿灯且车辆较少的收费口通行，依次排队通过，不要争道抢行。在设有电子不停车收费系统（ETC）的收费站，持有电子标签的车辆可以在30km/h的车速内不停车直接通过ETC专用车道的收费口。

图 4-20　安全通过高速公路

（2）收费口　进入收费口时，尽量将车身靠近收费亭，停车时使驾驶室门窗对齐收费窗口。在入口处领到通行卡后，要妥善保存好，以备出口时交卡和通行费。

（3）匝道　通过收费口后，注意观察指路标志，按照自己的行驶路线正确选择驶入的匝道，进入匝道后尽快提高车速，但不能超过标志规定的速度。前方有行驶的车辆时，要保持足够的安全间距。

（4）加速车道　进入加速车道后，开启左转向灯，迅速提高车速，及时选择驶入行车道的时机。在加速车道跟车行驶时，注意观察前车的加速情况，避免在加速车道上超车、减速或停车。驶入行车道之前，先通过后视镜观察行车道上的车辆，正确估计车流速度，调整和控制好车速，再根据车流情况确定汇入车流的时机，尽快驶入行车道。

（5）行车道　进入行车道后，要严格遵守"分道行驶、各行其道"的原则和速度规定。根据车辆行驶速度正确选择行车道，不得随意穿行越线，不准骑、轧分界线，不得占用应急车道。有限速标志的路段，将车速控制在限制速度以内。在高速公路上，专门设有为驾驶人确认行车间距的行驶路段，在此路段上行驶，可检验100km/h车速下与前车的行车间距。正常情况下，在高速公路上的纵向间距略大于行驶速度值。

（6）变更车道　变更车道前，通过后视镜提前观察将进入车道的交通情况，在不影响其他车辆正常行驶的情况下，开启转向灯，缓慢转向，同时注意观察后视镜，加速变道。如果遇前方道路上有障碍、因事故前方车道堵塞、道路施工占道及自然灾害造成前方路段损坏需变更车道时，注意观察道路上的标志或警告牌，按照标志或警示牌要求行驶。

（7）立交桥　行至高速公路立交桥，要根据右侧指路标志确认行驶车道和行驶路线。若改变行驶路线，距立交桥500m时，开始逐渐降低车速，按照预告标志适时地向右完成车道的变更，平顺地驶入预定车道。距出口100～50m时，开启右转向灯，按照指路标志的要求进入匝道，驶入新的高速公路行车道。

（8）隧道　行至隧道入口前50m左右，开启前照灯、示宽灯、尾灯，及时察看车速表，按照隧道口限速标志上规定的速度调整车速。进入隧道后，将视线注视点移到隧道的远处，不要看两侧隧道壁，注意保持安全行车间距。严禁在隧道内变更车道、超车和随意停车。驶出隧道前，不能凭直觉判断车速，要通过车速表确认行车速度。

（9）跨江大桥　通过跨江大桥前，注意观察标志、标线，提前选定行驶路线，严格按标志限定的速度和标线行驶。通过高速公路跨江大桥时，握牢方向盘，控制好车速，各行其道。正常情况下车速不要超过100km/h。不得盲目加速或紧急制动，不得变更车道。行至江面、河口路段时，往往会受到强横向风影响，一定要握稳方向盘，以防车辆偏离行驶路线或翻车。

（10）减速车道　高速公路的出口前2km、1km、500m及出口处都设有下一出口预告标志。行驶到距出口2km预告标志时，在左侧车道上行驶的车辆，逐渐变道至最右侧车道行驶。在距出口500m时，打开右转向灯，适当调整车速，逐渐平顺地从减速车道口的始端驶入减速车道。

（11）匝道　驶入减速车道后，注意观察车速表，并逐渐减速，使车速在进入匝道前减至40km/h或标志规定的速度以内。不得未经减速车道减速，直接从主车道驶入匝道。进入匝道后，根据匝道的弯度掌握好方向盘。

（12）禁忌　如果误驶过出口，只能继续向前行驶至立体交叉桥掉头，或者在下一出口驶离。严禁在高速公路上紧急制动、停车、倒车、掉头、逆行、穿越中心隔离带供紧急情况使用的缺口。

（13）收费口　驶离收费口后的一段时间内，由于长时间高速行驶，对速度的适应要有一个过程。一定要通过观察车速表来控制车速，使感觉逐渐适应一般道路行驶速度，不要单纯凭自己的感觉判断车速。

温馨提示

在高速公路上发生故障必须停车时，要控制好车速，看清车前车后的交通情况，开启右转向灯，尽快驶离行车道，停在紧急停车带或右侧路肩内。切不可紧急停车，更不要在行车道直接停车。停车后，立即打开危险警告灯，按规定在车后方150m以外设置警告标志，夜间还需同时开启示宽灯和尾灯。车上人员应迅速转移到右侧应急车道或者护栏以外，必要时通过紧急电话求援或报警。如果车辆短时间内修复后返回行车道时，先在路肩或应急车道上将车速提高至60km/h以上，并开启左转向灯，在不妨碍其他车辆正常行驶的情况下驶入行车道。

第22节　雾天安全驾驶

雾天安全驾驶如图4-21所示。

1）雾天行驶时，要开启雾灯。如果雾大，还要打开危险警告灯。在雾天行驶，不能开启远光灯，因为漫反射会导致眼前一片白茫茫，更不利于观察前方路况。

2）行进中，注意观察前后两方的来车，并多用喇叭警示行人和车辆。如果听到对方车辆鸣喇叭时，无论你有没看到对方车辆，都要立刻鸣喇叭回应，告诉对方你的行车位置。

图 4-21　雾天安全驾驶

3）雾天行车时，可以依靠路面的白色车道标线和前车的红色尾灯来引导视线。如果发现后车距离太近，可轻踩几下制动踏板，用制动灯提醒后车保持车距。

4）在大雾天，尽量不要超越正在行驶的车辆。如果非超不可时，一定要在前车让超、前方可视距离足以满足超车时再迅速超越。如果发现前车靠右边行驶时，不可盲目绕行，要考虑到此车是否在避让对面来车。如果超越路边停放的车辆时，要在确认其没有起步的意图，并且对面确无来车后，适时鸣喇叭，从左侧低速绕过。

5）雾中会车时，应开启前照灯，用远近光灯互换的方法提示对方，并尽量选择宽阔平坦的路段和地点。注意关闭雾灯，以免给对方造成眩目。

6）如果已经感觉到大雾影响了视线，就应控制车速。当能见度小于500m大于200m时，车速不得超过80km/h；当能见度小于200m大于100m时，车速不得超过60km/h；当能见度小于100m大于50m时，车速不得超过40km/h；当能见度在50m以内时，车速应控制在20km/h以下；当一般视距为10m左右时，车速控制在5km/h以下。如果雾很大，能见度极低时，就应把车开到路边安全地带停下，直到雾散或能见度改善后再继续行车。

7）雾较大时，可间歇使用刮水器，把风窗玻璃上因雾气凝成的小水珠刮干净，以改善视线。如果想用手擦去风窗玻璃上的雾气，请停车后擦拭，不要边开车边擦。

8）雾天跟行较为省力，但跟行车距要保持适中，跟行纵距太远便失去了跟行的意义，跟行距离太近又容易发生追尾。跟行时，不得使用远光灯，以防前车眩目。当前车有与自己换位的意图时，自己应主动引领，这样互相引领的效果最好。

9）雾中行驶，需要停车排除故障时，可选择路侧的饭店、旅馆等地方停车，不要将车停在公路上。如果在高速公路上，可将车驶入紧急停车带、生活服务区等场所进行停泊。

雾天行车时车灯的使用方法如图4-22所示。

能见度＜200m时	开启近光灯	开启雾灯	开启示廓灯和前后位灯
能见度＜100m时	开启近光灯	开启雾灯	
能见度＜50m时	开启示廓灯和前后位灯	开启危险警告灯	

图 4-22　雾天行车时车灯的使用方法

第23节　雨天安全驾驶

雨天安全驾驶如图4-23所示。

图4-23　雨天安全驾驶

（1）雨天安全行车

1）雨天行车时，应降低车速，和前车保持与平日适当加长的距离。遇有情况时，不要急踩制动踏板，而应轻踩，以防车辆侧滑跑偏。在中雨时，车速应控制在40km/h为宜；小雨时，可适当提高车速；大雨时，以20km/h的车速行驶即可。需要减速时，应以加速踏板控制车速为主，慎用制动踏板。

2）下雨出车前，应仔细检查刮水器是否灵敏有效，确保使用时万无一失。下雨时，天空比较阴暗，雨水落在风窗玻璃上会严重影响视线，应开启刮水器，及时擦净风窗玻璃上的雨水，保持良好的视线，并根据能见度的大小开启前照灯、雾灯和尾灯。如果车内玻璃易起水雾，应打开暖气（冷天）或冷气（热天），出风口位置放在吹"风窗玻璃"挡，这样可以驱除水雾，保证视线清晰。这个时候不能开自然风，否则车玻璃上的水雾会更大。

3）雨天需要转弯时，应提前鸣喇叭减速，然后再打方向盘。方向盘不宜打得太死，要利用车辆惯性缓缓通过，争取做到中途不加速、不制动。如果转弯时踩制动踏板，猛打方向盘，车辆就很容易失去控制。

4）雨天行驶，因车辆方向盘比平日要轻、要活，不易控制，所以应尽量在规定车道内行驶，减少来回变更车道。在较窄路面上应避免超车，以防车辆打滑驶出路面。如果需要超车，必须在视线清晰、路面宽阔、平坦无积水的条件下进行。否则，以跟行为宜。

5）雨天行车遇到行人或骑车人时，应提前放慢速度，并鸣喇叭提示，尽量给他们留出便于行走的路面。遇到横穿公路的情况时，不要与他们抢道。在与行人交会时，要文明行车，防止甩出的脏泥污水溅到他们身上。

6）雨天会车，来车往往因躲避积水而突然改变行驶路线，将车驶向路中，所以每次遇到会车时，都要提前用加速踏板控速的方法，将车位调整到较为宽阔的路段进行交会。交会时的横向距离应尽量拉大，防止溅起的水花泼向对方，或者因制动侧滑发生侧刮事故。

7）遇到路面有低洼积水时，最好探明积水深浅，水深就绕路行驶，水浅就尽量放慢车速，谨慎前行，不要激起太大水花。对于比较容易判断的大水洼，不要加速通过，以免因雨水溅起而影响行车视线，造成危险。谨慎的办法就是沿着前车压下的轮迹通过；无轮迹可依时，应停车观察，选择积水较浅处通过。

8）通过积水后，要及时检查制动效果。

9）雨夜行车，视线会更加模糊不清，应将远光灯改用近光灯，多使用示宽灯、雾灯，并注意公路上的标线或路缘砖，沿标线行驶。雨夜行车，一定要根据路面在灯光下的颜色判断路面和水面，避免发生事故。

10）雨过后，路面仍然很滑，不可掉以轻心，仍应谨慎驾驶。

温馨提示

❶ 为了提高新能源纯电动汽车的续航能力，一般都选用低滚阻轮胎，或者是胎宽更窄的轮胎，这种轮胎在雨天行车比较容易打滑。因此，牢记不要猛踩加速踏板急加速。

❷ 新能源纯电动汽车一般都有3～4种驾驶模式，雨天行车一定要将驾驶模式切换为低功率。

❸ 新能源纯电动汽车虽然有多重漏电保护，但在涉水行驶过程中，还是要密切关注仪表盘是否有报警。如果报警指示灯亮起，一定要立即停车，等待检修。

❹ 如果发生了新能源纯电动汽车动力电池泡水的问题，一定要采取多种方式尽快联系4S店或者厂家进行处理，不要自行维修。

（2）安全通过泥泞路（图4-24）

1）行驶时，要选择路面平整、路基坚硬、泥水较浅的路线。路面已有车辙，行驶时应尽量循着车辙，避开路面的积水；路面上有拱度的，要尽可能沿道路中间行驶。

图4-24　安全通过泥泞路

2）驶入泥泞路段前，车速不宜过快，踩加速踏板的力度不能忽大忽小，避免中途停车。如果遇到中途停车，起步时应稳住加速踏板，防止驱动轮打滑。

3）在泥泞路上行驶，应尽量保持直线。需要靠边或停车时，转动方向盘应平缓。转弯时，应适当降低车速，鸣喇叭，稍靠道路中间转弯，不要过急转动方向盘，以免侧滑。

4）在泥泞路上，尽量少用或不用行车制动。

5）驱动轮空转打滑时，可设法将车辆立即后倒，退出打滑路段，另选路面通过。如果后倒时驱动轮仍然打滑，应铲去表面稀软的泥土后再通过，或在打滑处铺撒碎石、沙子、柴草等，将车驶出。

第24节　雪天安全驾驶

雪天安全驾驶如图4-25所示。

（1）雪天安全行车

1）雪天出车前，应加强对汽车的检查，保证车况良好。轮胎气压应取规定值的下限，左右轮胎气压保持一致。此外，还应携带必要的防滑和取暖用品。为了提高雪路与胎面的摩擦系数，可给轮胎安装防滑链。

图4-25　雪天安全驾驶

2）雪地反光眩目，驾驶人应佩戴合适的有色防护眼镜，并注意适时休息。在雪花纷飞时，应降低车速，并使用刮水器改善视线。

3）在雪中行车，应根据地势和行道树、标志、电线杆等进行判断，严格控制车速，沿路中心或积雪较浅的地方慢慢行进。在二级公路上行驶时，最快车速不宜超过40km/h；在一级专用公路或高速公路上行驶时，最快车速不超过60km/h；遇有超车或会车时，速度还要酌情减慢；在一些如弯道或桥梁等特殊路段上行驶时，车速不宜超过20km/h；在繁华街道上或窄巷中行驶时，保持低速蠕行即可，遇到突发情况可立即停车。

4）在雪地上行车，应稳住加速踏板，低速匀速前进。在调整车速时，加速要轻要缓，防止轮胎打滑和侧滑现象的发生。

5）雪地起步时，可以使用雪地模式（❄），防止打滑。

6）在积雪路上行驶阻力大，不易辨别道路，尽量不要超车。如果非超不可，一定要选择宽敞、平坦、冰雪较少的路段。跟车前进时，应增大车距。会车时，选择平坦、宽阔的安全地段，并保持两车旁边有足够的侧向安全距离。如果积雪较深，无法看清路面，应下车试探路况后再会车。停车时，提早降低车速，缓慢使用制动，以免发生侧滑。

7）雪路行车，禁止采取紧急制动。

8）开车途中突遇下雪，必须减速慢行（城区内车速控制在30km/h以下），并打开雾灯或近光灯，尽量跟着前车留下的车辙行驶。如果车辙沟已经冰冻，应选择错开车辙一个轮位慢速行驶。

9）在雪天行驶，除了保证自己的安全外，还要充分顾及他人，尤其是骑车人、行人可能会突然因路滑而不慎摔倒，因冰雪作用常常会滑出很远。因此，驾车通过路口和人行横道时，要与行人、非机动车保持安全距离，不要争道抢行。

温馨提示

新能源纯电动汽车不像传统汽车，只要蓄电池没问题就基本可以启动成功。同时，受自然环境和温度影响，对于新能源汽车而言，要注意电池预热问题。目前，绝大部分新能源纯电动汽车都具备电池自动加热功能，也就是对电池组内部的有机电解液进行加热，从而保障电池处于正常的工作温度。

（2）安全通过冰雪路面

1）在较滑的冰雪路面上起步时，如果自动变速器上标有雪地模式，要按下这个按钮。

2）行驶中，要匀速、平稳。

3）不要猛加速，也不要一踩一抬地操控加速踏板，而应缓慢地轻踩加速踏板。

4）双手握稳方向盘，尽量让车辆保持直线行驶。遇有情况或转弯时，要提前减速，少踩制动踏板。

5）冰雪路面行车，进出主路、通过十字路口、左右转弯、双方会车，以及遇有行人和骑车人时，要始终保持较大的横向安全距离。最好不要闪灯和鸣喇叭催促，以免给他人精神上造成恐慌。骑车人和行人可能会在混合路段的非机动车道内，因路滑不慎摔倒，驾驶人宁可停车让行，也不要抢道行驶。

6）在冰雪路面行车，途中尽量少停车，特别是在高速公路上行驶时更要注意，以防撞车、溜滑和冻结。如果需要停车，应提前减速，选择好安全地点，减速、靠边停车。

7）在冰雪路面上坡时，要等前车完全登顶后再开始上坡，防止前车上坡途中溜车。下坡时要注意观察坡下情况，确认坡底没有车辆时再开始下坡，因为在冰雪坡道上车辆很难停住。

8）在冰雪路面上跟车时，跟车距离要相对远些。

9）在冰雪路面上，大力踩制动踏板是很危险的。

10）在融雪天，尽量不要靠路边行驶，应沿着前面车辆驶过的车辙行驶，这样可以更好地避开暗冰。暗冰是雨水或融雪冻结并在路面形成看不见的薄冰层，很滑，但驾驶人看不见，所以相当危险。

11）如果在打方向盘时，突然感觉很轻，或车轮噪声突然消失，则可能已经在暗冰上了。这时，可轻抬加速踏板，扶稳方向盘，保持汽车行驶方向的稳定性，让汽车自然驶过，不要进行制动、转向等。

12）如果在暗冰上发生侧滑现象，首先应消除引起侧滑的原因。如果是制动太猛，应松开制动踏板；如果是加速太猛，应抬起加速踏板，然后往侧滑方向稍打一点方向盘，等侧滑消失后再往安全的方向打方向盘，驶出危险地带。

第25节　风天安全驾驶

风天安全驾驶如图4-26所示。

1）大风中行驶时，尽量关严车窗，以防沙尘飞进驾驶室，影响驾驶人的呼吸和观察视线。

2）大风天气时，道路情况比较复杂。吹起的石块、瞬间的沙尘暴、路面遗留的物体等，都会影响车辆的正常通行。因此，驾驶人要密切注意路面的情况，把握好方向盘，坚持中低速度行驶。如果超速行车，则会增加翻车的可能性。

图 4-26　风天安全驾驶

3）大风对行人、骑车人、牲畜的影响比较明显，他（它）们可能会突然失控。遇到这些情况，驾驶人一定要提前减速，多用喇叭提醒，谨慎避让，并随时做好制动停车的准备。

4）经过路口或机动车、非机动车、行人混行的道路时，应及时减速，并提防行人、骑车人、牲畜等突然闯入自己的行车路线。

5）在大风天气行驶时，应避免跟车过近，尤其是避免长时间跟随在大型货车附近。因为大风容易造成大型货车，尤其是超载货车失控或上面的货物倾覆，跟得过近很危险。

6）大风天驾驶，驾驶人一般都关闭了车窗，加上风声影响，对车后超车的喇叭声很难听见，这就需要每隔一段时间用后视镜观察一下车后情况。如果有来车要超，就应及时避让。不过，在风沙天气开车，自己应尽量少超车，最好不超，以确保安全。

7）风沙特别大时，应将车停靠在道路上风处，车头背向风沙。

大风天气，为了避免出现高空坠物砸伤汽车，停车时最好远离楼房或枯树，不要溜边儿。实在没有地方停车，也要尽量远离阳台和窗户。

扫一扫看动画视频

第26节　夜间安全驾驶

夜间安全驾驶如图4-27所示。

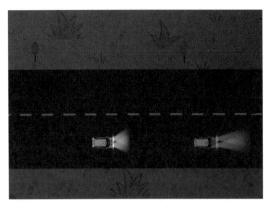

图 4-27 夜间安全驾驶

1）夜间出车前，要认真做好检查工作，确保灯光完好，车窗明净，车上还备有手电筒，以便中途车灯发生故障时应急使用。

2）夜间驾驶机动车起步前，开启近光灯，仔细观察道路及周边情况，确认安全后再起步。行车中，车速在30km/h以下使用近光灯。尾随前车行驶时，后车不能使用远光灯。

3）通过无交通信号灯控制的交叉路口时，应减速并交替使用远、近光灯示意。在风、雪、雨、雾天气夜间行车，应使用雾灯或近光灯。

4）夜间在照明条件差的道路上，车速在30km/h以上时使用远光灯。车辆通过照明条件良好的路段时，使用近光灯。夜间在窄路或者窄桥与自行车交会时，要使用近光灯。

5）夜间行车相对白天而言，车辆灯光照射的范围小，驾驶人的视野受限，对事物的观察能力明显比白天差，视距变短，容易产生视觉疲劳。由于驾驶人视线仅限于前照灯的照射范围，很难观察到灯光照射区域以外的交通情况，因此要仔细观察，低速行驶，集中注意力观察道路、地形及障碍物。特别在通过村镇、窄路、弯道、交叉路口等复杂地段时，由于灯光照射范围有限，视线不良，行人、骑车人等随时都有横穿道路的可能。因此，一定要减速行驶，并随时做好处理突发情况的准备。

6）夜间行车中，灯光照射离开路面，可能是前方出现急转弯、大坑或车辆上坡已行驶到坡顶。当前方出现弯道时，灯光照射由路中移到路侧。

7）夜间会车，应当在距对向来车150m以外改用近光灯。如果对向车辆不关闭远光灯，可交替使用远近光灯提示对向车辆。当遇对向来车仍不关闭远光灯时，要及时减速，靠右侧行驶或停车让行。

8）会车时，对向来车的灯光会造成驾驶人眩目而看不清前方的交通情况，驾驶人不要直视对向车辆灯光，应将视线右移避开，并减速行驶。两车交会时遇对方车辆不关闭远光灯，要减速并仔细观察两车灯光交会处（视线盲区），以防灯光的交会处有行人通过时发生事故。

9）夜间跟车行驶时，要注意观察前车信号灯的变化，随时做好减速或停车的准备。

10）夜晚驾驶最好不要超车，更不能强行超车。非超不可时，一定要选择道路平坦、视线开阔的路段实施超越。超车时，先用远近变光告知前车，等前车让路后再向左打转向灯。超越后，在给被超车留一定的安全距离后再向右打转向灯，驶回原车道。

11）夜间行车时，要特别留意前方车辆灯光的异常情况。有时会遇到对方来车是"独眼龙"，容易导致对来车横向距离的判断失误；有时前方顺行车辆只有一个尾灯，有的车辆甚至尾部没有亮光，这就很容易造成追尾。

12）夜晚较长时间停车时，最好将车驶离公路；短时间停车时，开启危险警告灯、示宽灯和后位灯；排除故障时，应在距车后50m处设立故障车警告标志；抛锚后等待救援时，人员应离开车辆。

13）夜间在公路掉头，最好选择十字路口、环行路口或丁字路口，采取顺向的方法。为安全起见，最好有人在车下指挥。遇有来车，应先让其通过。

14）夜间遇有情况时，尽量不要倒车。非倒不可时，一定要下车实地考察，确认没有危险时，再按提前选好的线路慢慢进行倒车。

第5章

新能源汽车驾驶人安全文明驾驶技能

第1节 驾驶人道德修养

1）遇到前方发生交通事故，需要帮助时，应协助保护现场，并立即报警；受伤者需要抢救时，应及时将受伤者送往医院抢救或拨打急救电话。

2）遇到有需要援助的车辆时，应减速停车，给对方以帮助；如遇其他驾驶人向自己询问路线时，应耐心回答；发现其他车辆陷于泥泞或损坏路段时，应主动尽力帮助等。加速通过、不予理睬、绕行避开或找理由拒绝等做法都是不应该的。

3）发现其他车辆有安全隐患时，应及时提醒对方，不应随其车后观察、尽快离开或不予理睬。

第2节 驾驶人文明礼让行为

驾驶人文明礼让行为如图5-1所示。

（1）遇到行人在路边占道行走　这时要减速慢行，注意观察行人动态，不得加速超越或持续鸣喇叭。

（2）遇到行人突然横穿道路　这时要减速或停车让行，不可从行人前后方绕行或持续鸣喇叭提醒。

（3）遇到两侧有行人的积水路面　这时要低速缓慢通过，不得保持正常车速或加速通过，以免溅起的泥水波及在路边正常行走的行人。

（4）遇到行动不便的行人横过道路　这时要

图5-1　驾驶人文明礼让行为

及时减速或停车让行，不可采取绕行或鸣喇叭提醒的方法通过。

（5）遇到翻越中间护栏的行人　这时要迅速减速并鸣喇叭提示，注意观察动态，做好随时停车的准备，预防行人迅速跑向右侧路边。

（6）遇到路边有挑担子的行人　这时要提前减速行驶，可适当鸣喇叭提示，注意观察行人动态，预防行人担子换肩或担子突然横出。

（7）遇到非机动车准备绕过停放的车辆或抢道行驶　这时要主动减速让行，不要连续鸣喇叭示意或加速绕过，否则很容易引起剐碰事故。

（8）遇到路边有非机动车的积水路面 这时要低速缓慢通过，不得保持正常车速或加速通过，以免溅起的泥水让骑车人无法躲避甚至摔倒。

（9）遇到在雨天撑雨伞和穿雨衣的行人在路边行走 这时要提前减速并鸣喇叭，以防行人在车临近时突然横穿道路。

（10）遇到在路上玩滑板的儿童 这时要减速行驶，随时注意观察孩子的动态，发现异常应及时停车避让。

（11）遇到大人和孩子分别在道路两侧 这时要减速慢行，注意观察孩子和大人的动态，预防横穿道路。遇到大人招手或孩子有向路另一侧移动的倾向时，要及时采取减速或停车措施。

（12）遇到在路中玩耍的儿童 这时要提前鸣喇叭，减速行驶，发现横穿道路的儿童要及时停车礼让，不可从其中间穿行或从两侧绕行通过。

（13）遇到校车在道路右侧停车上下学生 这时如果同向只有1条机动车道，后方机动车要停车等待；同向有2条或3条机动车道时，同车道和左侧车道后方机动车要停车等待。

（14）遇到成群青少年骑自行车占道行驶 这时要提前减速并鸣喇叭提示。超越同向行驶的自行车时，注意观察其动态，减速慢行，保持安全距离，从左侧绕行。

（15）遇到成群青少年绕过路边停放的机动车或抢道行驶 这时要主动减速让行，不可连续鸣喇叭示意让其让道或加速绕过。

（16）遇到缓慢横过道路或在路边行走的老年人 这时要提前减速慢行，距离较近时要及时停车让行，不可采取加速绕行或连续鸣喇叭的方法通行。

（17）遇到动物保护区或牧区 这时要降低车速，随时注意避让动物。遇到占道或横过道路的野生动物或牲畜，要及时减速或停车让行。

第3节　紧急避险原则

（1）紧急避险基本原则

1）要沉着冷静，不要惊慌失措，这是做好避险动作的先决条件。

2）要先避人后避物，因为物资损坏可以补偿，而人的生命却毫无补偿办法。

3）要避重就轻，就是"两害相衡取其轻"。

4）要先顾他人后顾自己。

5）要在低速时重方向轻减速，在高速时重减速轻方向。

（2）高速公路紧急避险原则

1）在高速公路上遇紧急情况避险时，要坚持制动减速、不急转向的原则。

2）车速较快，前方发生紧急情况时，要先采取制动减速，再转方向避让，以减小碰撞损坏程度。

第4节　险情处置

（1）轮胎漏气 若轮胎气压过低，高速行驶时轮胎会出现波浪变形、温度升高而导致爆胎。发现轮胎漏气或气压过低时，要缓慢制动减速，将车驶离主车道，减速时不要采取紧急制动，以免造成翻车或后车采取制动不及时导致追尾事故。

（2）轮胎爆胎

1）遇到突然爆胎时，驾驶人要双手紧握方向盘，保持镇静，缓抬加速踏板，尽力控制车辆直线行驶，轻踏制动踏板，缓慢减速，尽快平稳停车。

2）发生爆胎后，在尚未控制住车速前，使用制动踏板紧急制动停车，会造成车辆横甩而发生更大的险情。

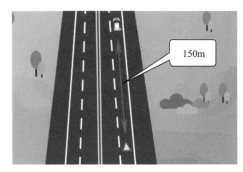

图5-2 险情处置

汽车跑长途，走高速，最令人担心也最常见的就是爆胎了。爆胎后，车辆会出现偏行现象，车速越快，危险性越大。经验表明，轮胎突爆并不可怕，可怕的是驾驶人不知道如何正确排除险情。

❶ 当确实意识到可能是爆胎时，驾驶人双手应紧握方向盘，用力抵住方向盘的自行转动，控制汽车沿直线方向行驶。

❷ 慢慢松开加速踏板，让车速减慢。不要紧急制动，否则，方向可能会失控。

❸ 打开危险警告灯，提醒其他车辆的驾驶人注意。

❹ 控制方向，把车辆驶往路边安全的地带，轻踩制动踏板，把车停下来。

❺ 停车后，按有关规定设置故障车警告标志（图5-2），请求救援或更换备用轮胎。需要注意的是，在繁忙的公路边更换轮胎是很危险的。

（3）预防爆胎 用降低轮胎气压的方法，是不能避免爆胎的。正确做法是定期检查轮胎、及时清理轮胎沟槽里的异物、更换有裂纹或有很深损伤的轮胎。

（4）转向突然失控 驾驶机动车高速行驶，在转向失控的情况下使用紧急制动，很容易造成翻车。机动车转向突然失控后，如果前方道路条件能够保持直线行驶，要迅速开启危险警告灯，合理使用行车制动和驻车制动减速停车，避免紧急制动。

（5）发现转向困难 驾驶装有助力转向的机动车发现转向困难时，要停车查明原因。遇到转向失控、行驶方向偏离，事故已经无可避免时，要果断地采取紧急制动，也可果断地连续踩踏、放松制动踏板，尽量缩短停车距离，减轻撞车力度。

（6）制动失效 有效预防机动车发生制动失效的措施如下。

1）定期维护制动系统。

2）行车前，注意检查制动踏板的自由行程和制动液压。

3）行车中，正确使用制动，防止出现热衰退现象。

（7）碰撞 驾驶机动车与对向来车发生正面碰撞且碰撞位置在正前方时，要迅速离开方向盘，往副驾驶座位躲避，迅速将两腿抬起。发生撞击的位置不在驾驶人一侧或撞击力量较小时，应紧握方向盘，两腿向前蹬，身体向后紧靠座椅。

在车速较快，可能与前方机动车发生碰撞时，要先制动减速，后转向避让。发生正面碰撞已不可避免时，应迅速采取紧急制动。

（8）新能源纯电动汽车托底 驾驶新能源纯电动汽车行驶时，如果底盘磕碰到凹凸不平的路面，则很有可能造成托底。当汽车托底后，驾驶人应按照以下步骤处理。

1）立即停车，不要带故障行驶。

2）检查动力电池外观有无损坏。

3）如果没有损坏，则重新启动车辆，继续行驶。

4）如果车辆无法启动，应及时拨打救援电话，等救援人员赶赴现场处理。

（9）新能源纯电动汽车起火　新能源纯电动汽车在行驶时，如果电机控制器出现故障、元件温度失控、电线插头接触不良等，都可能引起起火。当新能源纯电动汽车起火时，驾驶人首先要保持冷静，按照以下步骤处理。

1）迅速停车。

2）切断电源。

3）拿出随车灭火器。

4）根据实际情况，采用不同的灭火方式。

5）如果火势太大，要迅速远离车辆，拨打报警电话。

6）如果能确保没有人身危险，可使用干粉灭火器或二氧化碳灭火器，灭火自救。切记，新能源纯电动汽车灭火，不能使用水基灭火器。

7）使用灭火器时，方法要正确：提起灭火器，拔下保险销，压下压把，站在上风口距火焰2m处对准火焰根部喷射。如果是干粉灭火器，使用前先摇动数次，使瓶内干粉松散。

8）灭火时，要脱去所穿的化纤服装，以免伤害暴露的皮肤。

9）灭火时，不要张嘴呼吸或高声呐喊，以免烟火灼伤上呼吸道。

（10）车轮侧滑　驾驶未安装制动防抱死装置（ABS）的机动车在冰雪路面使用制动时，要轻踏或间歇踩踏制动踏板，以免车轮抱死。制动时前车轮抱死会出现丧失转向能力的情况，制动时后车轮抱死会出现侧滑甩尾的情况。

驾驶机动车在泥泞路上行车或在冰雪路面转弯，速度过快时都容易发生侧滑。前轮侧滑，要向侧滑相反方向转动方向盘；后轮侧滑，要向侧滑方向转动方向盘适量修正。

（11）高速公路遇到险情　驾驶机动车在高速公路上行驶，紧急避险的处理原则是先避人后避物，减速不转向。在高速公路上遇到紧急情况时要采取制动减速措施，不要轻易急转向避让。在高速公路上除遇障碍、发生故障等必须停车外，不准停车上下人员或者装卸货物，若停车，要到服务区或停车场。

1）在高速公路上发生故障需要检查时：要在应急车道上停车，不要在行车道上抢修。车辆因故障暂时不能离开应急车道或路肩时，驾乘人员要下车在路边护栏外安全的地方等候。

2）在高速公路上意外碰撞护栏时：要稳住方向，迅速向碰撞一侧转向，迫使车辆减速停住。如果向相反方向转向，就会导致车辆发生连续碰撞两侧护栏，甚至发生倾翻事故。

3）在高速公路上遇到异常情况或发生事故时：开启危险警告灯，疏散人员，正确放置危险警告标志，力所能及地将损失降到最低限度，绝不能因紧急避险造成二次事故或更大的损失。大雾天在高速公路上遇事故不能继续行驶时，车上人员要从右侧车门上下车，站到护栏以外安全的地方。

4）防止和应对"水滑"：雨天在高速公路上行车，为避免发生"水滑"现象而造成方向失控，要降低车速。一旦发生"水滑"现象，要缓抬加速踏板减速，不要使用紧急制动减速。

5）高速公路行车发生火灾或自燃时：要尽快靠边停车，在来车方向设置警告标志，及时报警，使用车内备用的灭火器灭火。

注意

不要将车驶进服务区或停车场灭火。

第5节 交通事故逃生

（1）逃生原则

1）通常情况下，事故发生过程中，车内人员首先应稳定自己的身体，避免或减轻受伤。

2）在车内，最好的稳定身体的方法，就是系安全带，所以驾乘人员上车后无论坐在什么位置都应首先系好安全带。

3）事故车体稳定后，应先确定环境是否安全，再选择逃离或等待救援。

（2）高速公路停车撤离

1）当发生故障或事故必须停车时，应逐渐向右变更车道并在紧急停车带停车。

2）停车后，立即开启危险警告灯，在夜间还需开启示廓灯和尾灯，并在车辆后方150m处设立警告标志。

3）驾乘人员不得滞留在车内，应迅速转移至车辆右后侧护栏以外路边，报警并等候救援。

（3）车辆发生火灾时逃生

1）车辆发生火灾时，应尽快撤离车内。

2）如果车门已不能打开，应用工具敲碎侧窗玻璃（必要时可用脚踹），尽快逃离。

3）前窗是夹胶玻璃，不是逃生出口。

4）在逃离过程中，不吸或少吸烟雾，有条件的可用水浸毛巾或用衣物堵住口鼻。

（4）车辆落水后的逃生　行驶时车辆不慎意外落水，车窗是最易逃脱的途径。由于外部水的压力较大很难开启车门时，应迅速开启车窗或用工具敲碎侧窗玻璃（必要时可用脚踹），才有逃生的希望。

1）落水后，驾驶人应保持冷静。

2）告知乘车人不要慌张，做好深呼吸。

3）等水快浸满车厢时，再开启车门或打开车窗逃生，不得采用关闭车窗阻挡车内进水或打急救电话告知救援人员等错误方法。

4）在紧急时刻，不要过于惊慌，通常会有3～5min的时间逃生。

第6节 事故现场处置

（1）发生事故

1）驾驶机动车遇到前方发生交通事故等情况，需要帮助时，要协助保护现场，并立即报警。现场有伤者需要抢救时，应及时将伤者送往医院抢救或拨打急救电话。

2）驾驶机动车在道路上发生交通事故，驾驶人要迅速停车，首先要保护现场，有人员受伤时要立即抢救受伤人员，并迅速报警。因抢救受伤人员需要变动现场时，要标明位置。

（2）拖车

1）尽量选择专业拖车公司，不要自行盲目拖拽。

2）如果自行拖车，要保证车辆钥匙旋转到ON挡，变速杆置于N位。

3）选择合适的拖车杆，使用硬拖。

4）拖车速度，最好不要超过15km/h。

第7节　伤员急救

（1）伤员急救的基本要求

1）在事故现场抢救伤员的基本要求，就是先救命，后治伤。

2）遇重、特大事故有众多伤员需送往医院时，处于昏迷状态的伤员，首先送往医院；颈椎受伤的伤员，最后送往医院。

3）遇到受伤者在车内无法自行下车时，可设法将其从车内移出，尽量避免二次伤害。

4）遇伤者被压于车轮或货物下时，设法移动车辆或搬掉货物，根据伤势采取相应的救护方法，切忌拖曳伤者的肢体。

（2）对昏迷不醒伤员的急救

1）抢救昏迷、失去知觉的伤员，首先要检查伤员的呼吸，再进行救护。

2）搬运昏迷或有窒息危险的伤员时，要采取侧卧的方式。

（3）对失血伤员的急救

1）抢救或处理失血的伤员，首先是利用外部压力，使伤口流血止住。

2）采用指压止血法为动脉出血伤员止血时，拇指压在伤口的近心端动脉，然后用绷带进行包扎。

3）救助失血过多出现休克的伤员，要采取保暖措施，防止热损耗。

4）救助失血的伤员时，在没有绷带的情况下，可用毛巾、手帕、床单、长筒尼龙袜子等代替。

（4）对烧伤伤员的急救

1）救助全身燃烧的伤员，要采取迅速扑灭衣服上的火焰、向全身燃烧伤员身上喷冷水、脱掉烧着的衣服、用消过毒的绷带包扎伤口等措施。

2）用沙土覆盖会造成伤口感染，甚至危及生命。

3）烧伤伤员口渴时，可喝少量的淡盐水。

（5）对中毒伤员的急救

救助有害气体中毒的伤员时，要在第一时间迅速将伤员移到有新鲜空气的地方，以防止继续中毒。

（6）对骨折伤员的处置

1）抢救骨折伤员时，为防止骨折伤员休克，不要移动伤员身体的骨折部位。

2）对无骨端外露骨折伤员的肢体，用夹板或木棍、树枝等固定时要超过伤口上、下关节。

3）伤员大腿、小腿和脊椎骨折时，一般就地固定，不要随便移动伤者。

4）伤员骨折处出血时，应先止血并消毒，包扎伤口，然后再固定。

5）伤员四肢骨折有骨外露时，不要还纳，可用敷料包扎。

6）伤员脊柱骨折时，要用三角巾固定，移动时切勿扶持伤者走动，要用硬担架运送。

7）伤员骨折后在抬上担架时，要遵循医护人员的指导，由3名救护人员把手托放在伤员身下，一起将伤员抬上担架。

（7）常用伤员止血方法

1）伤员较大动脉出血时，可采用指压止血法，用拇指压住伤口的近心端动脉，阻断动脉血流运动，达到快速止血的目的。

2）颈总动脉压迫止血法，常在伤员颈部动脉大出血而采用其他止血方法无效时使用。在紧急情况下急救伤员时，须先用压迫法止血，然后再根据出血情况改用其他止血法。

3）伤员上肢或小腿出血，且没有骨折和关节损伤时，可采用屈肢加垫止血法止血，不可采用加压包扎止血法止血。伤员前臂或小腿出血，可在腋窝或肘窝加垫屈肢固定。

第8节 常见危化品处置常识

危险化学品（简称危化品）包括爆炸品、压缩气体、液化气体、易燃气体、易燃固体、自燃物品、遇湿易燃物品、氧化剂和有机过氧化物、有毒品和腐蚀品等。危化品的特性是易燃、易爆，有毒害、腐蚀性、放射性。

1）爆炸品：发生火灾时，要用水、雾状水、泡沫进行扑救，切忌使用沙土掩盖。

2）腐蚀品：发生火灾时，应及时用水、沙、土等进行覆盖。禁止用直射水流，以防液体飞溅。

3）放射性物品：发生火灾时，应用水、泡沫、二氧化碳、沙土进行扑救，同时注意放射线，做好防护。

4）易燃固体：发生火灾时，可用沙、土覆盖，也可用水浇灭。

5）自燃物品：发生火灾时，要根据自燃物的特性进行施救，常用物质有水、沙土、干粉等。

6）易燃液体：发生火灾时，常用泡沫、干粉、黄沙等进行扑救。

7）压缩气体和液化气体：发生火灾时，应用水、沙土和泡沫进行扑救。

温馨提示

驾驶新能源汽车的驾驶人，路遇危化品泄漏的车辆，施救要得当，安全为第一。处置有毒气体、腐蚀性蒸气时，扑救人员应穿戴防毒面具和相应的防护用品，站在上风处扑救。

扫一扫看动画视频

6

第1节 充电

图 6-1 新能源汽车充电

新能源汽车充电如图6-1所示。充电方式分为快充（快速充电）和慢充（常规充电）两种。

（1）快充

1）时间：短。

2）设备：大功率非车载直流充电机。

3）原理：充电机直接输出直流电，进行充电。

（2）慢充

1）时间：长。

2）设备：交流充电桩+小功率车载充电机。

3）原理：车载充电机将交流充电桩的交流电转化成直流电后对新能源汽车进行充电。

新能源纯电动汽车，随车都会配备16A和32A两种充电线，分别适用于家用电源充电和专用充电桩充电。家用电源充电，必须使用16A的充电线；充电桩充电，可以使用充电卡和手机APP。

（3）注意事项

1）充电时，尽量把车停放在避风向阳且温度较高的环境中。

2）在下雨天，尽量不要给车充电。

3）在小雨天，如果能保证在拔插充电枪时有雨具遮挡，雨水无法进入充电口，那么也是可以给车充电的。

4）在寒冷的冬季，用车后最好及时充电，这样可以确保动力电池处于一个较高温度，避免充电加热阶段，有效缩短充电时间。

5）在冬季充电，要预防雪水淋湿充电接口，也不要把充电插头直接暴露在雪水中，防止发生短路。

6）在气温过低的冬季，给车充电时先检查充电是否开启，以防因气温过低导致充电异常等情况的出现。检查充电桩充电电流，如果充电电流达到12A以上，说明充电已开启。

7）在炎热的夏季，避免在高温下给车充电。建议车辆高速行驶后，停放30min，然后在阴凉通风处进行充电。

8）在下暴雨或打雷时，尽量不要给车充电。

9）在露天或者地势较低的地方给车充电时，如果开始下雨，就要立即终止充电，以防积水超过充电口发生短路。

10）充电时，能选择慢充就选择慢充，这样能够延长电池使用寿命。

第2节　洗车

新能源汽车和传统汽车相比，不仅在驾驶方面有所不同，就连清洗也是有所区别的（图6-2）。

（1）清洗外观

1）冲洗车辆，从上到下。用高压水枪清洗，冲水方向与车身漆面保持30°～45°，枪头与车身保持16～60cm的距离。冲洗顺序：车顶→车身前后和玻璃→后视镜→车轮挡泥板→轮胎→车门板下部→底盘。需要注意的是，洗车时应避免高压水枪直接对准前格栅处冲刷，因为快充口安装在这里。

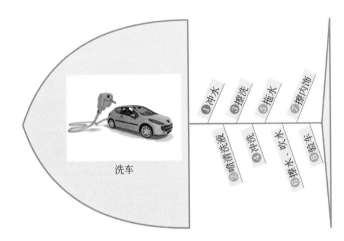

图 6-2　新能源汽车标准洗车流程

2）冲完车后，喷清洗液。车辆冲洗完后，向车身喷洒泡沫清洗液。

3）手持海绵，擦洗车身。手持海绵，从上到下擦洗车身，不要有漏擦之处。

4）擦车抹布，先湿后干。首先，用一块半湿的长抹布从车前向车后擦拭，然后按照正确的方法把整车从前到后、从上到下擦一遍。打开车门，擦净车门和边框处的水，然后把抹布洗净并拧干，擦拭前后风窗玻璃和车门玻璃。

5）最后验车，要求洁净。擦拭完后，要求车身干净，无漏擦；门边干净，无水渍和污渍。

（2）清洗驾驶室

1）用吸尘器，首先除尘。首先把车内杂物取出，然后用吸尘器按照从上到下的顺序，清除各部件上的灰尘。

2）清洁内部，从上到下。清洁驾驶室时，要根据各部位材质不同，选择不同的清洗液。清洗时，按照从上到下的顺序：顶棚→仪表台→方向盘套→内门板→座椅→安全带→脚垫。

3）除菌除臭，清除异味。使用专用杀菌剂，喷涂在座椅和脚垫等处，清除异味并抑制细菌滋生。

4）车内清洗，注意事项。对车内件进行清洗时，不要使用含有较强酸碱性的物质，一定要使用中性的洗涤液进行清洗。在清洗时，要防止音响、CD等电器设备进水。

（3）清洗机舱　清洁机舱时，尽量单手操作，同时不要手扶车身，并按照以下步骤进行。

1）关闭点火开关。

2）10min后，用布擦拭机舱。

3）擦拭时，不要使用潮湿的抹布接触高压部件。

4）如果线路插头部位有锈蚀痕迹，应使用专业清洗剂处理。

5）严禁掀开机舱盖冲洗，因为机舱内布置了很多高压设备，极易造成高压部件各插接器受潮，导致车辆出现绝缘故障，无法行驶。

第3节 保养

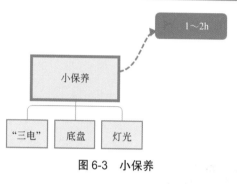

图6-3 小保养

纯电动汽车和传统汽车不同，保养相对简单，常规保养主要分为"三电"检测、底盘检测、灯光检测和轮胎检测。

小保养（图6-3）：检测"三电"、底盘和灯光，时间需要1～2h。

大保养（图6-4）：需要在小保养的基础上，更换空调滤芯，以及每2年或4万千米更换转向液，变速箱油、冷却液和制动液等保养项目一样都不能少。

图6-4 大保养

温馨提示

每一款新能源汽车都配备了相应的车辆维修保养手册或使用说明书，车主应按照手册或使用说明书要求的频次和方法进行保养，这样省时、省钱又省力。

第4节 检查

新能源汽车的日常维护检查，主要依靠驾驶人在出车前、行车中和收车后执行。驾驶人一旦发现车辆异常，就要及时报修，见表6-1。

表6-1 驾驶人日常检查项目和要求

序号	项目	要求
1	仪表、信号指示装置	（1）检查仪表外观及指示功能，仪表应完好有效，指示功能应正常 （2）检查信号指示装置，信号指示应无异常声光报警和故障提醒 （3）检查电池荷电状态（SOC）示值或参考行驶里程示值情况，示值应符合车辆维修保养手册的规定
2	驱动电机系统	（1）检查运行工作状况，运行应平稳，且无异常振动和噪声 （2）检查系统外观及连接管路，表面应清洁，管路应无渗漏现象

续表

序号	项目	要求
3	冷却系统	（1）检查风冷过滤网外观，过滤网应洁净、无破损 （2）检查运行工作状况，运行过程中应无异常噪声和渗漏现象 （3）检查冷却液液面高度，应符合车辆维修保养手册的规定
4	充电插孔	（1）检查充电插孔外观，插孔应无烧蚀、异物，插座应洁净、干燥 （2）检查防护盖，防护盖应锁闭完好
5	电气舱、电池舱	（1）检查电气舱舱门和电池舱舱门的关闭状态，舱门锁闭应完好有效 （2）鼻嗅检查，舱体周围应无刺激或烧焦等异味

第5节　停放

1）夏季，新能源汽车应停放在阴凉通风处，避免暴晒，以防车内温度过高，造成安全隐患。

2）冬季，新能源汽车应尽量停放在温度较高的车库，或者采取一定的保暖措施，例如用保暖篷布包裹等，以增加电池活性。

3）需要长期停驶的新能源汽车，首先要断开蓄电池负极，停放时动力电池电量最好在50%～80%，同时每隔1～2个月对动力电池进行一次充放电，避免长期停放造成动力电池性能下降。

 新能源汽车驾驶人考试

第1节 道路交通安全法律、法规和相关知识考试

（1）试题内容 科目一考试内容包括：道路通行、交通信号、道路交通安全违法行为和交通事故处理、机动车驾驶证申领和使用、机动车登记等规定以及其他道路交通安全法律、法规和规章。

（2）试题构成 试题以文字或图片、视频等情景形式表现，题型为判断题、单项选择题。

（3）试题数量 100道。恢复驾驶资格考试试题数量为50道。

（4）合格标准 满分为100分，90分为合格。

（5）考试操作要求

1）科目一考试应当在考试员监督下，由考生使用全国统一的机动车驾驶人驾驶理论考试系统独立闭卷完成考试。

2）考试试卷由全国统一的机动车驾驶人驾驶理论考试系统从考试题库中按照规定比例随机抽取生成。

（6）考试时间

1）初次申领机动车驾驶证和满分学习的考试时间为45min。

2）恢复驾驶资格的考试时间为30min。

（7）学习技巧

1）通读驾校教材。不要死记硬背，要有技巧地读。如果知识点简单明了，一目了然，大可以放过。只是在那些容易弄错或自己一时难以决断的地方，多下些功夫，这样不仅节省大量时间，而且学习效果也很好。

2）围绕知识要点进行归纳总结。考试中许多题型相近，容易混淆，但往往都是围绕一个知识点展开。这就需要学员进行归纳，在归纳中理解和记忆。比如，有关扣分的问题，扣12分的情形有哪些？扣9分的情形又有哪些？可以围绕扣分这个知识点，将所有相关的情况进行归纳总结，集中记忆。

3）发掘有用的记忆技巧。

❶ 编一些顺口溜以便形象记忆。比如，"红灯停，绿灯行，黄灯亮了等一等"。

❷ 归纳有特点的数字以辅助记忆。比如，用261可以表示：能见度小于200m时，车速不得超过60km/h，与同车道前车保持100m以上距离。

❸ 通过比较不同点来对比记忆。比如，交警手势信号中的"停止"和"靠边停车"，两个动作的左臂都是向前上方直伸，掌心向前。这时，关键就在于右臂的动作：右手没有任何动作的就是停止信号，右手向左水平摆动的就是靠边停车。

4）结合做题加强学习。如果方便，可以在网络上找些相关的模拟试题来做。这样不仅可以熟悉理论考试的机试环境，更重要的是能够及时检测自己的学习成果，并发现自己的薄弱环节，集中突破自身学习的盲区，从而有效分配学习时间，达到事半功倍的效果。

5）将图片题化繁为简。科目一考试内容有很多模拟场景图片，这些图片看上去极其复杂。但是，这些图片上所有的交通信息并不都是有用的，学员要善于从众多的交通信息中有针对性地选择出有用的，剔除无用的或作用不大的信息，防止将各种无用的交通信息堆积到大脑，不被无用的信息迷惑和分散注意力。

例1：判断题（图7-1）

在这种情况下可以加速通过交叉路口。

化繁为简技巧：在这个看上去花里胡哨的图片里，楼房的高矮和远处的白云，以及那个酷似水塔或灯塔的物体等信息，对行车没有任何影响，不应予以重视，可以完全忽略；而交通信号灯和交通标线等，这些信息对行车有影响，应立即予以重视，这样就可以立即捕捉到有用的交通信息。

图7-1 交叉路口通行

化繁为简后的考题如下。

判断题：黄灯亮时可以加速通过交叉路口。

例2：判断题（图7-2）

在道路与铁路道口遇到红灯亮时要尽快通过道口。

化繁为简技巧：看到这个命题，完全就可以不用去看图片，一来节省时间，二来避免被画面上其他无关的交通信息所干扰。

图7-2 铁路道口通行

化繁为简后的考题如下。

判断题：在道路与铁路道口遇到红灯亮时要尽快通过道口。

例3：选择题（图7-3）

在路口遇到这种情形怎样通行？

A.鸣喇叭告知让行

B.直接加速转弯

C.减速缓慢转弯

D.让左方来车先行

图7-3 丁字路口通行

化繁为简技巧：在这个有着大量交通信息的图片里，远处的白云和近处的绿地，以及来车的驾驶人是男是女等信息，对行车没有任何影响，不应予以重视，可以完全忽略；而交通标志和标线这些信息对行车有影响，应立即予以重视，这样就可立即捕捉到有用的交通信息。

化繁为简后的考题如下。

选择题：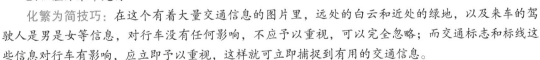是什么标志？

只要知道这是减速让行标志，就能从4个选项里选出正确答案D，因为只有这个选项符合标志的含义——让行。

图 7-4 黄灯亮

例4：选择题（图7-4）

驾驶机动车在路口遇到这种信号灯表示什么意思？

A.禁止右转

B.路口警示

C.准许直行

D.加速通过

化繁为简技巧：在这个命题里，考试的"知识点"是"这种信号灯表示什么意思"，其他并未提到。因此，图片里的信号灯（黄灯）就是"考点"，其他完全可以忽略。

化繁为简后的考题如下。

选择题：█⚫ 表示什么意思？

只要知道这是黄灯，就能从4个选项里选出正确答案B，因为只有这个选项符合信号灯（黄灯）的意思——警示作用。

温馨提示

　　现在科目一的考试内容有很多模拟场景和新交规内容，更加注重灵活性、突出实用性，打破了以往靠死记硬背就可通过的模式。学员应多在生活中观察交通标志、标线、交警手势以及与新交规相关的新闻和信息等，加强理解，不要死记硬背。

（8）考试操作须知　考生入位后，在计算机显示屏上核对身份证明号码和姓名。如果没有差错，请按"开始"键进入考试。

　　答题方法如下。

例5：判断题

夜间行车时，遇到对面来车未关闭远光灯，应减速行驶，以防两车灯光的交汇处有行人通过时发生事故。

如果认为题目对，请按"对"键；如果认为题目错，请按"错"键。答完本题后计算机自动显示下一题（请不要按"下题"键），再按相同的方法答下一题，一直答到第40题。

例6：单项选择题

行车中遇非机动车抢行时，应怎样做？

A.加速通过

B.鸣喇叭警告

C.临近时突然加速

D.减速让行

请在"A、B、C、D"4个选项中选出正确的答案，然后再按答题键盘中"A、B、C、D"相对应的键。同样答完本道题后计算机自动显示下一题（请不要按"下题"键），再按相同的方法答下一题，一直答到第100题。

答完100题后，如果不结束考试，就用"上题"键或"下题"键前后检查试题，检查中如果需要更改答案，可以直接按新认定的答"键"来修改；检查完毕要交卷的，请按"交卷"键，再继续按"确认交卷"键；在答完100题后也可直接按"交卷"键，再继续按"确认交卷"键结束考试，这时界面上会自动显示答题分数，告知考试结果。

考生如果没有在45min内完成答题，计算机将自动终止这次考试，显示答题分数，告知考试结果。

考试结束后，当场打印《考生试卷详细情况》记录单。考试合格的，考生本人和监考人员在记录单上签名；考试不合格的，考生可以当场申请补考。

键盘说明如下。

1）"开始"键——开始考试键。

2）"对""错"键——判断题答键。

3）"A""B""C""D"键——选择题答键。

4）"上题""下题"键——上题、下题选择键。

5）"向下翻页"键——向下翻页键。

6）"1"键——第1题键。

7）"2"键——第41题键。

8）"3"键——第100题键。

9）"交卷"键——答完题后提交考卷。

10）"确认交卷"键——确认交卷。

注意

选项中"正确"对应的是"对"键，"错误"对应的是"错"键。

（9）考试注意事项

1）理论考试是在计算机上操作的，所以在考试前最好能模拟一下操作，以免上机后因不会操作而心慌意乱、束手无措，影响考试进度。

2）准备好证件，包括身份证和准考证等。

3）考试前，考生要注意调整心理状态，考试紧张是一种正常现象。如果准备得充分，紧张心理就少一些；如果准备得不充分，心里没底，对考试内容茫然，就会造成心理恐慌，最终影响考试成绩。在考试前，无论准备得充分与否，都应该放松精神，调整心态，轻松上阵，这样才会在考试中思路敏捷，最终取得满意的成绩。

4）考试时要树立信心，上机后先不要匆忙开始操作，要先让自己稳定一下情绪，保持平静心态。

5）进入考试界面后，注意观察计算机的左上角有一个视频窗口，它对考生整个考试过程全程监督。如果发现有接听或拨打手机、随意翻看与考试相关的书籍资料、交头接耳、随意走动、空位及坐姿不正确的考试行为，一律视为作弊，取消考试成绩。

6）在考试过程中，每答错一题，系统会自动计算考生的错误题数。如果答题错误数量到本次考试不及格标准（50题错6题，100题错11题），就会弹出确认窗口"是否结束考试"。如果点击"确认交卷"按钮，就结束考试，直接显示考试成绩；如果点击"继续考试"按钮，就跳转到下一题继续考试。

7）单选题不能同时选择两个答案。

8）不能抱有侥幸的作弊行为。一旦发现作弊，当场停考并视为不及格。

9）要注意科学地答题，答题时对认准正确的题，不要反复推敲，犹豫不决，应一锤定音，有时反复推敲或犹犹豫豫反而会使自己对判断失去自信心。

10）考试结束交卷后，不再显示错误试题信息，直接弹出窗口显示考生最终考试成绩。

11）考试过程中，如果发现系统有问题，请及时举手报告监考管理员处理。

12）注意考试时间的分配。全程考试时间为45min，时间一到，系统将自动结束考试并显示结果。

13）考试合格的，在《考生试卷详细情况》记录单上签名；考试不合格的，可以当场申请补考。

（10）单选题的答题技巧

1）错误排除法：如果正确答案不能一眼看出，应先排除明显是错误或荒诞的答案。当确定一个选项不符合题意时，迅速将注意力转移到下一个选项，依次加以判断。如果第一个选项就是正确答案，那么完全可以忽略后面的几个选项，这样可以节约时间。如果选项中有自相矛盾的，应立即排除一个。其实，有些题考生即使不能直接通过排除法得出答案，也可以减小试题的难度，从而提高答题的正确率。

例7：单选题

行车中，遇非机动车抢行时，应怎样做？

A.加速通过

B.鸣喇叭警告

C.减速让行

D.临近时突然加速

答案：C

在上面这道题中，"A""B""D"明显是错误的，毕竟安全文明驾驶是第一位，所以剩下的"C"肯定就是正确的。

2）直接比较法：通过直接比较法判断正确答案时，首先直接把各项选择答案加以比较，并分析它们之间的不同点，集中考虑正确答案和错误答案的关键所在。

例8：单选题

驾驶人未携带哪种证件驾驶机动车上路，交通警察可依法扣留车辆？

A.机动车行驶证

B.从业资格证

C.居民身份证

D.机动车通行证

答案：A

在上面这道题中，"行驶证"和"通行证"是本题的关键所在，对此进行比较，正确答案应为"A"。

3）最佳选择法：有些题看上去，几个答案都正确或在某一程度上正确，但最佳的答案只有一个，这时就要选择最符合题意的答案。

例9：单选题

伤员众多时，最后送往医院的是哪一类伤员？

A.上肢骨折

B.大出血

C.呼吸困难

D.肠管脱出

答案：A

在上面这道题中，答案"B""C""D"在某一方面正确，都是"重伤"，不能作为最佳答案选择。根据题意，答案"A"是最符合的，是"轻伤"，所以正确答案应选择"A"。

4）去同存异法：当考生对题目不能做出正确判断时，就可以将内容或者特征大致相同的选项排除掉，并保留那些差别较大的选择项，再将剩余的选项进行比较和判断，最终确定符合题意的答案。这样做的目的是缩小目标，提高答题的准确率。

例10：单选题

行车中遇交通事故，受伤者需要抢救时，应怎样做？

A.及时将伤者送医院抢救或拨打急救电话

B.尽量避开，少惹麻烦

C.绕过现场行驶

D.借故避开现场

答案：A

在上面这道题中，答案"B""C""D"均有"事不关己，高高挂起"之意，唯有答案"A"为"救死扶伤"之意。去掉相类似的答案，存下的异类便是正确答案，即"去同存异"，所以此题正确答案为"A"。

5）印象认定法：印象认定法是指根据印象的深刻来选择答案。当考生在读完一道试题的题干和各项选择后，各选择项对于大脑的刺激强度是不同的，有的较强，有的较弱，那些似曾熟悉的内容必然会在头脑中最先形成正确选项的印象，据此做出判断的命中率还是比较高的。

例11：单选题

驾驶机动车必须遵守的原则是什么？

A.右侧通行

B.左侧通行

C.内侧通行

D.中间通行

答案：A

在上面这道题中，"靠右行"在头脑中最先形成正确选项的印象，所以选择的正确答案应为"A"。

6）充分猜测法：如果不知道确切答案，也不要轻易放弃，要充分利用所学知识去猜测，即使猜错了也不会倒扣分。猜测法最大的优点是可以避免考生在这种试题上过分深究。这种方法虽然是靠运气，但有时也有一定的命中率。一般来说，排除的项目越多，猜测正确答案的可能性就越大。

❶ 通过预选答案语气判断正确答案。凡预选答案中有"可以""不必"之类的语气词，基本都是错误答案；凡预选答案中有"必须""一定要"之类的，基本上都是对的。不过，这也要具体情况具体分析，有些题是例外。

❷ 通过关键词判断正确答案。因为，安全文明驾驶是第一位的，所以带有"加速""不避让"等的基本上是错误的，而带有"保持安全车速""减速慢行"等的一般是对的。

例12：单选题

驾驶人在行车中经过积水路面时，应怎样做？

A.保持正常车速通过

B.低挡加速通过

C.特别注意减速慢行

D.迅速加速通过

答案：C

在上面这道题中，"保持正常车速通过积水路面"不文明，"加速通过积水路面"不文明也不安全，毕竟安全文明驾驶是第一位的，所以"减速慢行"就一定是对的，应选C。

（11）判断题的答题技巧

1）绝对概念法：命题中含有绝对概念的词，这道题很可能是错的。这类题中往往会出现"可以""允许"等词，如"机动车未悬挂号牌，可以上路行驶""高速公路加速车道或减速车道允许机动车超车"等，这些题答案就是错误的。统计表明，大部分带有绝对概念词的问题，"对"的可能性小于"错"的可能性。当考生对含有绝对概念词的问题没有把握做出判断时，想一想是否有什么理由来证明它是正确的，如果找不出任何理由，"错"就是最佳的选择答案。

例13：判断题

车辆在高速公路上行驶，可以频繁地变更车道。

答案：×

例14：判断题

驾驶机动车行经城市没有列车通过的铁路道口时允许超车。

答案：×

这两道题出现了"可以""允许"这些含有绝对概念的词，所以"对"的可能性小于"错"的可能性。

2）相对概念法：命题中含有相对概念的词，这道题很可能是对的。这类题中往往会出现"可能""易"等词或字，如"狂风袭来，可能会使行驶中的车辆产生横向偏移""山区道路坡长而陡，路面窄，弯多而急，易发生交通事故"等，这些答案都是正确的。

例15：判断题

连续降雨天气，山区公路可能会出现路肩疏松和堤坡坍塌现象，行车时应选择道路中间坚实的路面，避免靠近路边行驶。

答案：√

例16：判断题

在泥泞路上制动时，车轮易发生侧滑或甩尾，导致交通事故。

答案：√

这两道题出现了"可能""易"这些含有相对概念的词，所以"对"的可能性大于"错"的可能性。

3）一错全错法：只要试题有一处错，该题就全错。

例17：判断题

驾驶人在驾驶证丢失后3个月内还可以驾驶机动车。

答案：×

这道题有一处错，就是"驾驶证丢失后还可以驾驶机动车"，所以该题就全错，与"3个月"或其他条件无关。

第2节　场地驾驶技能考试

（1）C2考试内容

1）倒车入库。

2）侧方停车。

3）曲线行驶。

4）直角转弯。

（2）合格标准

满分为100分，80分为合格。

（3）预约科目二考试的要求

1）科目一考试合格后，可以预约科目二考试。

2）初次申请机动车驾驶证或者申请增加准驾车型的，申请人预约科目二考试，应在取得学习驾驶证明满10日后预约考试。

3）科目二考试一次，考试不合格的，可以补考一次。不参加补考或者补考仍不合格的，本次考试终止，申请人应当在10日后重新预约考试。

4）在学习驾驶证明有效期内，预约科目二考试的次数不得超过五次。第五次考试仍不合格的，已考试合格的其他科目成绩作废。

（4）倒车入库

倒车入库，就是驾驶车辆在行驶中从两侧正确倒入车库。

1）场地要求。整个考场为一个"凸"字形。

场地尺寸规格如下。

❶ 库长：车长加70cm。

❷ 库宽：小型自动挡汽车为车宽加60cm。

❸ 路宽：车长的1.5倍。

❹ 路长：3倍车长加车宽再加70cm或60cm。

2）考试目的。考核机动车驾驶人操控汽车完成倒车入库和正确判断车辆空间位置的能力。

3）操作要求。从道路一端控制线（两个前轮触地点在控制线以外），倒入车库停车，再前进出库向另一端控制线行驶，待两个前轮触地点均驶过控制线后，倒入车库停车，前进驶出车库，回到起始点。考试过程中，车辆进退途中不得停车。项目完成时间不得超过3.5min。

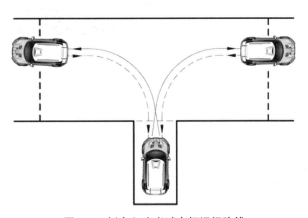

图 7-5　倒车入库考试车辆运行路线

—— 边线；---- 控制线；—→ 前进线；--▶ 倒车线

4）倒车入库考试车辆运行路线如图7-5所示。

5）专项评判。

❶ 不按规定路线、顺序行驶的，不合格。

❷ 车身出线的，不合格。

❸ 倒库不入的，不合格。

❹ 在倒车前，未将两个前轮触地点均驶过控制线的，不合格。

❺ 项目完成时间超过规定时间的，不合格。

❻ 中途停车的，每次扣5分。

6）图解练习和考试技巧。

❶ 听到"倒车入库"指令后开始操作。在准备入库前，车身应与边线保持1.5 ~ 1.8m的距离，两个前轮触地点在控制线以外。开始挂倒挡（R），缓慢往后倒车，控制好车速，看左后视镜，当左

后视镜下沿掩盖车库左边虚线（控制线）位置时（图7-6），把方向盘向右打到极限。

❷ 一边倒车入库，一边观察右后视镜，使车身和库角保持30cm进库（图7-7）。

❸ 继续观察右后视镜，车身和车库边线平行时（图7-8），调正车身，待车身正时回正方向。观察左后视镜下沿掩盖车库左边虚线时（图7-6）停车。

| 图7-6 倒车入库（一） | 图7-7 倒车入库（二） | 图7-8 倒车入库（三） |

❹ 挂前进挡（D）出库，车头遮住7m线时（图7-9），方向盘向左打到极限，不用回方向盘，直到两个前轮触地点均驶过控制线后，立即停车。

图7-9 倒车入库（四）

❺ 挂倒挡（R），保持方向盘向左打到极限，缓慢往后倒车，控制好车速，观察后视镜，调正车身，待车身正时方向回正，后视镜下沿掩盖车库左边虚线时（图7-6）停车。

❻ 挂前进挡（D）缓慢出库，车头遮住7m线时（图7-9）方向盘向右打到极限，待车身正时回正方向，回到起始点，考试结束。

温馨提示

倒车入库时，中间不能停顿，做到既慢又不停车，车速保持在5km/h左右，缓慢完成整个倒库动作。

（5）侧方停车 侧方停车，就是驾驶车辆准确停入道路右侧车位。

1）场地要求。

❶ 车位（库）长：小型车辆为1.5倍车长加1m。

❷ 车位（库）宽：车宽加80cm。

❸ 车道宽：1.5倍车宽加80cm。

2）考试目的。考核机动车驾驶人将车辆正确停入道路右侧车位的技能，以满足日常生活需求，将车顺利停入前后都有车辆的路边车位。

3）操作要求。车辆在库前方一次倒车入库，中途不得停车，车轮不触轧车道边线，车身不触碰库位边线。再前进向左前方出库，出库前应开启左转向灯，出库过程中车轮不触轧车道边线，车身不触碰库位边线，出库后关闭转向灯。项目完成时间不得超过1.5min。

4）侧方停车考试车辆运行路线如图7-10所示。

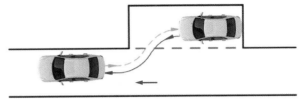

图 7-10 侧方停车考试车辆运行路线

—— 边线； ---- 控制线； ⇢ 倒车线； ← 前进线

5）专项评判。

❶ 车辆入库停止后，车身出线的，不合格。

❷ 项目完成时间超过规定时间的，不合格。

❸ 行驶中车轮触轧车道边线的，每次扣10分。

❹ 行驶中车身触碰库位边线的，每次扣10分。

❺ 出库时不使用或错误使用转向灯的，扣10分。

❻ 中途停车的，每次扣5分。

6）图解练习和考试技巧。

❶ 全程车速一定要控制在5km/h左右。当听到"侧方停车"指令后，驾车沿停车位慢速平行前进，车身右侧压库边线行驶，离车库边界30cm，直行至前后门中柱挡住前右角点时停车；挂倒挡（R），方向盘向右打到极限，抬制动踏板起步倒车，控制好速度（图7-11）。

❷ 由左后视镜看到后右角点时，回正方向（图7-12）。

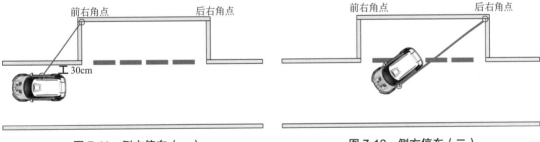

图 7-11 侧方停车（一）　　　　　　图 7-12 侧方停车（二）

❸ 倒至前右角点离前后门中柱10cm左右时（根据各人身高和座位远近），方向盘向左打到极限（图7-13）。

❹ 看前方或后视镜，车正时停车（图7-14）。

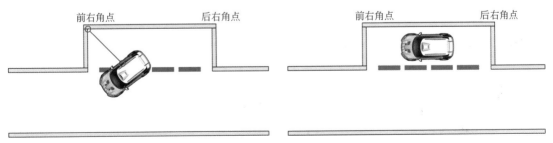

图 7-13 侧方停车（三）　　　　　　图 7-14 侧方停车（四）

❺ 打左转向灯3s，挂前进挡（D），方向盘保持向左打到极限出库，出库后关闭转向灯，方向盘回正，考试结束（图7-15）。

❻ 中途不该停车时不得停车，否则每次扣5分（图7-16）。

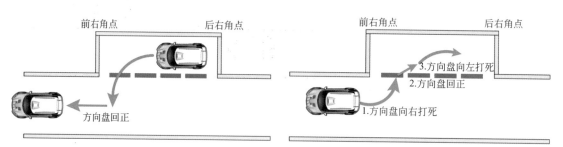

图 7-15　侧方停车（五）　　　　　　　图 7-16　侧方停车（六）

1 ～ 3—倒车中途不得停车

车速一定要控制在5km/h左右，并学会使用后视镜辨认标线。

（6）曲线行驶　曲线行驶，就是驾驶车辆通过S弯形路。

1）场地要求。曲线行驶的场地，看上去就是一个"躺在地上"的字母S（图7-17）。
场地尺寸规格如下。

❶ 路宽：小型车辆为3.5m。

❷ 半径：小型车辆为7.5m。

❸ 弧长：3/8个圆周。

2）考试目的。考核机动车驾驶人操纵方向盘、控制车辆曲线行驶的能力。

3）操作要求。驾驶车辆从弯道的一端前进驶入，从另一端驶出。行驶中转向、速度平稳。中途不得停车，车轮不得碰轧车道边线。

4）专项评判。

❶ 车轮碰轧道路边缘线的，不合格。

❷ 中途停车的，不合格。

5）图解练习和考试技巧。

❶ 听到"曲线行驶"指令后开始操作。车速放缓，注意打方向盘的力度和角度，切忌车速过快导致转向不足。进入曲线左弯时，车速放缓，控制好车速，车头左前角和右曲线重合行驶（图7-18）。

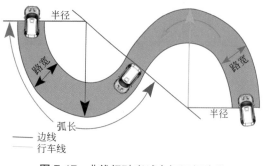

图 7-17　曲线行驶考试车辆运行路线

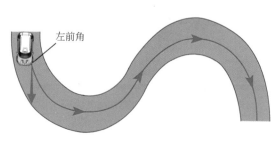

图 7-18　曲线行驶（一）

❷ 车头行至左右曲线中间时，回正方向（图7-19）。

❸ 右转弯时，车头"右筋"和左曲线重合行驶（图7-20）。

图 7-19　曲线行驶（二）

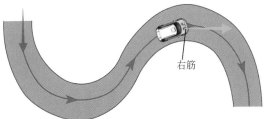

图 7-20　曲线行驶（三）

❹ 出弯道，车身正时回正方向盘（图7-21）。

❺ 曲线行驶全过程如图7-22所示。

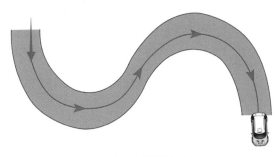

图 7-21　曲线行驶（四）

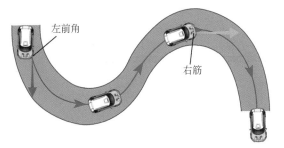

图 7-22　曲线行驶（五）

温馨提示

一定要慢，车速过快会导致转向不足。车速虽然要慢，但别停顿，并注意车轮不可碰轧车道边线。

（7）直角转弯　直角转弯，就是驾驶车辆通过90°弯角道路。

1）场地要求。直角转弯的场地，看上去像一个"平放在地上"的字母L。

场地尺寸规格如下。

❶ 路长：大于等于1.5倍车长。

❷ 路宽：小型车辆为轴距加1m。

2）考试目的。考核机动车驾驶人在急弯路段驾驶车辆时，正确操纵方向盘，准确判断车辆内外轮差的能力。

3）操作要求。驾驶车辆按规定的线路行驶，由左向右或由右向左直角转弯，一次通过，中途不得停车，车轮不得碰轧车道边线。转弯前，应开启转向灯，完成转弯后关闭转向灯。直角转弯考试车辆运行路线如图7-23所示。

4）专项评判。

❶ 车轮碰轧道路边缘线的，不合格。

❷ 转弯时不使用或错误使用转向灯，转弯后不关闭转

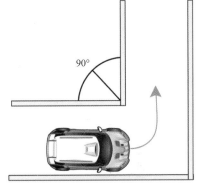

图 7-23　直角转弯考试车辆运行路线

▭ 边线；　━━▶ 行车线

向灯的，扣10分。

❸ 中途停车的，每次扣5分。

5）图解练习和考试技巧。

❶ 听到"直角转弯"指令后开始操作，全程低速通过，不要加速。开启转向灯，车前"左筋"对准前方30cm处，离左边线内30cm行驶（图7-24）。

❷ 待右三角窗柱对齐右内线点时（根据各人身高和座位远近），方向盘向右打到极限（图7-25）。

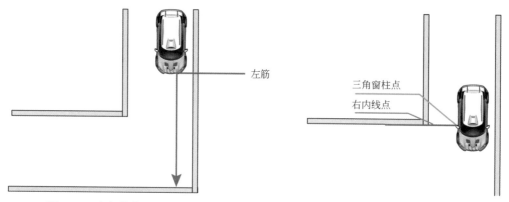

图 7-24　直角转弯（一）　　　　　　　　　　图 7-25　直角转弯（二）

❸ 车身正时方向回正，关闭转向灯（图7-26、图7-27）。

❹ 直角转弯全过程如图7-28所示。

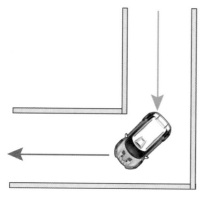

图 7-26　直角转弯（三）

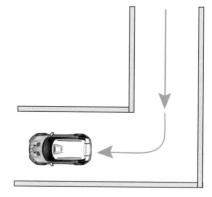

图 7-27　直角转弯（四）

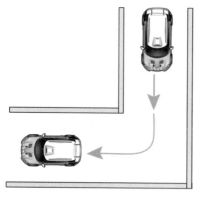

图 7-28　直角转弯（五）

温馨提示

准备过弯时，先打转向灯，把车减速至5km/h以下，根据前方视线辨认两侧边线，边转弯边走，随时调整方向。在转进弯道之前，可走外道，保证车辆进入直角转弯区域后车身处于笔直的状态。

第3节 道路驾驶技能考试

（1）C2考试内容

1）上车准备。

2）起步。

3）直线行驶。

4）加减挡位操作。

5）变更车道。

6）靠边停车。

7）直行通过路口。

8）路口左转弯。

9）路口右转弯。

10）通过人行横道线。

11）通过学校区域。

12）通过公共汽车站。

13）会车。

14）超车。

15）掉头。

16）模拟夜间行驶。

（2）合格标准 满分为100分，90分为合格。

温馨提示

小型自动挡汽车考试里程不少于3km。

（3）预约科目三考试的要求

1）科目一考试合格后，可以预约科目三道路驾驶技能考试。

2）初次申请机动车驾驶证或者申请增加准驾车型的，申请人在取得学习驾驶证明满20日后预约科目三道路驾驶技能考试。每个科目考试一次，考试不合格的，可以补考一次。不参加补考或者补考仍不合格的，本次考试终止，申请人应当在10日后重新预约考试。

3）在学习驾驶证明有效期内，预约科目三道路驾驶技能考试的次数不得超过五次。第五次考试仍不合格的，已考试合格的其他科目成绩作废。

（4）应对"计算机考官"的技巧 电子路考时，考生直接从计算机语音获得指令进行考试，系统会根据考试车的实际位置自动识别并进行评判。考官则通过监控观察考试车的实时信息，而不再坐在副驾驶座。

1）模拟夜间灯光共有10种情况，考试时随机抽取4～6题。不同情况打不同灯，考生一定要非常熟悉。

2）仔细听系统计算机语音提示，及时做出正确反应。现场的语音指令可能是在虚拟场景下发出的，所以当考生听到前方是学校区域、公共汽车站、人行横道或路口等语音提示时，即使现实路况并非如此，也必须注意踩制动踏板、减速慢行，车速低于30km/h。

3）"计算机考官"对动作要求更加规范。当考生听到变更车道、靠边停车等计算机指令时，第一反应是打转向灯，但切记方向盘不能马上跟着转向，一定要等3s。但是如果5s还没有任何动作，也要扣分。

4）转弯别太急。在转弯时不能打方向盘过猛，否则很容易被判方向不稳，这一难点通常隐藏在超车过程中。

5）重视安全驾驶和文明行车。评判方式为人工和机器综合评判，其中机器评判占绝大部分。在考试内容方面，智能化评判考试系统在安全驾驶和文明行车等方面提出了更高的要求。比如，在变更车道、起步等问题上，对观察和转向灯操作的要求很高，打开转向灯后必须在3s以上才能起步或转向。

温馨提示

❶ 全过程按语音提示完成考试。

❷ 评分标准机械死板，只要不符合预设的程序要求就会扣分。比如，不能正确使用灯光，考试不合格；制动不平顺，扣10分。

❸ 仍有考官监考，主要是行车安全的把握，考核那些车载仪器不能完成的考试标准。

（5）上车准备

1）考试目的。主要考核机动车驾驶人对汽车进行检查、安全上下车及必要调整以适应驾驶的意识和能力，包括车外检查、上车以及车内调整等步骤。

2）操作要求。逆时针绕车一周，观察车辆外观和周围环境，确认安全。打开车门前，应观察后方交通情况。

3）考试技巧

❶ 考生按照考试员的指示，靠近车身，自左前车门向后逆时针绕车一周，观察后方交通情况，打开车门上车。上车后，当听到语音提示"请学员做好考试准备，并进行指纹验证"时，首先调整座椅，调整内、外后视镜，系好安全带，然后进行指纹验证。

❷ 绕车一周时，必须靠近车身。因为车身从车左后侧到车头都装有感应器，如未感应到学员绕车一周，将直接不合格。

❸ 绕车检查时，要有检查四轮动作，打开车门前要观察后方交通情况。

（6）起步

1）考试目的。主要考核机动车驾驶人熟练运用操作规程、正确观察道路交通情况和适时平稳起步的能力。

2）操作要求。起步前检查车门是否完全关闭，调整座椅、后视镜，系好安全带，检查驻车制动器、挡位，启动车辆。检查仪表，观察内、外后视镜，回头观察后方交通情况，开启转向灯，挂前进挡（D），松驻车制动，起步。起步过程平稳，无闯动、无后溜，不熄火。

3）考试技巧

❶ 上车准备工作完成，当听到语音提示"请起步"后，踩住制动踏板，启动车辆，观察各仪表，检查灯光、刮水器、喇叭、制动的工作情况，察听汽车有无异响。

❷ 检查完毕后，观察内、外后视镜，回头观察后方交通情况。确认安全后，开启左转向灯，挂前进挡（D），鸣喇叭，松驻车制动，逐渐松开制动踏板，轻踏加速踏板，使汽车平稳起步。

❸ 起步后语音提示"起步完成，请继续向前行驶"，起步后在右侧第一条车道行驶。

❹ 起步时，不得出现溜车、冲车、熄火、未松驻车制动、未开左转向灯等现象。

❺ 起步动作要迅速熟练，轻松自如，操作时双眼必须平视前方，不能往下看。

❻ 开启左转向灯一定要保持3s以上。

（7）直线行驶

1）考试目的。主要考核机动车驾驶人直线行驶时方向的稳定性，以及理解和处理挡位与动力的关系，控制跟车距离，积极观察的意识和行车时的规范操作。

2）操作要求。根据道路情况合理控制车速，正确使用挡位，保持直线行驶，跟车距离适当，行驶过程中适时观察内、外后视镜，视线不得离开行驶方向超过2s。

3）考试技巧

❶ 直线行驶前，应把方向调正，调到车道线的中间；稍踩加速踏板，使车速保持在30～35km/h。考试员会用余光观察考生精力是否集中，方向、速度是否达到直线行驶要求。

❷ 行驶过程中，当听到语音提示"请保持直线行驶"后，考生要注意两点：一是方向盘不能再转动，如果方向盘转动就不合格，理由是行驶时方向控制不稳；二是当时行驶车速不低于30km/h，如没有达到应迅速提升到30km/h。

❸ 听到语音提示"结束直线行驶"时，可以转动方向盘调整方向。

❹ 直线行驶时，考生应眼视前方，看远顾近，注意两旁。正确操纵方向盘，以左手为主，右手为辅，一手拉动，一手推送，配合紧密。控制好方向盘，使车辆保持直线运动状态时，不能出现"画龙"现象。

❺ 合理控制车速，正确使用加速踏板，保持直线行驶，跟车距离要恰当，但视线不可以离开行驶方向超过2s。在此过程中，不能保持车辆直线行驶的将不合格。

❻ 在直线行驶过程中，根据路况控制车速。遇到前车制动时，不及时采取减速措施的，将判不合格。

（8）加减挡位操作

1）考试目的。主要考核机动车驾驶人操纵车辆挡位的熟练程度，要求整个过程动作流畅、换挡及时准确。

2）操作要求。根据路况和车速，合理加减挡，换挡及时、平顺。

3）考试技巧

❶ 当听到语音提示"请完成加减速动作"后，考生要稳住加速踏板，将车速逐渐提高到40km/h以上，然后轻放加速踏板，将速度逐渐降低。

❷ 根据语音提示，加速时要平稳、及时。

❸ 根据道路情况合理选择车速，车速不能超过考试路段的限速标准。

❹ 科目三加减挡位操作，贯穿整个科目三的道路驾驶技能考试当中，从开始起步到靠边停车，每个项目基本上都涉及加减挡位操作。

❺ 一般情况下，自动挡汽车会根据行驶的速度和交通情况自动选择合适的挡位行驶。因此，驾驶自动挡汽车在科目三道路驾驶技能考试中，一定要根据指令和道路情况合理选择车速。

（9）变更车道

1）考试目的。主要考核机动车驾驶人的安全守法意识和驾驶行为，以及能否正确选择变道的地点、时机和变道方法。

2）操作要求。变更车道前，正确开启转向灯，通过内、外后视镜观察，并向变更车道方向回头观察后方道路交通情况，确认安全后变更车道，变更车道完毕，关闭转向灯。变更车道时，判断车辆安全距离，控制行驶速度，不得妨碍其他车辆正常行驶。

3）考试技巧

❶ 当听到语音提示"请变更车道"后，考生应开启左转向灯并保持3s以上，同时通过内、外后视镜观察交通情况，并向变更车道方向回头观察后方道路交通情况，确认安全后向左转动方向盘变更车道，然后关闭转向灯（自动回位不需要此操作），迅速提高车速，为直线行驶做好准备工作。

❷ 听到语音提示后，应在150m内完成变更车道。

❸ 不能连续变更两条车道。

❹ 变更车道，需要注意判断车辆之间的安全距离，控制车速。

❺ 当旁边的车道不适合变道时，应减速等待变道机会，但不能长时间骑、轧分道线等待。

（10）靠边停车

1）考试目的。主要考核机动车驾驶人对车身位置的判断能力及预见性制动的能力，要求做到安全、合理、平稳、准确。

2）操作要求。开启右转向灯，通过内、外后视镜观察后方和右侧交通情况，并回头观察确认安全后，减速，向右转向靠边，平稳停车。拉紧驻车制动器，关闭转向灯。停车后，车身距离道路右侧边缘线或者人行道边缘30cm以内。需要下车的，回头观察左后方交通情况，确认安全后，缓慢打开车门，下车后关闭车门。

3）考试技巧

❶ 行驶过程中，当听到语音提示"请靠边停车"后，开启右转向灯，通过内、外后视镜观察后方和右侧交通情况，开启转向灯3s后方可转向。

❷ 回头观察确认安全后，逐级降低车速，使汽车靠道路右侧缓行。

❸ 适当使用制动踏板，使汽车平稳、正直地停在离道路右侧边缘线或者人行道边缘30cm以内的位置，然后拉紧驻车制动器，关闭转向灯，把变速杆移至空挡（N）位置，同时放松制动踏板。

❹ 在完成下一个项目之前，要完成起步动作。如果这是最后一个考试项目，会有语音提示"考试合格，请下车"或"考试未通过，请下车"，这时考生应在车内开门前，回头观察左后方交通情况。确认安全后，缓慢打开车门，下车后关闭车门。

（11）直行通过路口

1）考试目的。主要考核机动车驾驶人直行通过各种交叉路口时的安全驾驶能力、守法意识和文明礼让行为。

2）操作要求。合理观察交通情况，减速或停车瞭望，根据车辆行驶方向选择相关车道，正确使用转向灯，根据不同路口采取正确的操作方法，安全通过路口。

3）考试技巧

❶ 通过路口前约120m，语音将自动提示车辆行驶方向。

❷ 当听到语音提示"前方路口直行"后，考生应首先减速，观察各方交通情况，注意避让行人和优先通行的车辆。

❸ 当听到语音提示"行人通过"时，一定要制动停车等候。

❹ 考生应按车道导向箭头指示，选择合适的车道行驶，并按照交通信号灯的指示行驶。

❺ 通过路口停车线前，应有减速动作或将车速控制在30km/h以下。

❻ 直行通过路口时，应观察左、右方交通情况。

❼ 不得将车辆停在路口内。

（12）路口左转弯

1）考试目的。主要考核机动车驾驶人通过各种交叉路口左转弯时的安全驾驶能力、守法意识和文明礼让行为。

2）操作要求。合理观察交通情况，减速或停车瞭望，根据车辆行驶方向选择相关车道，正确使用转向灯，根据不同路口采取正确的操作方法，安全通过路口。

3）考试技巧

❶ 通过路口前约120m，语音将自动提示车辆行驶方向。

❷ 听到语音提示"前方路口左转"后，先开启左转向灯，3s后再转弯。

❸ 当听到语音提示"行人通过"时，一定要制动停车等候。

❹ 考生应按车道导向箭头指示，选择合适的车道行驶，并按照交通信号灯的指示行驶。

❺ 通过路口停车线前，应有减速动作或将车速控制在30km/h以下。

❻ 在路口左转弯时，应提前3s开启左转向灯。

❼ 左转通过路口时，应靠路口中心点左侧转弯。转弯的时候不能轧实线。

❽ 不得将车辆停在路口内。

（13）路口右转弯

1）考试目的。主要考核机动车驾驶人通过各种交叉路口右转弯时的安全驾驶能力、守法意识和文明礼让行为。

2）操作要求。合理观察交通情况，减速或停车瞭望，根据车辆行驶方向选择相关车道，正确使用转向灯，根据不同路口采取正确的操作方法，安全通过路口。

3）考试技巧

❶ 通过路口前约120m，语音将自动提示车辆行驶方向。

❷ 听到语音提示"前方路口右转"后，先开启右转向灯，3s后再转弯。

❸ 当听到语音提示"行人通过"时，一定要制动停车等候。

❹ 考生应按车道导向箭头指示，选择合适的车道行驶，并按照交通信号灯的指示行驶。

❺ 通过路口停车线前，应有减速动作或将车速控制在30km/h以下。

❻ 在路口右转弯时，应提前3s开启右转向灯。

❼ 右转通过路口时，应靠路口中心点右侧转弯。

❽ 不得将车辆停在路口内。

（14）通过人行横道

1）考试目的。主要考核机动车驾驶人通过人行横道时的观察能力、预见性判断能力以及文明礼让意识。

2）操作要求。减速，观察两侧交通情况，确认安全后，合理控制车速通过，遇行人停车让行。

3）考试技巧

❶ 听到语音提示"前方通过人行横道"时，考生应踩制动踏板及时减速，左右观察，及时松开制动踏板通过。

❷ 如果听到语音提示"行人通过"时，应在人行横道前停车等候。

❸ 如果听到语音提示"行人已通过"时，缓慢起步，继续行驶。

❹ 如果人行横道上无人行走，请减速慢行；如果遇到有行人通过或准备通过的，须在人行横道外停车避让。

❺ 注意提前减速、左右观望。

（15）通过学校区域

1）考试目的。主要考核机动车驾驶人通过学校区域时的观察能力、预见性判断能力以及文明礼让意识。

2）操作要求。提前减速至30km/h以下，观察情况，文明礼让，确保安全通过，遇到学生横过马路时应停车让行。

3）考试技巧

❶ 听到语音提示"前方通过学校"时，考生应在3s内踩制动踏板减速。

❷ 左右观察，及时松开制动踏板通过。

❸ 通过人行横道线时，将车速控制在30km/h以下。

❹ 遇到学生过马路，应停车让行。

❺ 注意提前减速、左右观望。

（16）通过公共汽车站

1）考试目的。主要考核机动车驾驶人通过公共汽车站时的观察能力、预见性判断能力以及文明礼让意识。

2）操作要求。提前减速，观察公共汽车进、出站动态和乘客上下车动态，着重注意同向公共汽车前方或对向公共汽车后方有无行人横穿道路。

3）考试技巧

❶ 听到语音提示"前方通过公共汽车站"时，无论当时处于何种速度，都要在3s内踩制动踏板

减速。

❷ 左右观察汽车进出站动态和乘客上下车动态，着重注意同向公共汽车前方或者后方有没有行人横穿马路，确认安全后及时松开制动踏板通过。

❸ 通过时，车速控制在30km/h以下。

❹ 不能在公共汽车站范围内停车。

（17）会车

1）考试目的。主要考核机动车驾驶人的车体方位感，以及对横向安全距离和会车时两侧道路交通情况的判断能力。

2）操作要求。正确判断会车地点，会车有危险时，控制车速，提前避让，调整会车地点，会车时与对方车辆保持安全间距。

3）考试技巧

❶ 当听到语音提示"前方会车"后，考生须注意前方来车，根据道路和交通条件正确判断，适时采取措施，并与其他车辆、行人或非机动车保持安全距离进行交会。

❷ 在没有中心隔离设施或中心线的道路上会车时，应减速靠右行驶交会。

❸ 在本车前方有连续障碍，而在障碍间又允许本车插入时，可逐个插入障碍空隙与对方来车交会。

❹ 在交会区域道路狭窄或有其他障碍，或因本车正在被后车超越，有可能造成超越车与交会车发生碰撞时，应靠边停车交会。

❺ 会车困难时，应主动让行。

❻ 正确判断横向安全间距，避免紧急转向避让相对方向来车。

❼ 会车时不能碾压黄线，会车困难时要让行。

❽ 此项目随机性大，如果没有车辆相会，只需减速并平稳通过即可。

（18）超车

1）考试目的。主要考核机动车驾驶人综合判断超车时机、控制车辆等的能力，强调安全和守法意识。

2）操作要求。超车前，保持与被超越车辆的安全跟车距离。开启左转向灯，通过内、外后视镜观察后方和左侧交通情况，并回头观察，确认安全后，选择合理时机，鸣喇叭或交替使用远近光灯，从被超越车辆的左侧超越。超车时，观察被超越车辆情况，保持横向安全距离。超越后，开启右转向灯，通过内、外后视镜观察后方和右侧交通情况，并回头观察，确认在不影响被超越车辆正常行驶的情况下，逐渐驶回原车道，关闭转向灯。

3）考试技巧

❶ 行驶过程中，当听到语音提示"请超越前方车辆"后，考生应开启左转向灯，通过内、外后视镜观察后方和左侧交通情况，并回头观察。

❷ 选择适当的路段和时机，在不影响其他车辆正常行驶的前提下，鸣喇叭，适当提高车速，在与被超越车辆保持安全距离的情况下，从被超越车辆左侧超越。

❸ 超车时，应与被超越车辆保持横向安全距离。

❹ 超车后，应在不妨碍被超车辆正常行驶的情况下，开启右转向灯，通过内、外后视镜观察后方和右侧交通情况，并回头观察，确认在不影响被超越车辆正常行驶的情况下，逐渐向右转向驶回原车道，关闭转向灯。不得急转向驶回原车道，妨碍被超车辆正常行驶。

❺ 听到语音指令后，应在25s内完成超车。

❻ 夜间超车时，应变换使用远、近光灯提醒被超越车辆。

❼ 在有中心线的路段，不得跨越中心线超车。

❽ 不得从右侧超车。

❾ 此项目为模拟项目，不一定有车被超越，只需要完成超车的操作要求即可。

（19）掉头

1）考试目的。主要考核机动车驾驶人在不同地点实现掉头的能力，以适应日常行车的需要。

2）操作要求。观察前、后交通情况，确认安全后减速或停车，开启左转向灯，掉头。掉头时不妨碍其他车辆和行人的正常通行。

3）考试技巧

❶ 行驶过程中，当听到语音提示"前方请选择合适地点掉头"后，考生应观察前方交通状况，并通过内、外后视镜观察后方和左侧交通情况，适时降低车速，开启左转向灯，3s后靠道路右侧行驶。

❷ 选择前方没有来人或来车时进行掉头。

❸ 驶入掉头地点后，应左右观察路况，确认安全后迅速将方向盘向左转到极限位置，使汽车缓慢驶向道路另一侧，在距道路右侧边缘线或离人行道边缘30cm左右的位置停车。

❹ 如果因路幅原因一次无法完成掉头的，在前轮距离路边1m左右时，同时迅速向右回转方向盘，将前轮转至后倒所需的新方向，并停车换挡，后倒时应观察车后情况，鸣喇叭慢慢起步，同时继续向右转动方向盘，等后轮距离路边1m左右时，迅速向左回转方向盘，将前轮转至前进时所需的新方向，并停车等待考试员的指令。

❺ 转弯时不能猛打方向盘，要平稳地转弯。

❻ 掉头时，不得妨碍正常行驶的其他车辆和行人通行。

❼ 不得在黄实线等禁止掉头的位置掉头。

❽ 转向灯不仅要提前开启，而且在车没有完成掉头的时候不能提早关闭转向灯。

（20）模拟夜间行驶

1）考核目的。主要考核机动车驾驶人在特殊条件下使用灯光的能力。要求遇路口、急弯、人行横道、车辆故障、事故、无法移动以及雾天行驶等情况时，能够正确使用灯光。

2）操作要求。起步前开启前照灯。行驶中正确使用灯光。无照明、照明不良的道路使用远光灯；照明良好的道路、会车、路口转弯、近距离跟车等情况，使用近光灯。超车、通过急弯、坡路、拱桥、人行横道或者没有交通信号灯控制的路口时，应交替使用远、近光灯示意。

3）考试项目。

❶ 夜间在没有路灯、照明不良条件下行驶时灯光的使用。

❷ 夜间或低能见度条件下开启前照灯行驶中，同方向行驶的后车与前车近距离行驶时灯光的使用。

❸ 夜间通过急弯、坡路、拱桥、人行横道或者没有交通信号灯控制的路口时灯光的使用。

❹ 夜间会车时灯光的使用。

❺ 夜间在窄路、窄桥与非机动车会车时灯光的使用。

❻ 雾天行驶时灯光的使用。

❼ 在道路上发生故障或者交通事故，妨碍交通又难以移动时灯光的使用。

每人考试项目不得少于4项，其中❶、❷项为必考，从❸ ~ ❺项中选1项紧接❶、❷项后考试。关闭所有灯光后，再从❻、❼项中选1项考试。

4）考试技巧

语音提示响起后，请按以下方法开灯。

❶ 请将前照灯变换成远光——开启远光灯。

❷ 夜间在窄路与非机动车会车——开启近光灯。

③ 夜间与机动车会车——开启近光灯。

④ 夜间同方向近距离跟车行驶——开启近光灯。

⑤ 夜间通过急弯、人行横道——交替使用远、近灯光，先变远光再回近光。

⑥ 夜间通过没有交通信号灯的路口——交替使用远、近灯光，先变远光再回近光。

⑦ 夜间通过山路、拱桥——交替使用远、近灯光，先变远光再回近光。

⑧ 雾天行驶——开启雾灯和危险警告灯。

⑨ 夜间在道路上发生交通事故，妨碍交通又难以移动——开启示宽灯和危险警告灯。

温馨提示

❶ 在听到语音提示后，考生须在5s内做出相关操作。在灯光考试结束时，有如下语音提示："模拟夜间考试完成，请关闭所有灯光！"当考生听到这种语音提示后，在5s内关闭所有车灯开关。灯光考试及格的考生，会有语音提示。

❷ 在实际考试中，也许考试内容和顺序是随机的，但只要我们熟练掌握各种情况下灯光的使用，顺利通过也不是什么难事。

第4节　安全文明驾驶常识考试

（1）试题内容　安全文明驾驶常识考试内容包括：安全文明驾驶操作要求、恶劣气象和复杂道路条件下的安全驾驶知识、爆胎等紧急情况下的临危处置方法、防范次生事故处置知识、伤员急救知识等。

（2）试题题型　试题以文字或图片、视频等情景形式表现，题型为判断题、单项选择题、多项选择题。

（3）试题数量　50道。

（4）合格标准　满分为100分，90分为合格。

（5）考试时间　45min。

温馨提示

科目三道路驾驶技能考试合格后，可以当日参加科目三（科目四）安全文明驾驶常识考试。与其他考试项目的不同点在于，安全文明驾驶常识考试可以无限次进行。也就是说，考试不合格的，可以直接申请补考，已经通过的道路驾驶技能考试成绩仍然有效。

（6）学习技巧　增设安全文明驾驶常识考试的初衷，就是为了增强我们的安全行车意识和行为，确保安全行车。

1）平时实践，结合学习。学习安全文明驾驶常识，千万不要死记硬背，要联系实际，将安全文明驾驶常识与实际道路训练相结合。在训练过程中，要结合道路上的各种交通情况，灵活地进行记忆。记住道路上的各种交通信号，熟练掌握一般道路和夜间驾驶方法，了解行人和非机动车的动态特点及险情的预测与分析方法，根据不同的道路交通状况，在安全驾驶的同时加深对安全文明驾驶常识的记忆。

2）学习题库，结合做题。虽然说，现在不再对外公开题库，题型也更多样，更加侧重实际应用。或许，做题不再像过去那般"立竿见影"，但并不意味着做题就变得徒劳无功和一无是处了。考生通过在网上寻找题库做题，可以更好地巩固已有的知识，更好地发现自己的不足之处，从而更有效率地学习。

3）多种渠道，综合复习。道路考试合格后，要结合实际道路训练中对安全、文明知识的理解，通过课堂、多媒体或网上学习，对安全文明驾驶常识进行综合复习，进一步加深记忆，会达到事半功倍的效果。

（7）考试技巧　俗话说："事有三做，巧做为妙。"即使安全文明驾驶常识考试的题型现在灵活多变，难以把握规律，但并不是说就没有什么技巧了。只要学员善于发现，细心总结，还是能够找到顺利通过考试的技巧。

1）安全第一，一定牢记。既然是安全文明常识考试，当然事关安全了。那么，答题的第一原则，就是安全。其实，很多题型看起来复杂，着落点仍不出"安全"二字。因此，当学员面对琢磨不定的题型时，如果能够从安全角度去考虑的话，或许就可以拨开迷雾，找到正确答案。

例18：判断题

在车辆较多的道路上起步后，要迅速向道路中央行驶。

很明显，该题答案为错。因为在车辆较多的道路上起步后，迅速向道路中央行驶，违背了"安全第一"的原则。正确的做法，就是在车辆较多的道路上起步后，应沿原停车方向缓行一段，等车速提高到一定程度，并确认左后方无车超越时，再向道路中央行驶。

例19：单项选择题

驾驶机动车变更车道时，属于交通陋习的是什么行为？

A.提前开启转向灯

B.仔细观察后变更车道

C.随意并线

D.不得妨碍其他车道正常行驶的车辆

很明显，该题正确答案为C。因为在行车过程中，随意并线是严重妨碍安全行车的行为，违背了"安全第一"的原则。

例20：单项选择题（图7-29）

事故中造成这个驾驶人致命伤害的原因是什么？

A.没有系安全带

B.安全气囊没有打开

C.离方向盘距离过近

D.没有握紧方向盘

很明显，该题正确答案为A。因为，在行车过程中不系安全带是违法行为，违背了"安全第一"的原则。

图7-29　不系安全带驾驶的危害

例21：多项选择题

在泥泞道路上行车时，采取的正确做法是什么？

A.稳握方向盘

B.加速通过

C.尽量避免使用行车制动器

D.选用中低速挡慢速行驶

很明显，该题正确答案为A、C、D。因为，在湿滑复杂的泥泞道路上行车，"加速通过"违背了"安全第一"的原则，所以应去除。

2）通读题目，把握题旨。考试题型里，有很多案例陈述题，一般只有将整题通读完毕，才能完全把握题意，从而做出判断和选择。

例22：单项选择题

周某驾驶大型卧铺客车（乘载44人，核载44人）行至沿河县境内540县道58km加500m处时，在结冰路面以44km/h的车速行驶，导致机动车侧滑翻下公路，造成15人死亡、27人受伤。周某的主要违法行为是什么？

A.超速行驶 　　 B.疲劳驾驶

C.客车超员 　　 D.操作不当

对于该题，显然我们只有将全题看完，才能清晰把握题旨，明确周某的主要违法行为是超速行驶，从而选出正确答案A。因为驾驶机动车在冰雪道路上行驶时，最高车速不能超过30km/h，而周某在结冰路面以44km/h的车速行驶，显然是超速行驶了。

例23：多项选择题

鲁某驾车以110km/h的速度在城市道路上行驶，与一辆机动车追尾后弃车逃离，被群众拦下。经鉴定，事发时鲁某血液中的酒精浓度为135.8mg/100mL。鲁某的主要违法行为是什么？

A.肇事逃逸 　　 B.醉酒驾驶

C.超速驾驶 　　 D.疲劳驾驶

对于该题，显然我们只有将全题看完，才能清晰把握题旨，明确鲁某的主要违法行为是超速行驶、醉酒驾驶和肇事逃逸，从而选出正确答案A、B、C。因为，在没有限速标志、标线和道路中心线的城市道路上行驶时，最高车速为30km/h；在没有限速标志、标线，且同方向只有1条机动车道的城市道路行驶时，最高车速为50km/h。鲁某驾车以110km/h的车速在城市道路上行驶，显然是超速行驶。此外，鲁某血液中的酒精浓度为135.8mg/100mL，显然是醉酒驾驶；鲁某与一辆车追尾后弃车逃逸，又属于肇事逃逸。

3）合理推断，稳中求胜。有时候，可能遇到自己没弄懂或对题意含糊的题型。这时，可以尝试从不同角度提出多种可能的选择，然后根据常识进行合理推断，逐条排除情理不通或有疑问的选项，选择看来最可信的答案。

例24：单项选择题（图7-30）

在这种情况的路口哪辆直行车优先通行？

A.大客车（本车）先行

图7-30　优先通行规则

B.不分先后通行

C.速度快的先行

D.蓝色新能源汽车先行

如果考生不熟悉这种路口的通行规则，可以合理地推断一下。在现实生活中，非公共汽车就有礼让公共客车的义务和责任，那么该题所指向的正确答案就是"大客车（本车）先行"，所以应选A。

例25：多项选择题

驾驶机动车通过学校时要注意什么？

A.减速慢行　　　　B.不要鸣喇叭

C.快速通过　　　　D.观察标志标线

如果考生不熟悉通过学校时要注意什么，可以合理地推断一下。在现实生活中，遇到学生出入的地方时，驾驶人"按喇叭催促"和"加速通过"都是不文明也不安全的行为，那么该题所指向的正确答案就是"减速慢行""不要鸣喇叭""观察标志标线"，所以应选A、B、C。

新能源汽车驾驶人理论考试题库

第一部分 新能源汽车基础知识

一、判断题

1.新能源汽车，主要包括纯电动汽车、插电式混合动力汽车和燃料电池汽车。

答案：√

2.天然气汽车、液化石油气汽车和甲醇汽车，都属于新能源汽车。

答案：×

正确：天然气汽车、液化石油气汽车和甲醇汽车，都属于节能汽车，不属于新能源汽车。

3.低速电动汽车（老年代步车）不属于新能源汽车。

答案：√

4.新能源汽车牌照为黄绿双拼色，汉字、数字和字母颜色为黑，6位数。

答案：×

正确：小型新能源汽车牌照为渐变绿色，大型新能源汽车牌照为黄绿双拼色；中文字（汉字）、数字和字母颜色为黑色；牌照为6位数；纯电动的车型用字母D表示，非纯电动的车型用字母F表示。

5.新能源纯电动汽车的最大特点是无废气污染且噪声小。

答案：√

6.纯电动汽车电能消耗量与整备质量和电池质量密切相关，整备质量和电池质量越小，电能消耗量越少。

答案：√

7.动力蓄电池是纯电动汽车的能量存储装置，是

纯电动汽车的能量来源。

答案：√

8.驾驶新能源汽车上路行驶时，前排乘车人可不系安全带。

答案：×

正确：新能源汽车属于机动车，上路行驶时驾驶人和乘车人都应按规定使用安全带。

9.新能源汽车灯光的作用，仅仅是为了在夜间照明。

答案：×

正确：灯光既是车辆的照明设备，又是信号设备。

10.这是新能源纯电动汽车上的功率表。

答案：×

正确：这是新能源纯电动汽车上的车速表。

11.这是新能源纯电动汽车上的车速表。

答案：×

正确：这是新能源纯电动汽车上的功率表。

12.仪表板上的这个灯亮，提示两侧车门未关闭。

答案：√

13.开启前照灯近光时，仪表板上的这个灯亮起。

答案：×

正确：开启前照灯远光时，仪表板上的这个灯亮起。

14.仪表板上的这个灯亮时，表示驻车制动器处于制动状态。

答案：√

15.仪表板上的这个灯亮时，提醒电机冷却液温度过高。

答案：√

16.仪表板上的这个灯亮时，不影响正常行驶。

答案：×

正确：这是提示制动系统出现异常或故障，应停车检修。

17.仪表板上的这个灯一直亮，表示安全气囊处于工作状态。

答案：×

正确：这是表示安全气囊处于故障状态。

18.打开右转向灯开关，这个灯亮起。

答案：×

正确：打开左转向灯开关，这个灯亮起。

19.打开位置灯开关，这个灯亮起。

答案：√

20.打开后雾灯开关，这个灯亮起。

答案：×

正确：打开前雾灯开关，这个灯亮起。

21.灯光开关旋转到这个位置时，全车灯光点亮。

答案：×

正确：这是前照灯点亮的位置。

22.灯光开关在该位置时，前雾灯点亮。

答案：√

23.将转向灯开关向下拉，右转向灯亮。

答案：×

正确：将转向灯开关向下拉，左转向灯亮。

24.上下扳动这个开关，前风窗玻璃刮水器开始工作。

答案：√

25.点火开关在START位置,起动机启动。

答案:√

26.按下这个开关,后风窗玻璃除霜器开始工作。

答案:×

正确:按下这个开关,前风窗玻璃除霜器开始工作。

27.将转向灯开关向上提,左转向灯亮。

答案:×

正确:将转向灯开关向上提,右转向灯亮。

28.将点火开关转到ACC位置,电器和附件无法工作。

答案:×

正确:点火开关顺时针旋至ACC位置,在这个位置上方向盘解锁,个别电器和附件可以工作。

29.灯光开关在该位置时,前雾灯和后雾灯点亮。

答案:√

30.点火开关在LOCK位置拔出钥匙,方向盘会锁住。

答案:√

31.新能源纯电动汽车的驻车挡(P),可以在车辆滑行状态时使用。

答案:×

正确:驻车挡(P)在停放车辆时使用。按下此按键后,可实现驻车。为避免损坏变速器,必须在车辆完全停止后按下P挡按键。

32.新能源纯电动汽车的倒车挡(R),必须在汽车完全停稳后才能使用。

答案:√

33.出车前,对车辆外部进行检查,主要检查车身是否干净。

答案:×

正确:车辆外部检查,主要检查车外表有无伤痕,如果有较重的伤痕,要找出原因,影响行车安全时要及时送修。检查轮胎的磨损、紧固和

气压情况,如果轮胎磨损超过标准,要及时更换;如果发现螺栓松动,要进行紧固;如果气压不足,要找出原因,有针对性地进行处理。

34.出车前,对驾驶室进行检查,主要检查驾驶室内有无杂物。

答案:×

正确:驾驶室检查,先检查操作装置,启动车辆后检查仪表、报警信号灯的情况,发现异常要及时送修。

35.行车前,一定要对照明和信号装置进行检查。

答案:√

36.动力蓄电池电量SOC低于30%时,要限速行驶。

答案:√

37.新能源纯电动汽车,充电方式分为常规充电(慢充)和快速充电(快充)两种。充电时,尽量选择快速充电,这样可以节约时间。

答案:×

正确:充电时,能选择慢充就选择慢充,这样能够延长电池使用寿命。

38.给新能源纯电动汽车充电时,尽量避开雨天或打雷天气。

答案:√

39.新能源纯电动汽车启动前,应确保充电器已经闭合。

答案:×

正确:启动新能源纯电动汽车前,应确保充电器已经断开,充电口盒和充电口舱门已经关闭。

40.新能源纯电动汽车的日常维护检查,主要依靠专业人员执行。

答案:×

正确:新能源纯电动汽车的日常维护检查,主要依靠驾驶人在出车前、行车中和收车后执行。驾驶人一旦发现车辆异常,就要及时报修。

41.新能源纯电动汽车长期不用时,电池最好采用满电存储,可以为100%。

答案:×

正确:新能源纯电动汽车长期不用时,电池一般采用半电存储,可以为30%~60%。

42.新能源纯电动汽车长时间停放时,应每周检查一次动力电池状态,防止电池漏电。

答案:√

二、单选题

1. 以下哪种汽车不属于新能源汽车?

　　A.纯电动汽车

　　B.插电式混合动力汽车

　　C.燃料电池电动汽车

　　D.液化石油气汽车

　　答案：D

2. 以下哪个不属于新能源汽车的性能参数?

　　A.最高车速　　　　B.续航里程

　　C.电池能量密度　　D.能量消耗量

　　答案：C

3. 新能源汽车的整车整备质量不包括下面哪一个?

　　A.动力电池　　　　B.备用轮胎

　　C.随车工具　　　　D.驾驶人

　　答案：D

4. 纯电动汽车的简称是什么?

　　A.EV　　　　　　　B.BEV

　　C.HEV　　　　　　D.FCEV

　　答案：B

5. 纯电动汽车是用什么驱动车轮行驶?

　　A.汽油机　　　　　B.柴油机

　　C.发电机　　　　　D.电动机

　　答案：D

6. 以下哪个不属于纯电动汽车的优点?

　　A.无废气污染，噪声小

　　B.结构简单，维修方便

　　C.续航里程长

　　D.能量转换率高

　　答案：C

7. 以下哪个不属于纯电动汽车的部件?

　　A.增程器　　　　　B.动力电池

　　C.电机控制器　　　D.电机

　　答案：A

8. 影响纯电动汽车续航里程的最主要因素是什么?

　　A.电池比功率　　　B.电池电压

　　C.电池荷电状态　　D.电池比能量

　　答案：D

9. 以下哪个不属于纯电动汽车动力电池系统?

　　A.启动蓄电池　　　B.电芯

　　C.电池管理系统　　D.电池冷却系统

　　答案：A

10. 国内纯电动汽车使用最多的是哪种驱动电机?

　　A.直流电机

　　B.感应异步电机

　　C.开关磁阻电机

　　D.永磁同步电机

　　答案：D

11. 以下哪个属于纯电动汽车高压系统的部件?

　　A.仪表　　　　　　B.电机控制器

　　C.灯光　　　　　　D.电动车窗

　　答案：B

12. 纯电动汽车动力电池给启动蓄电池充电，需要使用哪种变换器?

　　A.降压DC/DC变换器

　　B.升压DC/DC变换器

　　C.DC/AC变换器

　　D.AC/DC变换器

　　答案：A

13. 纯电动汽车单体电池容量不足，可能产生的后果是什么?

　　A.电池使用寿命减小

　　B.电池组充电不足

　　C.电池容易起火

　　D.电动汽车续航里程短

　　答案：D

14. 电动汽车电机控制器接收哪个信息控制驱动电机的电流，实现汽车的行驶?

　　A.驾驶人

　　B.主控单元

　　C.控制系统

　　D.电子控制单元（ECU）

　　答案：B

15. 电动汽车仪表盘上的SOC值显示多少时就需要充电?

　　A.5%　　　　　　　B.10%

　　C.20%　　　　　　D.30%

　　答案：C

16. 车载充电机的作用主要是什么?

　　A.将交流电变成高压直流电

　　B.将交流电变成低压直流电

　　C.将低压直流电变成高压直流电

　　D.改变交流电电流的大小

　　答案：A

17. 新能源车型仪表上的OK/Ready灯点亮，相当于传统燃油车电源处于哪个挡位？

A.OFF挡   B.CC挡

C.ON挡   D.ST挡

答案：C

18. 电动汽车上的高压线束一般都是什么颜色？

A.紫色   B.橙色

C.蓝色   D.红色

答案：B

19. 加速踏板位置传感器输出几组电信号？

A.1组   B.2组

C.3组   D.4组

答案：B

20. 更换动力电池，首先要做的是什么？

A.关闭点火钥匙，车辆静置5min以上

B.取下点火钥匙

C.拔掉维修开关

D.关闭点火钥匙

答案：A

21. 以下哪种不具备直接给电动汽车蓄电池充电功能？

A.直流充电桩   B.交流充电桩

C.非车载充电机   D.车载充电机

答案：B

22. 正确掌握充电时间，以下哪个说法不正确？

A.充电时间越长，电量越满

B.设置充电时间

C.红灯亮时，应立即停止运行，进行充电

D.参考平时充电频次、充电时间和充电电量

答案：A

23. 关于充电，以下哪种说法不正确？

A.早晚分开充电，可以节省在途充电时间

B.低谷充电

C.选择阴凉处充电，避免直射，减少电池负担

D.边开空调边充电，电池充满，车里也凉快

答案：D

24. 新能源汽车发生碰撞时，座椅安全带的主要作用是什么？

A.保护驾乘人员胸部

B.减轻驾乘人员伤害

C.保护驾乘人员腰部

D.保护驾乘人员颈部

答案：B

25. 在发生追尾事故时，安全头枕能有效保护驾驶人的什么部位？

A.腰部   B.胸部

C.颈部   D.头部

答案：D

26. 安全气囊是一种什么装置？

A.防抱死制动系统

B.电子制动力分配系统

C.驾驶人头颈保护系统

D.辅助驾乘人员保护系统

答案：D

27. 正面安全气囊与什么配合才能充分发挥保护作用？

A.座椅安全带   B.座椅安全头枕

C.防抱死制动系统   D.安全玻璃

答案：A

28. 防抱死制动系统（ABS）在什么情况下可以最大限度发挥制动器效能？

A.间歇制动   B.持续制动

C.紧急制动   D.缓踏制动踏板

答案：C

29. 仪表板上的这个灯亮表示什么？

A.行车制动系统故障

B.安全气囊处于故障状态

C.防抱死制动系统故障

D.驻车制动器处于解除状态

答案：C

30. 仪表板上的这个灯亮表示什么？

A.充电电流过大   B.电流表故障

C.充电电路故障   D.蓄电池损坏

答案：C

31.仪表板上的这个灯亮表示什么?

A.安全带出现故障　　B.安全带系得过松
C.没有系好安全带　　D.已经系好安全带
答案：C

32.这是什么操纵装置?

A.刮水器开关　　　　B.除雾器开关
C.前照灯开关　　　　D.转向灯开关
答案：A

33.这是什么操纵装置?

A.转向灯开关　　　　B.除雾器开关
C.前照灯开关　　　　D.刮水器开关
答案：B

34.这是什么操纵装置?

A.点火开关　　　　　B.刮水器开关
C.灯光开关　　　　　D.空调开关
答案：A

35.这是什么操纵装置?

A.倒车灯开关
B.危险警告灯开关
C.灯光、信号组合开关
D.刮水器开关
答案：C

36.提拉这个开关控制机动车哪个部位?

A.左右转向灯　　　　B.警告灯
C.倒车灯　　　　　　D.示宽灯
答案：A

37.这个开关控制机动车哪个部位?

A.风窗玻璃除雾器　　B.危险警告灯
C.照明、信号装置　　D.风窗玻璃刮水器
答案：D

38.这是什么操纵装置?

A.驻车制动器操纵杆　B.离合器操纵杆
C.变速杆　　　　　　D.节气门操纵杆
答案：C

39.这是什么踏板?

A.加速踏板　　　　　B.歇脚踏板
C.制动踏板　　　　　D.驻车制动器
答案：A

40.这是什么踏板?

A.加速踏板　　　　　B.制动踏板
C.歇脚踏板　　　　　D.驻车制动器
答案：B

41. 出车前对轮胎进行哪些方面的检查?

　　A. 什么也不用检查

　　B. 轮胎的紧固和气压

　　C. 轮胎有没有清洗

　　D. 备胎在什么位置

　　答案：B

42. 驾驶人进入驾驶室前首先要做什么?

　　A. 观察机动车周围情况

　　B. 开启车门直接上车

　　C. 注意观察天气情况

　　D. 不用观察周围情况

　　答案：A

43. 一般来讲,水位达到电动汽车轮胎的什么地方,涉水行驶就有一定危险?

　　A.1/4　　　　　　　B.1/3

　　C.1/2　　　　　　　D.2/3

　　答案：C

44. 驾驶新能源纯电动汽车,避免进入或停留在多深的水中?

　　A. ≥20cm　　　　B. ≥30cm

　　C. ≥40cm　　　　D. ≥50cm

　　答案：B

45. 驾驶新能源纯电动汽车,在路面积水 ≥10cm 时,应以不超过多少的速度行驶?

　　A.10km/h　　　　B.15km/h

　　C.20km/h　　　　D.30km/h

　　答案：B

46. 驾驶新能源纯电动汽车,在路面积水 ≤10cm 时,应以不超过多少的速度行驶?

　　A.20km/h　　　　B.30km/h

　　C.40km/h　　　　D.50km/h

　　答案：A

第二部分　道路交通安全法律法规

一、判断题

1. 驾驶人必须经过公安机关交通管理部门考试合格后,才能取得新能源汽车驾驶证。

　　答案：√

2. 造成交通事故后逃逸,构成犯罪的人,不能申请新能源汽车驾驶证。

　　答案：√

3. 申请小型自动挡汽车驾驶证的,年龄应在18周岁以上60周岁以下。

　　答案：×

　　正确：年龄应在18周岁以上,70周岁以下。如果年龄在70周岁以上,但能够通过记忆力、判断力、反应力等能力测试的,仍然可以申请。

4. 驾驶机动车上道路行驶,要随身携带驾驶证,按照驾驶证载明的准驾车型驾驶机动车。

　　答案：√

5. 驾驶证丢失、损毁、超过有效期、被依法扣留或暂扣,可以临时驾驶机动车。

　　答案：×

　　正确：驾驶证丢失、损毁、超过有效期、被依法扣留或暂扣,不得驾驶机动车。

6. 驾驶人在机动车驾驶证有效期满前30日内,向驾驶证核发地车辆管理所申请换证。

　　答案：×

　　正确：驾驶人在机动车驾驶证有效期满前90日内,向驾驶证核发地或者核发地以外的车辆管理所申请换证。

7. 初次申领驾驶证的驾驶人,可以在实习期内单独驾驶机动车上高速公路行驶。

　　答案：×

　　正确：驾驶人在实习期内驾驶机动车上高速公路行驶,要由持相应或者更高准驾车型驾驶证3年以上的驾驶人陪同。增加准驾车型后的实习期内,驾驶原准驾车型的机动车上高速公路行驶不受限制。

8. 记分满12分的驾驶人拒不参加学习和考试的,将被公告驾驶证停止使用。

　　答案：√

9. 驾驶机动车不按规定避让校车的,一次记3分。

　　答案：√

10. 驾驶与准驾车型不符的机动车,一次记12分。

　　答案：×

正确：准驾不符，一次记9分。

11.驾驶机动车在高速公路上倒车、逆行、穿越中央分隔带掉头的，一次记6分。

答案：×

正确：在高速公路、城市快速路上倒车、逆行、穿越中央分隔带掉头的，一次记12分。

12.使用其他机动车号牌、行驶证的，一次记9分。

答案：×

正确：使用伪造、变造的机动车号牌、行驶证、驾驶证、校车标牌或者使用其他机动车号牌、行驶证的，一次记12分。

13.机动车驾驶证被暂扣或者扣留期间驾驶机动车的，一次记6分。

答案：√

14.在高速公路车道内停车的，一次记6分。

答案：×

正确：在高速公路或者城市快速路上违法停车的，一次记9分。

15.代替实际机动车驾驶人接受交通违法行为处罚和记分谋取经济利益，一次记6分。

答案：×

正确：代替实际机动车驾驶人接受交通违法行为处罚和记分牟取经济利益的，一次记12分。

16.驾车时拨打电话，一次记2分。

答案：×

正确：驾驶机动车有拨打、接听手持电话等妨碍安全驾驶的行为的，一次记3分。

17.在正常行车中，应尽量靠近中心线或轧线行驶，不给对方机动车留有侵占行驶路线的机会。

答案：×

正确：在正常行车中，尽量靠近中心线行驶（但不能轧线），遇对方车辆侵占路面要主动避让。

18.驾驶机动车遇到这种情况要减速或停车让行。

答案：√

19.驾驶机动车在交叉路口绿灯亮后，遇非机动车这样抢道行驶时，可以不让行。

答案：×

正确：即使交通灯已经转变为绿色，只要有行人和非机动车过马路，就不要和他们抢道。

20.通过没有交通信号灯控制，也没有交通警察指挥的交叉路口时，有交通标志、交通标线控制的优先通行。

答案：×

正确：通过没有交通信号灯控制，也没有交通警察指挥的交叉路口时，有交通标志、交通标线控制的让优先通行的一方先行。

21.在这种情况的交叉路口转弯要让直行车先行。

答案：√

22.在交叉路口遇到这种情况时，享有优先通行权。

答案：×

正确：在没有方向指示信号灯的交叉路口左转弯时，相对方向行驶的右转弯机动车让左转弯车辆先行。

23. 在交叉路口遇到这种情况时，享有优先通行权。

答案：√

24. 《道路交通安全法实施条例》规定，高速公路上最高车速不得超过120km/h，因此在高速公路上行驶只要车速不超过120km/h就不算违法。

答案：×

正确：在高速公路上行驶，不能太快，也不能太慢。因为我国高速公路对最低车速也有规定，在正常行驶时，最低车速不得低于60km/h，正常情况下驾车低于此车速也是被严格禁止的。

25. 驾驶机动车在没有中心线的城市道路上，最高车速不能超过50km/h。

答案：×

正确：驾驶机动车在没有道路中心线的道路，城市道路为30km/h，公路为40km/h。

26. 在这段路的最高车速为50km/h。

答案：×

正确：在这段路的最高车速是80km/h，最低车速是50km/h。

27. 驾驶机动车掉头、转弯、下陡坡时，最高车速不能超过40km/h。

答案：×

正确：进出非机动车道，通过铁路道口、急弯路、窄路、窄桥，在冰雪、泥泞的道路上行驶，掉头、转弯、下陡坡，最高行驶速度都不得超过30km/h。

28. 在这种条件的道路上，最高车速不能超过50km/h。

答案：×

正确：遇雾、雨、雪、沙尘、冰雹、结冰天气，要降低行驶速度，能见度在50m以内时，最高行驶速度都不得超过30km/h。

29. 遇到这种情况不能超车。

答案：√

30. 蓝车选择这样的超车时机是错误的。

答案：√

31. 驾驶机动车在隧道、陡坡等特殊路段不得超车。

答案：√

32. 在慢速车道内行驶，需要超越同车道行驶的前车时，可以借用快速车道行驶。但不能超越正在左转弯、掉头、超车的前车。

答案：√

33.驾驶机动车超车后，要立即开启右转向灯驶回原车道。

答案：×

正确：在与被超车辆拉开必要的安全距离后，开启右转向灯，驶回原车道。

34.夜间会车时，如果对车不关闭远光灯，左车可变换灯光提示对向车辆，同时减速靠右侧行驶或停车。

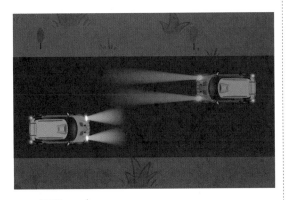

答案：√

35.遇到这种情况，蓝色轿车可以优先通行。

答案：√

36.驾驶机动车遇到这种情况时要向左占道行驶。

答案：×

正确：行车中遇到对向来车占道行驶，应主动给对方让行。

37.在这段道路上不能掉头。

答案：√

38.在这段道路上，只要在不影响其他车辆通行的前提下可以掉头。

答案：√

39.在这个路口可以掉头。

答案：×

正确：在有禁止掉头或禁止左转弯标志、标线的地点以及在铁路道口、人行横道、桥梁、急弯、陡坡、隧道或容易发生危险的路段，不得掉头。

40.驾驶机动车在道路上掉头时，应提前开启左转向灯。

答案：√

41.机动车可以选择在交叉路口进行倒车。

答案：×

正确：不得在铁路道口、交叉路口、单行路、桥梁、急弯、陡坡或者隧道中倒车。

42. 画面左侧这辆新能源汽车变更车道的方法和路线是正确的。

答案：×

正确：变更车道时，不得影响相关车道内的机动车正常行驶。

43. 驾驶机动车在路边起步后，应尽快提速，并向左迅速转向驶入正常行驶道路。

答案：×

正确：驾驶机动车起步后，要随时注意汽车两侧道路情况，向左缓慢转向，在不影响其他车辆通行的前提下，逐渐驶入正常行驶道路。

44. 在车道减少的路口，遇到停车排队等候或缓慢行驶的，要每车道一辆依次交替通行。

答案：√

45. 驾驶机动车遇到漫水桥时，要查明水情，确认安全后再低速通过。

答案：√

46. 驾驶机动车通过漫水路时，要保持正常车速行驶。

答案：×

正确：遇到路边有非机动车或行人的积水路面时，要低速缓慢通过，不得保持正常车速或加速通过，以免溅起的泥水让骑车人或行人无法躲避甚至摔倒。

47. 在这种情况下可以加速超车。

答案：×

正确：接近人行横道线时，提前减速观察，注意观察人行横道左右两侧是否有行人通行，随时准备停车，礼让行人。

48. 在路口这个位置时可以加速通过。

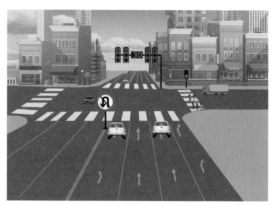

答案：×

正确：红灯亮时，禁止车辆通行。

49. 通过没有停止线的铁路道口，有两个红灯交替闪烁或一个红灯亮时，要将车停在距离道口30m以外。

答案：×

正确：通过道路与铁路平面交叉道口，有两个红灯交替闪烁或一个红灯亮时，要将车停在停止线以外等待，等红灯熄灭时通行。没有停止线的铁路道口，要停在距离道口50m以外。

50. 驾驶机动车向左转弯、向左变更车道、准备超车、驶离停车地点或掉头时，提前开启左转向灯。

答案：√

51. 驾驶机动车在雾天行驶时，只需要开启雾灯。

答案：×

正确：驾驶机动车在雾天行驶时，开启雾灯、危险警告灯、前照灯、示宽灯和后位灯，但同方向行驶的后车与前车近距离行驶时，不得使用远光灯。

52. 驾驶机动车夜间通过急弯、坡路、拱桥、人行横道，在没有交通信号灯控制的路口或者超车时，交替使用远近光灯示意。

答案：√

53. 夜间驾驶机动车在窄路、窄桥会车或遇行人、非机动车时，使用远光灯。

答案：×

正确：夜间驾驶机动车在窄路、窄桥会车或遇行人、非机动车时，使用近光灯。

54. 夜间驾驶机动车通过没有路灯或路灯照明不良时，应将近光灯转换为远光灯，但同向行驶的后车不得使用远光灯。

答案：√

55. 在这些复杂气象条件下，遇前车速度较慢时，应开启前照灯，连续鸣喇叭迅速超越。

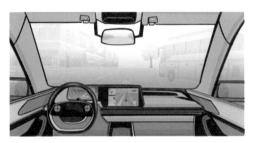

答案：×

正确：在雨、雪、沙尘、冰雹等低能见度情况下行驶时，开启前照灯、示宽灯和后位灯，但同方向行驶的后车与前车近距离行驶时，不得使用远光灯。在这些气象条件下，尽量避免超车。

56. 在这种环境里行车，应使用近光灯。

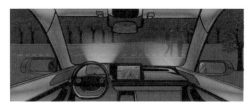

答案：√

57. 在这种急弯道路上行车时，应交替使用远近光灯。

答案：√

58. 在这段道路上一定要减少鸣喇叭的频率。

答案：×

正确：在禁止鸣喇叭区域严禁使用喇叭。比如，在学校、医院等场所不得使用喇叭，以免影响学生学习和病人休息。

59. 车辆通过学校和小区时，应注意观察标志标线，低速行驶，不要鸣喇叭。

答案：√

60. 转向或者照明、信号装置失效的故障车，应当使用专用清障车拖曳。

答案：√

61. 被牵引的机动车可以不用开启危险警告灯。

答案：×

正确：牵引和被牵引的机动车都要开启危险警告灯。

62. 这辆停在路边的机动车没有违法行为。

答案：×

正确：驾驶机动车在道路上发生故障、需要停车排除时，应立即开启危险警告灯，将车停到不妨碍交通的地方。故障车难以移动时，持续开启危险警告灯，在车后50～100m处设置警告标志，夜间还要开启示宽灯和后位灯。

63.机动车在高速公路上发生故障时，应该这样放置危险警告标志。

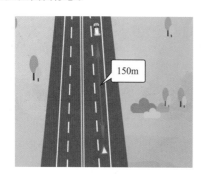

答案：√

64.机动车在夜间道路上发生故障难以移动时，要开启危险警告灯、示宽灯、后位灯。

答案：√

65.这辆小轿车不能在这个位置停车。

答案：√

66.在距离交叉路口、铁路道口、急弯道、宽度不足4m的窄路、桥梁、陡坡、隧道50m以内的路段，不得停车。

答案：√

67.遇到这种情况的路段，可以进入网状线区域内停车等候。

答案：×

正确：黄色网状线表示严格禁止一切车辆长时或临时停车，防止交通阻塞。

68.在没有施划停车泊位的道路上，路边停车要紧靠道路右侧，驾驶人不得离车，上下人员或者装卸物品后应立即驶离。

答案：√

69.在距离公共汽车站、急救站、加油站、消防栓或者消防队（站）门前50m以内的路段，不得停车。

答案：×

正确：在距离公共汽车站、急救站、加油站、消防栓或者消防队（站）门前30m以内的路段，不得停车。

70.在道路上临时停车时发生这样的事，是骑车人的过错。

答案：×

正确：在道路上临时停车，不得妨碍其他车辆和行人通行。

71.机动车停稳前，不能打开车门和上下人员。

答案：√

72.驾驶机动车遇到前方同车道行驶的正在执行紧急任务的警车、救护车、消防车、工程救险车时，不得超车。

答案：√

73.在道路上遇到这种情况可以从两侧超车。

答案：×

正确：驾驶机动车遇到前方同车道行驶的执行紧急任务的警车、消防车、救护车、工程抢险车时，不得超车。

74.行车中，遇到执行紧急任务的消防车、救护车、工程救险车时要及时让行。

答案：√

75.驾驶机动车行经施工路段时，要服从施工人员指挥，加速通过。

答案：×

正确：机动车行驶中遇施工路段时，要按照路标和指示牌通行。

76.从这个位置不能直接驶入高速公路行车道。

答案：√

77.车辆在高速公路匝道提速到60km/h以上时，可直接驶入行车道。

答案：×

正确：从匝道驶入高速公路时，开启左转向灯，在不妨碍已在高速公路内的车辆正常行驶的情况下驶入加速车道。

78.在高速公路上发生故障必须停车时，要控制好车速，看清车前车后的交通情况，开启右转向灯，尽快驶离行车道，停在紧急停车带或右侧路肩内。

答案：√

79.车辆在高速公路上以100km/h的车速行驶时，距同车道前车100m以内为安全距离。

答案：×

正确：车辆在高速公路上以100km/h的车速行驶时，距同车道前车100m以上为安全距离。

80.在高速公路上车速低于100km/h，与同车道前车距离可以适当缩短，但最小距离不得小于50m。

答案：√

81.高速公路因发生事故造成堵塞时，车辆可以在右侧紧急停车带或路肩行驶。

答案：×

正确：驾驶机动车在高速公路上行驶，如果遇前方道路上有障碍、因事故前方车道堵塞、道路施工占道及自然灾害造成前方路段损坏需变更车道时，注意观察道路上的标志或警告牌，按照标志或警示牌要求行驶。

82.驶离高速公路可以从这个位置直接驶入匝道。

答案：×

正确：驶离高速公路时，不得未经减速车道减速，直接从主车道驶入匝道。

83.这辆新能源汽车驶离高速公路行车道的方法是正确的。

答案：√

84.在道路上发生交通事故造成人身伤亡时，要立即抢救受伤人员并迅速报警。

答案：√

85.机动车发生财产损失交通事故，对应当自行撤离现场而未撤离的，交通警察不可以责令当事人撤离现场。

答案：×

正确：交通警察适用简易程序处理道路交通事故时，在固定现场证据后，责令当事人撤离现场，恢复交通。对应该自行撤离现场而未撤离的当事人，可强制撤离现场，对造成交通堵塞的驾驶人处200元罚款。

86. 道路交通事故中，机动车无号牌、检验合格标志、保险标志时，要保护现场并立即报警。

答案：√

87. 道路交通事故中，驾驶人有饮酒、醉酒嫌疑时，要保护现场并立即报警。

答案：√

88. 驾驶机动车在道路上发生交通事故，要立即将车移到路边。

答案：×

正确：驾驶机动车在道路上发生交通事故时，驾驶人要立即停车，保护现场。

89. 驾驶人违反交通运输管理法规，发生重大事故致人重伤，可以判处3年以下徒刑或拘役。

答案：√

90. 对道路交通安全违法行为的处罚，只包括罚款、暂扣或者吊销机动车驾驶证、拘留。

答案：×

正确：对道路交通安全违法行为的处罚种类，包括警告、罚款、暂扣或者吊销机动车驾驶证、拘留。

91. 驾驶人违反交通运输管理法规，发生重大事故后，因逃逸致人死亡的，处3年以上7年以下有期徒刑。

答案：×

正确：驾驶人违反交通运输管理法规，发生重大事故后，因逃逸致人死亡的，处7年以上有期徒刑。

92. 服用国家管制的精神药品，可以短途驾驶机动车。

答案：×

正确：对饮酒、服用国家管制的精神药品或者麻醉药品的驾驶人，依法予以处罚。

93. 驾驶人违反交通运输管理法规发生重大事故，使公私财产遭受重大损失的，可处3年以下徒刑或拘役。

答案：√

94. 驾驶人在道路上驾驶机动车追逐竞驶，情节恶劣的，处3年以下有期徒刑。

答案：×

正确：驾驶机动车在道路上追逐竞驶，情节恶劣的，处拘役，并处罚金。

95. 机动车驾驶人有饮酒、醉酒、服用国家管制的

精神药品或者麻醉药品嫌疑时，必须接受测试和检验。

答案：√

96. 驾驶人违反交通运输管理法规，发生重大事故致人死亡的，处3年以上有期徒刑。

答案：×

正确：驾驶人违反交通运输管理法规，发生重大事故致人死亡的，处3年以下有期徒刑或者拘役。

97. 驾驶机动车在道路上违反交通安全法规的行为，属于违法行为。

答案：√

98. 对未按照国家规定投保交强险的车辆，交通警察可依法予以扣留。

答案：√

99. 机动车驾驶人未随车携带身份证的，交通警察可依法扣留机动车。

答案：×

正确：驾驶上道路行驶的机动车未悬挂机动车号牌，未放置检验合格标志、保险标志，或者未随车携带机动车行驶证、驾驶证的，公安交通管理部门依法扣留车辆。

100. 机动车有被盗窃、拼装、达到报废标准嫌疑的，公安交通管理部门依法扣留车辆。

答案：√

101. 对有使用伪造或变造检验合格标志嫌疑的车辆，交通警察只进行罚款处罚。

答案：×

正确：有伪造、变造或者使用伪造、变造的机动车登记证书、号牌、行驶证、检验合格标志、保险标志、驾驶证或者使用其他车辆的机动车登记证书、号牌、行驶证、检验合格标志、保险标志嫌疑的，公安交通管理部门依法扣留车辆。

102. 在1个记分周期内累积记分达到12分的驾驶人，公安交通管理部门依法扣留机动车驾驶证。

答案：√

103. 机动车达到国家规定的强制报废标准的，不能办理注册登记。

答案：√

二、单选题

1. 未取得驾驶证的学员在道路上学习驾驶技能，下列哪种做法是正确的?

A.使用所学车型的教练车单独驾驶学习

B.使用所学车型的教练车由教练员随车指导

C.使用所学车型的教练车由非教练员的驾驶人随车指导

D.使用私家车由教练员随车指导

答案：B

2.3年内有下列哪种行为的人不得申请机动车驾驶证？

A.酒醉经历　　　　B.吸烟成瘾

C.注射毒品　　　　D.注射胰岛素

答案：C

3.下列哪种证件是驾驶机动车上路行驶应当随车携带的？

A.机动车保险单　　B.机动车行驶证

C.机动车登记证　　D.出厂合格证明

答案：B

4.持小型汽车驾驶证的驾驶人在下列哪种情况下需要接受审验？

A.一个记分周期末

B.有效期满换发驾驶证时

C.记分周期满12分

D.记分周期未满分

答案：B

5.驾驶人在驾驶证有效期满前多长时间申请换证？

A.30日内　　　　　B.60日内

C.90日内　　　　　D.6个月内

答案：C

6.驾驶人出现下列哪种情况不得驾驶机动车？

A.记分达到10分

B.记分达到6分

C.驾驶证接近有效期

D.驾驶证丢失、损毁

答案：D

7.驾驶证记载的驾驶人信息发生变化的要在多长时间内申请换证？

A.30日　　　　　　B.40日

C.50日　　　　　　D.60日

答案：A

8.在实习期内驾驶机动车的，应当在车身后部粘贴或者悬挂哪种标志？

A.注意避让标志　　B.注意新手标志

C.注意车距标志　　D.统一式样的实习标志

9.驾驶人有下列哪种违法行为一次记12分？

A.违反交通信号灯

B.拨打、接听手机的

C.使用伪造机动车号牌

D.违反禁令标志指示

答案：C

10.上道路行驶的机动车未悬挂号牌或者故意遮挡、污损号牌的一次记几分？

A.6分　　　　　　　B.6分

C.9分　　　　　　　D.12分

答案：C

11.使用伪造、变造的行驶证一次记几分？

A.2分　　　　　　　B.3分

C.6分　　　　　　　D.12分

答案：D

12.公安机关交通管理部门对累积记分达到规定分值的驾驶人怎样处理？

A.进行法律法规教育，重新考试

B.依法追究刑事责任

C.处15日以下拘留

D.终生禁驾

答案：A

13.饮酒后驾驶机动车的一次记几分？

A.3分　　　　　　　B.6分

C.9分　　　　　　　D.12分

答案：D

14.造成交通事故后逃逸，尚不构成犯罪的一次记几分？

A.2分　　　　　　　B.3分

C.6分　　　　　　　D.12分

答案：D

15.驾驶机动车违反道路交通信号灯通行，一次记多少分？

A.12分　　　　　　B.6分

C.3分　　　　　　　D.2分

答案：B

16.行车中遇非机动车抢行时，应怎样做？

A.加速通过　　　　B.鸣喇叭警告

C.临近时突然加速　D.减速让行

答案：D

17. 行车中遇有非机动车准备绕过停放的车辆时，应怎样做？

　　A. 让其先行

　　B. 鸣喇叭示意其让道

　　C. 紧随其后鸣喇叭

　　D. 加速绕过

　　答案：A

18. 行车中超越同向行驶的自行车时，应怎样做？

　　A. 连续鸣喇叭提醒其让路

　　B. 让自行车先行

　　C. 持续鸣喇叭并加速超越

　　D. 注意观察动态，减速慢行，留有足够的安全距离

　　答案：D

19. 这段道路上的蓝车所在车道是什么车道？

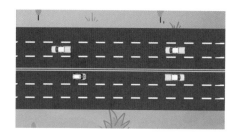

　　A. 快速车道　　　　　B. 慢速车道

　　C. 专用车道　　　　　D. 应急车道

　　答案：A

20. 驾驶机动车在这种道路上如何通行？

　　A. 在道路两边通行　　B. 在道路中间通行

　　C. 实行分道通行　　　D. 可随意通行

　　答案：B

21. 道路上划设这种标线的车道内允许下列哪类车辆通行？

　　A. 公务用车　　　　　B. 公交车

　　C. 私家车　　　　　　D. 出租车

　　答案：B

22. 行人参与道路交通的主要特点是什么？

　　A. 稳定性差

　　B. 喜欢聚集、围观

　　C. 行走随意性大，方向多变

　　D. 行动迟缓

　　答案：C

23. 驶近没有人行横道的交叉路口时，发现有人横穿道路，应怎样做？

　　A. 减速或停车让行

　　B. 抢在行人之前通过

　　C. 立即变道绕过行人

　　D. 鸣喇叭示意其让道

　　答案：A

24. 在堵车的交叉路口绿灯亮时，驾驶车辆时应怎样做？

　　A. 可直接驶入交叉路口

　　B. 不能驶入交叉路口

　　C. 在保证安全的情况下驶入交叉路口

　　D. 可借对向车道通过路口

　　答案：B

25. 在路口遇这种情形怎样通行？

　　A. 让左方来车先行　　B. 直接加速转弯

　　C. 减速缓慢转弯　　　D. 鸣喇叭告知让行

　　答案：A

26. 在这个路口左转弯选择哪条车道？

　　A. 不用变道　　　　　B. 最右侧车道

　　C. 最左侧车道　　　　D. 中间车道

　　答案：C

27.在路口右转弯遇同车道前车等候放行信号时如何行驶?

　　A.依次停车等候

　　B.从右侧占道转弯

　　C.从前车左侧转弯

　　D.鸣喇叭让前车让路

　　答案：A

28.在这个路口右转弯如何通行?

　　A.鸣喇叭催促

　　B.直接向右转弯

　　C.先让对面车左转弯

　　D.抢在对面车前右转弯

　　答案：C

29.在这个路口怎样左转弯?

　　A.靠路口中心点右侧转弯

　　B.靠路口中心点左侧转弯

　　C.不能左转弯

　　D.骑路口中心点转弯

　　答案：B

30.驾驶机动车遇有前方交叉路口交通阻塞时怎么办?

　　A.进入路口内等候

　　B.可借对向车道通过

　　C.依次停在路口外等候

　　D.从前车两侧穿插通过

　　答案：C

31.在路口直行时，遇这种情形如何通行?

　　A.直接加速直行通过

　　B.开启危险警告灯通行

　　C.让右方道路车辆先行

　　D.让左方道路车辆先行

　　答案：C

32.车辆通过凹凸路面时，应怎样做?

　　A.依靠惯性加速冲过　　B.挂空挡滑行驶过

　　C.低速缓慢平稳通过　　D.保持原速通过

　　答案：C

33.驾驶机动车在高速公路上遇到能见度低于200m的气象条件时，最高车速是多少?

　　A.不得超过100km/h

　　B.不得超过90km/h

　　C.不得超过80km/h

　　D.不得超过60km/h

　　答案：D

34.驾驶机动车通过铁路道口时，最高车速不能超过多少?

　　A.15km/h　　　　　　B.20km/h

　　C.30km/h　　　　　　D.40km/h

　　答案：C

35.驾驶机动车下陡坡、转弯、掉头时，最高车速不能超过多少?

　　A.60km/h　　　　　　B.50km/h

　　C.40km/h　　　　　　D.30km/h

　　答案：D

36.在这条车道行驶的最高车速是多少?

A.90km/h   B.100km/h

C.110km/h   D.120km/h

答案：A

37.在这个弯道上行驶时的最高车速不能超过多少？

A.30km/h   B.40km/h

C.50km/h   D.70km/h

答案：A

38.在这段高速公路上行驶的最高车速是多少？

A.120km/h   B.100km/h

C.90km/h   D.60km/h

答案：A

39.驾驶机动车在泥泞道路行驶时，最高车速不能超过多少？

A.15km/h   B.20km/h

C.30km/h   D.40km/h

答案：C

40.驾驶机动车遇到沙尘、冰雹、雨、雾、结冰等气象条件如何行驶？

A.降低行驶速度

B.保持匀速行驶

C.适当提高车速

D.按平常速度行驶

答案：A

41.驾驶机动车遇雾、雨、雪等能见度在50m以内时，最高车速不能超过多少？

A.30km/h   B.40km/h

C.50km/h   D.70km/h

答案：A

42.在这条公路上行驶的最高车速不能超过多少？

A.30km/h   B.40km/h

C.50km/h   D.70km/h

答案：D

43.在小区道路上行驶的最高车速不能超过多少？

A.30km/h   B.40km/h

C.50km/h   D.70km/h

答案：A

44.在这条公路上行驶的最高车速不能超过多少？

A.30km/h   B.40km/h

C.50km/h   D.70km/h

答案：B

45.驾驶机动车在冰雪道路上行驶时，最高车速不能超过多少？

A.20km/h   B.30km/h

C.40km/h   D.50km/h

答案：B

46.驾驶机动车在进出非机动车道时，最高车速不能超过多少？

A.30km/h   B.40km/h

C.50km/h   D.60km/h

答案：A

47.在这条城市道路上行驶的最高车速不能超过多少？

A.70km/h   B.50km/h

C.40km/h   D.30km/h

答案：B

48.行车中超越右侧停放的车辆时，为预防其突然起步或开启车门，应怎样做？

A.长鸣喇叭

B.加速通过

C.保持正常速度行驶

D.预留出横向安全距离，减速行驶

答案：D

49.遇后车发出超车信号后，只要具备让超条件应怎样做？

A.靠道路右侧加速行驶

B.主动减速并靠右侧行驶

C.迅速减速或紧急制动

D.让出适当空间加速行驶

答案：B

50.驾驶的车辆正在被其他车辆超越时，应怎样做？

A.靠道路中心行驶

B.继续加速行驶

C.加速让路

D.减速，靠右侧行驶

答案：D

51.同车道行驶的车辆前方遇到下列哪种车辆不得超车？

A.大型客车   B.城市公交车

C.超载大型货车 D.执行任务的警车

答案：D

52.驾驶机动车行经市区下列哪种道路时不得超车？

A.主要街道   B.单向行驶路段

C.单向两条行车道 D.交通流量大的路段

答案：D

53.同车道行驶的车辆遇前车有下列哪种情形时不得超车？

A.正常行驶   B.减速让行

C.正在超车   D.正在停车

答案：C

54.同车道行驶的车辆遇前车有下列哪种情形时不得超车？

A.正常行驶   B.正在停车

C.减速让行   D.正在掉头

答案：D

55.驾驶机动车行经下列哪种路段时不得超车？

A.高架路   B.交叉路口

C.环城高速   D.中心街道

答案：B

56.驾驶机动车在下列哪种路段不得超车？

A.窄桥、弯道 B.山区道路

C.城市高架路 D.城市快速路

答案：A

57.驾驶机动车在下列哪种情形下不能超越前车？

A.前车正在左转弯 B.前车靠边停车

C.前车正在右转弯 D.前车减速让行

答案：A

58.驾驶机动车行经下列哪种路段不得超车？

A.主要街道   B.人行横道

C.环城高速   D.高架路

答案：B

59.驾驶机动车在夜间超车时怎样使用灯光？

A.开启雾灯   B.关闭前照灯

C.开启远光灯 D.变换远近光灯

答案：D

60.在路口遇到这种情况，以下做法正确的是什么？

A.沿左侧车道掉头 B.该路口不能掉头

C.在路口内掉头 D.选择中间车道掉头

答案：B

61.在这种路口怎样进行掉头？

A.从中心线虚线处掉头

B.在人行横道上掉头

C.进入路口后掉头

D.从右侧车道掉头

答案：A

62. 在一般道路上因掉头需要倒车时，应选择在什么样的地段进行？

A. 路面狭窄　　　　B. 非机动车和行人较多

C. 不影响正常交通　D. 交通繁忙

答案：C

63. 机动车在道路上变更车道需要注意什么？

A. 不能影响其他车辆正常行驶

B. 进入左侧车道时适当减速

C. 开启转向灯迅速向左转向

D. 尽快加速进入左侧车道

答案：A

64. 驾驶机动车在道路上向左变更车道时如何使用灯光？

A. 提前开启右转向灯

B. 提前开启左转向灯

C. 不用开启转向灯

D. 提前开启近光灯

答案：B

65. 车辆在拥挤路段低速行驶时，遇其他车辆强行插队，应怎样做？

A. 鸣喇叭警告，不得进入

B. 加速行驶，紧跟前车，不让其进入

C. 主动礼让，确保行车安全

D. 挤靠"加塞"车辆，逼其离开

答案：C

66. 驾驶机动车遇到这种情况怎样进入行车道？

A. 加速从第一辆车前进入

B. 可从任意两车之间插入

C. 控制速度随尾车后进入

D. 加速从第二辆车前进入

答案：C

67. 行车中发现前方道路拥堵时，应怎样做？

A. 寻找机会超越前车

B. 鸣喇叭催促

C. 减速停车，依次排队等候

D. 从车辆空间穿插通过

答案：C

68. 驾驶机动车遇到前方车辆停车排队等候或缓慢行驶时怎么办？

A. 依次行驶　　　　B. 可借道超车

C. 占用对面车道　　D. 穿插等候的车辆

答案：A

69. 驾驶机动车在车道减少的路口，遇到前方车辆依次停车或缓慢行驶时怎么办？

A. 从有空隙一侧进入路口

B. 每车道一辆依次交替驶入路口

C. 向左变道穿插进入路口

D. 从前车右侧路肩进入路口

答案：B

70. 发现前方的路口堵塞，正确的做法是什么？

A. 继续驶入路口

B. 鸣喇叭示意前方车辆快速通过

C. 寻找机会从两侧通过

D. 减速停车，等前方路口疏通后继续行驶

答案：D

71. 当驾驶车辆行经两侧有非机动车或行人的积水路面时，应怎样做？

A. 减速慢行　　　　B. 正常行驶

C. 连续鸣喇叭　　　D. 加速通过

答案：A

72. 驾驶机动车遇到这种桥时首先怎样办？

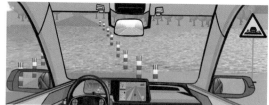

A. 保持匀速通过　　B. 尽快加速通过

C. 低速缓慢通过　　D. 停车察明水情

答案：D

73. 车辆驶近人行横道时，应怎样做？

A. 立即停车

B. 加速通过

C. 先减速，注意观察行人、非机动车动态，确认安全后再通过

D. 鸣喇叭示意行人让道

答案：C

74. 遇到这种情形时怎么办?

 A.停车让行人先行 B.从行人前方绕行

 C.从行人后方绕行 D.鸣喇叭提醒行人

 答案：A

75. 驾驶机动车怎样通过没有交通信号和管理人员的铁路道口?

 A.适当减速通过

 B.空挡滑行通过

 C.停车确认安全后通过

 D.加速尽快通过

 答案：C

76. 驾驶机动车在铁路道口看到这种信号灯时怎样行驶?

 A.在火车到来前通过 B.边观察边缓慢通过

 C.不得越过停止线 D.不换挡加速通过

 答案：C

77. 危险警告灯可用于下列什么场合?

 A.在道路上跟车行驶时

 B.机动车发生故障停车时

 C.遇到道路拥堵时

 D.引领后车行驶时

 答案：B

78. 车辆在雨天临时停车时，应开启什么灯?

 A.前后雾灯   B.倒车灯

 C.前照灯   D.危险警告灯

 答案：D

79. 进入减速车道时怎样使用灯光?

 A.开启危险警告灯 B.开启右转向灯

 C.开启左转向灯 D.开启前照灯

 答案：B

80. 在这种环境下通过路口如何使用灯光?

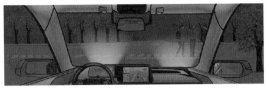

 A.关闭远光灯   B.使用远光灯

 C.使用危险警告灯 D.交替使用远近光灯

 答案：D

81. 夜间驾驶机动车在窄路、窄桥会车时怎样使用灯光?

 A.开启近光灯   B.关闭前照灯

 C.开启远光灯   D.关闭所有灯光

 答案：A

82. 在这种天气条件下行车时如何使用灯光?

 A.使用雾灯   B.使用远光灯

 C.不使用灯光 D.开启右转向灯

 答案：A

83. 在这种天气跟车行驶时如何使用灯光?

 A.使用雾灯   B.使用远光灯

 C.不能使用远光灯 D.不能使用近光灯

 答案：C

84. 车辆因故障必须在高速公路停车时，应在车后方至少多少米处设置故障警告标志?

 A.200   B.150

 C.100   D.50

 答案：B

85.机动车在道路上发生故障难以移动时，下列做法正确的是什么？

A.开启车上所有灯光

B.开启危险警告灯

C.禁止车上人员下车

D.在车前方设置警告标志

答案：B

86.找出发生故障的车辆有哪种违法行为？

A.没有开启危险警告灯

B.没有将车停到路边

C.没有设置警告标志

D.没有立即排除故障

答案：C

87.机动车在道路上发生故障，需要停车排除时，驾驶人应该怎么办？

A.将车停在道路中间

B.开启近光灯或雾灯

C.就地停车排除故障

D.将车停到不妨碍交通的地方

答案：D

88.机动车白天在道路上发生故障，妨碍交通又难以移动的，应当按规定开启危险警告灯并在车后多少米处设置警告标志？

A.10～20m   B.20～30m

C.50～100m   D.100～150m

答案：C

89.这样临时停放的蓝色轿车属于什么违法行为？

A.距离路边超过30cm

B.距离加油站不到30m

C.在有禁停标线路段停车

D.停车占用非机动车道

答案：B

90.驾驶机动车需要在路边停车时怎样选择停车地点？

A.靠左侧路边逆向停放

B.在停车泊位内停放

C.在人行道上停放

D.在路边随意停放

答案：B

91.这样停放机动车是什么违法行为？

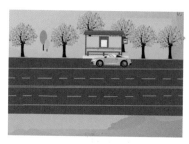

A.在非机动车道停车

B.在公共汽车站停车

C.在有禁停标志路段停车

D.停车占用人行道

答案：B

92.驾驶机动车在道路上靠路边停车过程中如何使用灯光？

A.开启危险警告灯

B.不用指示灯提示

C.提前开启右转向灯

D.变换使用远近光灯

答案：C

93.在距这段路多少米以内的路段不能停放机动车？

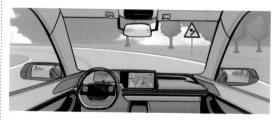

A.5m以内   B.10m以内

C.30m以内   D.50m以内

答案：D

94.机动车行驶中遇施工路段要注意什么？

    A.靠道路右侧缓速通过

    B.靠道路左侧缓慢通过

    C.左右均可，快速通过

    D.按照路标和指示牌通行

    答案：D

95.行车中遇抢救伤员的救护车从本车道逆向驶来时，应怎样做？

    A.在原车道内继续行驶

    B.占用其他车道行驶

    C.加速变更车道避让

    D.靠边减速或停车让行

    答案：D

96.在这种情形下前车怎样行驶？

    A.正常行驶　　　　B.开启危险警告灯行驶

    C.及时让行　　　　D.不得变更车道

    答案：C

97.驾驶人连续驾驶不得超过多长时间？

    A.4小时　　　　　　B.6小时

    C.8小时　　　　　　D.10小时

    答案：A

98.驾驶人连续驾驶4小时以上，停车休息的时间不得少于多少？

    A.5分钟　　　　　　B.10分钟

    C.15分钟　　　　　D.20分钟

    答案：D

99.驾驶机动车下陡坡时不得有哪种危险行为？

    A.空挡滑行　　　　B.低挡行驶

    C.提前减挡　　　　D.制动减速

    答案：A

100.在什么情况下不得行车？

    A.车门没关好　　　B.顶窗没关好

    C.车窗没关好　　　D.驾乘人员系好安全带

    答案：A

101.下列哪种标志是驾驶机动车上路行驶应当在车上放置的标志？

    A.检验合格标志　　B.产品合格标志

    C.保持车距标志　　D.提醒危险标志

    答案：A

102.驾驶拼装机动车上路行驶的驾驶人，除按规定接受罚款外，还要受到哪种处理？

    A.吊销驾驶证　　　B.暂扣驾驶证

    C.追究刑事责任　　D.处10日以下拘留

    答案：A

103.车辆在这个位置时怎样使用灯光？

    A.开启前照灯　　　B.开启右转向灯

    C.开启左转向灯　　D.开启危险警告灯

    答案：C

104.高速公路上行车，如果因疏忽驶过出口，应怎样做？

    A.继续向前行驶，寻找下一个出口

    B.在原地掉头

    C.在原地倒车驶回

    D.立即停车

    答案：A

105.机动车在高速公路上行驶，下列做法正确的是？

    A.可在路肩停车上下人员

    B.可在减速车道或加速车道上超车、停车

    C.可在紧急停车带停车装卸货物

    D.非紧急情况时不得在应急车道行驶或者停车

    答案：D

106.驶入高速公路的收费口时，应选择怎样的入口？

    A.车辆多　　　　　B.绿灯亮

    C.红灯亮　　　　　D.暂停服务

    答案：B

107.驾驶车辆进入高速公路加速车道后，应尽快将车速提高到每小时多少千米以上？

    A.60　　　B.50　　　C.40　　　D.30

    答案：A

108. 在同向4车道高速公路上行车，车速高于110km/h的车辆应在哪条车道上行驶？

    A. 第二条　　　　　B. 最左侧

    C. 最右侧　　　　　D. 第三条

    答案：B

109. 驾驶小型载客汽车在高速公路上车速超过100km/h时的跟车距离是多少？

    A. 保持50m以上　　B. 保持60m以上

    C. 保持80m以上　　D. 保持100m以上

    答案：D

110. 机动车在高速公路上发生故障时错误的做法是什么？

    A. 按规定设置警告标志　B. 车上人员不能下车

    C. 开启危险警告灯　　　D. 迅速报警

    答案：B

111. 在这条车道行驶的最低车速是多少？

    A. 60km/h　　　　　B. 90km/h

    C. 100km/h　　　　D. 110km/h

    答案：B

112. 驾驶机动车在高速公路上遇到能见度低于100m的气象条件时，最高车速是多少？

    A. 不得超过40km/h　B. 不得超过60km/h

    C. 不得超过80km/h　D. 不得超过90km/h

    答案：A

113. 驾驶机动车在高速公路上遇到能见度低于50m的气象条件时，车速不得超过20km/h，还应怎么做？

    A. 进入应急车道行驶　B. 尽快驶离高速公路

    C. 在路肩低速行驶　　D. 尽快在路边停车

    答案：B

114. 在这段高速公路上行驶的最低车速是多少？

    A. 100km/h　　　　B. 80km/h

    C. 60km/h　　　　D. 50km/h

    答案：C

115. 机动车在高速公路上发生故障或交通事故无法正常行驶时由什么车拖拽或牵引？

    A. 清障车　　　　　B. 过路车

    C. 大客车　　　　　D. 同行车

    答案：A

116. 驾驶机动车驶离高速公路时，在这个位置怎样行驶？

    A. 继续向前行驶

    B. 驶入减速车道

    C. 车速保持100km/h

    D. 车速降到40km/h以下

    答案：B

117. 在这条高速公路上行驶时的最高车速不能超过多少？

    A. 90km/h　　　　　B. 100km/h

    C. 110km/h　　　　D. 120km/h

    答案：C

118. 在这条车道行驶的最低车速是多少？

    A. 60km/h　　　　　B. 90km/h

    C. 100km/h　　　　D. 110km/h

    答案：C

119.行车中遇有前方发生交通事故，需要帮助时应怎样做？

A.尽量绕道躲避

B.立即报警，停车观望

C.加速通过，不予理睬

D.协助保护现场，并立即报警

答案：D

120.在道路上发生未造成人员伤亡且无争议的轻微交通事故如何处置？

A.撤离现场自行协商

B.疏导其他车辆绕行

C.不要移动车辆

D.保护好现场再协商

答案：A

121.驾驶已达到报废标准的机动车上路行驶的驾驶人，会受到下列哪种处罚？

A.追究刑事责任

B.处15日以下拘留

C.吊销机动车驾驶证

D.处20元以上200元以下罚款

答案：C

122.对驾驶拼装机动车上路行驶的驾驶人，会受到下列哪种处罚？

A.依法追究刑事责任

B.吊销机动车行驶证

C.处15日以下拘留

D.处200元以上2000元以下罚款

答案：D

123.驾驶人违反交通运输管理法规发生重大事故后，因逃逸致人死亡的，处多少年有期徒刑？

A.2年以下　　　　B.3年以下

C.7年以上　　　　D.7年以下

答案：C

124.这辆在道路上行驶的机动车有下列哪种违法行为？

A.未按规定悬挂号牌

B.占用非机动车道

C.故意遮挡号牌

D.逆向行驶

答案：C

125.机动车驾驶人造成事故后逃逸构成犯罪的，吊销驾驶证且多长时间不得重新取得驾驶证？

A.5年内　　　　B.10年内

C.20年内　　　　D.终生

答案：D

126.驾驶人将机动车交由什么样的人驾驶，交通警察可依法扣留机动车驾驶证？

A.实习期驾驶人

B.取得驾驶证的人

C.驾驶证被吊销的人

D.驾驶证记分达到6分的人

答案：C

127.驾驶人有哪种情形，交通警察可依法扣留机动车驾驶证？

A.饮酒后驾驶机动车　　B.超过规定速度10%

C.疲劳后驾驶机动车　　D.行车中未系安全带

答案：A

第三部分　道路交通信号

一、判断题

1.驾驶机动车在没有交通信号的路口，要尽快通过。

答案：×

正确：通过没有交通信号灯、没有交通警察

指挥或黄色闪光警告灯持续闪烁的路口时，要减速慢行，确认安全后通过。

2.驾驶机动车行驶到这个位置时，如果车前轮已越过停止线可以继续通过。

答案：×

正确：遇到红灯（箭头灯）或黄灯亮，机动车要停在路口停止线以外等待放行信号。

3.驾驶机动车在路口看到这种信号灯亮时要加速通过。

答案：×

正确：持续闪烁的黄灯，提示车辆、行人通过时注意瞭望，确认安全后通过。

4.驾驶机动车在路口遇到这种信号灯亮时，不能右转弯。

答案：×

正确：绿灯亮时，准许车辆通行，但转弯的车辆不得妨碍被放行的直行车辆、行人通过。

5.驾驶机动车要选择绿色箭头灯亮的车道行驶。

答案：√

6.驾驶机动车不能进入红色叉形灯或者红色箭头灯亮的车道。

答案：√

7.这两个标志表示前方有合流车道，注意与驶入主车道的车辆保持安全距离。

答案：√

8.这两个标志表示前方有分流车道，车辆应按箭头方向直行或驶出主车道。

答案：√

9.这是T形交叉路口标志。

答案：×

正确：这是交叉路口标志。

10.这是双向弯路标志。

答案：×

正确：这是窄路标志。

11.这是会车让行标志。

答案：×

正确：这是双向交通标志。

12.这是易滑标志。

答案：√

13.这是禁止左侧绕行标志。

答案：×

正确：这是左侧绕行标志。

14.这是禁止驶入标志。

答案：√

15.这是禁止机动车驶入标志。

答案：√

16.这是小客车车道标志。

答案：×

正确：这是机动车行驶标志。

17.这是注意行人标志。

答案：×

正确：这是步行标志。

18.这是支路先行标志。

答案：×

正确：这是路口优先通行标志。

19.这是单行线标志。

答案：×

正确：这是直行标志。

20.这是向右转弯标志。

答案：×

正确：这是右转车道标志。

21.这个标志用于引导机动车驾驶人改变行驶方向。

答案：√

22.这是方向、地点标志。

答案：√

23.这个标志的含义是表示车辆向右行驶。

答案：×

正确：这个标志的含义是表示车辆向左行驶。

24.这个标志的含义是表示前方300m道路封闭。

答案：√

25.这个标志的含义是确定主标志规定车辆的种类。

答案：√

26.这个标志的含义是确定主标志规定的时间范围。

7：30-9：30
16：00-18：30

答案：√

27.这个标志的含义是确定主标志规定区间距离为向前100m。

答案：×

正确：这个标志的含义是确定主标志规定区间距离为右侧100m内的路段。

28.这个标志的含义是表示警告、禁令的理由。

答案：√

29.这个标志的含义是确定主标志规定区间距离为前方200m以外的路段。

答案：×

正确：这个标志的含义是距离某地200m。

30.这个标志的含义是确定主标志规定区间距离为左右各50m以外的路段。

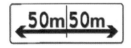

答案：×

正确：这个标志的含义是确定主标志规定区间距离为向左向右各50m以内的路段。

31.这个白色实线是车道边缘线，用来指示机动车道的边缘。

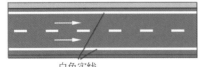

白色实线

答案：√

32.这个白色左转导向虚线表示左转的机动车在导向线的右侧行驶。

答案：×

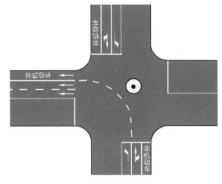

正确：左转弯的机动车应在导向线的左侧行驶。

33.这个白色标线框内的区域表示禁止车辆停放位置。

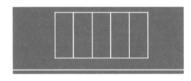

答案：×

正确：这是固定停车方向的停车位标线。

34.这个路面导向箭头表示车辆应该行驶的方向。

答案：√

35.这个路面标识为速度限制标记，用于限制车辆最高行驶速度和最低行驶速度。

答案：√

36.这个标识表示出租车专用上下客车位，其他车辆可临时停车。

答案：×

正确：表示仅允许出租车短时停车上下客。

37.这个黄色虚实线表示实线一侧禁止车辆越线超车或向左转弯，虚线一侧不准许车辆越线超车或向左转弯。

答案：×

正确：在车道分界线为虚实线的路段，实线一侧的车辆严禁变更车道，虚线一侧的车辆准许变更车道。

38.这个标线用以区分车辆大、小转弯及交叉路口车辆左右转弯的指示，车辆不得轧线行驶。

答案：√

39.这个路口中心黄色网状线用于告示驾驶人禁止在该区域内临时停车，防止交通阻塞。

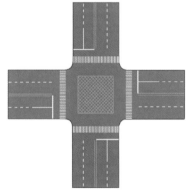

答案：√

40.这个黄色虚线内的专用车道，用以指示仅限于某车种行驶，其他车种可借道超车或长距离行驶。

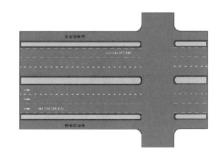

答案：×

正确：专用车道禁止其他车辆占用。

41.这个斑马状导流线，表示车辆应按规定的路线行驶，但可以轧线或越线。

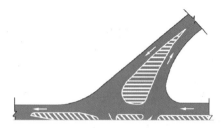

答案：×

正确：导流线的形式主要为一个或几个根据路口地形设置的白色V形线或斜纹线区域，表示车辆必须按规定的路线行驶，不得轧线或越线行驶。

42.遇到交通信号灯和交通警察指挥不一致时，要按照交通警察手势通行。

答案：√

43.这个警察手势为直行信号。

答案：×

正确：这是左转弯信号。

44.这个警察手势为减速慢行信号。

答案：×

正确：这是变道信号。

二、单选题

1.前方路口这种信号灯亮表示什么意思？

A.路口警示　　　　B.准许通行

C.提醒注意　　　　D.禁止通行

答案：B

2.前方路口这种信号灯亮表示什么意思？

A.路口警示　　　　B.加速直行

C.加速左转　　　　D.禁止右转

答案：A

3.遇到这种情况的路口怎样通过？

A.确认安全后通过　B.右转弯加速通过

C.左转弯加速通过　D.加速直行通过

答案：A

4.驾驶机动车遇到这种信号灯不断闪烁时怎样
行驶？

A.禁止通行

B.注意瞭望，安全通过

C.尽快加速通过

D.靠边停车等待

答案：B

5.这个标志是什么含义？

A.注意行人　　　　B.村庄或集镇

C.有小学校　　　　D.有人行横道

答案：B

6.这个标志是什么含义？

A.车距确认路段　　B.两侧变窄路段

C.车速测试路段　　D.注意保持车距

答案：D

7.这个标志是什么含义？

A.路面不平　　　　B.路面高凸

C.有驼峰桥　　　　D.路面低洼

答案：D

8.这个标志是什么含义？

A.渡口　　　　　　B.泥泞道路

C.低洼路面　　　　D.过水路面

答案：D

9.这个标志是什么含义？

A.下陡坡　　　　　B.连续下坡

C.上陡坡　　　　　D.连续上坡

答案：B

10.这个标志是什么含义?

A.两侧变窄 　　　　　B.左侧变窄
C.右侧变窄 　　　　　D.宽度变窄
　答案：A

11.这个标志是什么含义?

A.距无人看守铁路道口100m
B.距无人看守铁路道口50m
C.距有人看守铁路道口100m
D.距有人看守铁路道口50m
　答案：B

12.这个标志是什么含义?

A.驼峰桥 　　　　　B.不平路面
C.路面高凸 　　　　D.路面低洼
　答案：A

13.这个标志是什么含义?

A.注意行人 　　　　　B.注意儿童
C.人行横道 　　　　　D.学校区域
　答案：A

14.标志属于哪一类?

A.警告标志 　　　　　B.指路标志

C.指示标志 　　　　　D.禁令标志
　答案：A

15.这个标志是什么含义?

A.向右急转弯 　　　　B.向左急转弯
C.向右绕行 　　　　　D.连续弯路
　答案：A

16.这个标志是什么含义?

A.人行横道 　　　　　B.学校区域
C.注意儿童 　　　　　D.注意行人
　答案：C

17.这个标志是什么含义?

A.左侧变窄 　　　　　B.右侧变窄
C.宽度变窄 　　　　　D.两侧变窄
　答案：B

18.这个标志是什么含义?

A.隧道 　　　　　　　B.涵洞
C.水渠 　　　　　　　D.桥梁
　答案：A

19.这个标志是什么含义?

A.堤坝路 　　　　　　B.上陡坡
C.下陡坡 　　　　　　D.连续上坡
　答案：C

20.这个标志是什么含义?

A.下陡坡　　　　　B.上陡坡

C.堤坝路　　　　　D.连续上坡

答案:B

21.这个标志是什么含义?

A.事故易发路段　　B.减速慢行路段

C.施工路段　　　　D.拥堵路段

答案:A

22.这个标志是什么含义?

A.事故多发路段　　B.减速慢行

C.注意危险　　　　D.拥堵路段

答案:C

23.这个标志是什么含义?

A.交叉路口　　　　B.人行横道灯

C.注意行人　　　　D.注意信号灯

答案:D

24.这个标志是什么含义?

A.路面不平　　　　B.路面高凸

C.路面低洼　　　　D.驼峰桥

答案:A

25.这个标志是什么含义?

A.左侧绕行　　　　B.右侧绕行

C.单向通行　　　　D.注意危险

答案:B

26.这个标志是什么含义?

A.双向交通　　　　B.左右绕行

C.注意危险　　　　D.施工路段绕行

答案:B

27.这个标志是什么含义?

A.右侧变窄　　　　B.左侧变窄

C.窄桥　　　　　　D.窄路

答案:C

28.这个标志是什么含义?

A.驼峰桥　　　　　B.路面不平

C.路面高凸　　　　D.路面低洼

答案:C

29.这个标志是什么含义?

A.距有人看守铁路道口100m

B.距有人看守铁路道口150m

C.距无人看守铁路道口150m

D.距无人看守铁路道口100m

答案：C

30.这个标志是什么含义？

A.N形弯路　　　　B.急转弯路

C.反向弯路　　　　D.连续弯路

答案：D

31.这个标志是什么含义？

A.连续弯路　　　　B.急转弯路

C.N形弯路　　　　D.反向弯路

答案：D

32.这个标志是什么含义？

A.左侧变窄　　　　B.右侧变窄

C.两侧变窄　　　　D.宽度变窄

答案：A

33.这个标志是什么含义？

A.傍山险路　　　　B.悬崖路段

C.危险路段　　　　D.注意落石

答案：D

34.这个标志是什么含义？

A.距有人看守铁路道口50m

B.距有人看守铁路道口100m

C.距无人看守铁路道口100m

D.距无人看守铁路道口50m

答案：C

35.这个标志是什么含义？

A.隧道开远光灯　　B.隧道开灯

C.隧道开示宽灯　　D.隧道减速

答案：B

36.这个标志是什么含义？

A.避险车道　　　　B.路肩

C.急弯道　　　　　D.应急车道

答案：A

37.这个标志是什么含义？

A.注意横风　　　　B.隧道入口

C.气象台　　　　　D.风向标

答案：A

38.这个标志是什么含义？

A.堤坝路　　　　　B.傍水路

C.易滑路　　　　　D.临崖路

答案：A

39.这个标志是什么含义？

A.多股铁路与道路相交

B.有人看守铁路道口

C.无人看守铁路道口

D.注意避让火车

答案：A

40.这个标志是什么含义？

A.非机动车道　　　　B.避让非机动车

C.注意非机动车　　　D.禁止非机动车通行

答案：C

41.这个标志是什么含义？

A.渡口　　　　　　　B.漫水桥

C.船用码头　　　　　D.过水路面

答案：A

42.这个标志是什么含义？

A.注意交互式道路　　B.注意分离式道路

C.平面交叉路口　　　D.环形平面交叉

答案：B

43.这个标志是什么含义？

A.注意潮汐车道　　　B.注意双向行驶

C.靠两侧行驶　　　　D.可变车道

答案：A

44.这个标志是什么含义？

A.傍山险路　　　　　B.堤坝路

C.落石路　　　　　　D.临崖路

答案：A

45.这个标志是什么含义？

A.最低速度　　　　　B.最高速度

C.限制速度　　　　　D.建议速度

答案：D

46.这个标志是什么含义？

A.施工路段　　　　　B.前方工厂

C.塌方路段　　　　　D.道路堵塞

答案：A

47.这个标志是什么含义？

A.注意路面结冰　　　B.冬季游览区

C.注意雪天　　　　　D.注意不利气象条件

答案：A

48.这个标志是什么含义？

A.禁止直行和向左变道

B.禁止直行和向左转弯

C.禁止直行和向右转弯

D.允许直行和向左变道

答案：B

49.这个标志是什么含义？

A.预告宽度为3m　　　B.限制宽度为3m

C.限制高度为3m　　D.解除3m限宽
　　答案：B

50.这个标志是什么含义？

A.禁止车辆掉头　　B.禁止向左转弯
C.禁止驶入左车道　　D.禁止向左变道
　　答案：B

51.这个标志是什么含义？

A.解除禁止超车　　B.解除禁止变道
C.解除禁止借道　　D.准许变道行驶
　　答案：A

52.这个标志是什么含义？

A.海关检查　　B.边防检查
C.停车检查　　D.禁止通行
　　答案：C

53.这个标志属于哪一类？

A.指路标志　　B.警告标志
C.禁令标志　　D.指示标志
　　答案：C

54.这个标志是什么含义？

A.禁止驶入路口　　B.禁止变更车道

C.禁止车辆掉头　　D.禁止向右转弯
　　答案：D

55.这个标志是什么含义？

A.禁止在路口掉头
B.禁止向左向右转弯
C.禁止车辆直行
D.禁止向左向右变道
　　答案：B

56.禁令标志的作用是什么？
A.禁止或限制行为　　B.指示车辆行进
C.警告前方危险　　D.告知方向信息
　　答案：A

57.这个标志是什么含义？

A.限制40t轴重　　B.限制最高速40km/h
C.前方40m减速　　D.最低速40km/h
　　答案：B

58.这个标志是什么含义？

A.禁止驶入　　B.禁止通行
C.减速行驶　　D.限时进入
　　答案：B

59.这个标志是什么含义？

A.允许长时停车　　B.禁止临时停车
C.禁止长时停车　　D.禁止停放车辆
　　答案：C

60.这个标志是什么含义？

A.会车让行　　　　B.减速让行
C.停车让行　　　　D.不准让行
答案：B

61.这个标志是什么含义？

A.禁止借道　　　　B.禁止超车
C.禁止掉头　　　　D.禁止变道
答案：B

62.这个标志是什么含义？

A.禁止长时停车　　B.禁止停放车辆
C.允许临时停车　　D.允许长时停车
答案：B

63.这个标志是什么含义？

A.限制宽度为3.5m　B.限制车距为3.5m
C.限制高度为3.5m　D.解除3.5m限高
答案：C

64.这个标志是什么含义？

A.40m减速行驶路段
B.最高车速40km/h
C.最低车速40km/h

D.解除车速40km/h限制
答案：D

65.这个标志是什么含义？

A.不准临时停车　　B.不准车辆驶入
C.不准长时间停车　D.停车让行
答案：D

66.这个标志是什么含义？

A.禁止直行和向左变道
B.禁止直行和向左转弯
C.禁止直行和向右转弯
D.允许直行和向左变道
答案：C

67.这个标志提示哪种车型禁止通行？

A.各种车辆　　　　B.中型客车
C.小型货车　　　　D.小型客车
答案：D

68.这个标志是什么含义？

A.继续鸣喇叭　　　B.减速鸣喇叭
C.禁止鸣喇叭　　　D.禁止长时鸣喇叭
答案：C

69.这个标志是什么含义？

A.禁止双向驶入通行　　B.双向交通
C.会车让行　　　　　　D.会车先行
答案：C

70.这个标志是什么含义？

A.应当鸣喇叭　　　　B.禁止鸣喇叭
C.禁止鸣高音喇叭　　D.禁止鸣低音喇叭
答案：A

71.这个标志是什么含义？

A.人行横道　　　　B.儿童通道
C.学生通道　　　　D.注意行人
答案：A

72.指示标志的作用是什么？
A.警告前方危险
B.告知方向信息
C.限制车辆、行人通行
D.指示车辆、行人行进
答案：D

73.这个标志是什么含义？

A.直行车道　　　　B.单行路
C.向左转弯　　　　D.禁止直行
答案：C

74.这个标志是什么含义？

A.机动车车道
B.小型车车道
C.小型车专用车道

D.多乘员车辆专用车道
答案：A

75.这个标志是什么含义？

A.右转让行　　　　B.向左单行路
C.向右单行路　　　D.直行单行路
答案：C

76.这个标志是什么含义？

A.直行和向右转弯
B.禁止直行和向左转弯
C.只准向右和向左转弯
D.直行和向左转弯
答案：D

77.这个标志是什么含义？

A.右侧通行　　　　B.环岛行驶
C.左侧通行　　　　D.向右行驶
答案：B

78.这个标志是什么含义？

A.掉头和左转合用车道
B.禁止左转和掉头车道
C.直行和左转合用车道
D.分向行驶车道
答案：A

79.这个标志是什么含义？

A.只准向右转弯　　B.右侧是下坡路段

C.靠右侧道路行驶　　D.靠道路右侧停车

答案：C

80.这个标志是什么含义？

A.直行和左转弯行驶

B.直行和右转弯行驶

C.立体交叉直行和左转弯行驶

D.立体交叉直行和右转弯行驶

答案：C

81.这个标志是什么含义？

A.掉头　　　　　　B.左转

C.绕行　　　　　　D.倒车

答案：A

82.这个标志是什么含义？

A.左转车道　　　　B.右转车道

C.掉头车道　　　　D.分向车道

答案：A

83.这个标志是什么含义？

A.直行和向右转弯

B.直行和向左转弯

C.禁止直行和向右转弯

D.只准向左和向右转弯

答案：A

84.标志是什么含义？

A.单行路　　　　　B.两侧街道

C.干路先行　　　　D.停车让行

答案：C

85.这个标志是什么含义？

A.绕行车道　　　　B.分向车道

C.左转车道　　　　D.掉头车道

答案：D

86.这个标志属于哪一类？

A.指路标志　　　　B.指示标志

C.警告标志　　　　D.禁令标志

答案：B

87.这个标志是什么含义？

A.向左和向右转弯　　B.禁止向左转弯

C.禁止向左右转弯　　D.禁止向右转弯

答案：A

88.这个标志是什么含义？

A.左转车道　　　　B.右转车道

C.掉头车道　　　　D.分向车道

答案：B

89.这个标志是什么含义？

A.禁止小型车行驶　　B.不准小型车通行
C.只准小型车行驶　　D.机动车行驶
答案：D

90.这个标志是什么含义？

A.直行单行路　　　　B.直行车让行
C.靠右侧行驶　　　　D.不允许直行
答案：A

91.这个标志是什么含义？

A.左转让行　　　　　B.向左单行路
C.向右单行路　　　　D.直行单行路
答案：B

92.这个标志是什么含义？

A.靠道路左侧停车　　B.左侧是下坡路段
C.靠左侧道路行驶　　D.只准向左转弯
答案：C

93.这个标志是什么含义？

A.立体交叉直行和右转弯行驶
B.立体交叉直行和左转弯行驶
C.直行和左转弯行驶
D.直行和右转弯行驶

答案：A

94.这个标志是什么含义？

A.内部停车场　　　　B.室内停车场
C.专用停车场　　　　D.露天停车场
答案：D

95.这个标志是什么含义？

A.单行路　　　　　　B.直行车道
C.只准直行　　　　　D.禁止直行
答案：C

96.这个标志是什么含义？

A.向右转弯　　　　　B.只准直行
C.直行车道　　　　　D.单行路
答案：A

97.这个标志是什么含义？

A.分向行驶车道
B.直行和左转车道
C.直行和辅路出口车道
D.直行和右转合用车道
答案：D

98.这个标志是什么含义？

A.直行和掉头合用车道

B.直行和左转合用车道

C.分向行驶车道

D.直行和右转车道

答案：B

99.这个标志是什么含义？

A.单行路   B.停车让行

C.会车先行   D.对向先行

答案：C

100.这个标志是什么含义？

A.左转车道   B.右转车道

C.掉头车道   D.直行车道

答案：D

101.这个标志是什么含义？

A.错车道   B.露天停车场

C.紧急停车带   D.停车位

答案：A

102.这个标志是什么含义？

A.水平高度50m

B.海拔高度50m

C.最低限速50km/h

D.高度限速50km/h

答案：C

103.这个标志是什么含义？

A.右转行驶车道   B.分向行驶车道

C.左转行驶车道   D.直线行驶车道

答案：B

104.这个标志是什么含义？

S203

A.国道编号   B.省道编号

C.县道编号   D.乡道编号

答案：B

105.这个标志是什么含义？

A.高速公路终点地名预告

B.高速公路行驶路线预告

C.高速公路地点距离预告

D.高速公路行驶方向预告

答案：C

106.这个标志是什么含义？

A.高速公路入口预告

B.高速公路终点预告

C.高速公路起点预告

D.高速公路出口预告

答案：B

107.这个标志是什么含义？

A.高速公路缴费车道

B.高速公路ETC车道

C.高速公路检查车道

D.高速公路领卡车道

答案：B

108.这个标志是什么含义？

A.高速公路停车区预告

B.高速公路停车场预告

C.高速公路避险处预告

D.高速公路服务区预告

答案：A

109.这个标志是什么含义？

A.道路流量监测　　B.交通监控设备

C.减速拍照区　　　D.全路段抓拍

答案：B

110.这个标志是什么含义？

A.隧道跟车距离　　B.隧道总长度

C.隧道出口距离　　D.隧道入口距离

答案：C

111.这个标志是什么含义？

A.高速公路左侧出口预告

B.高速公路右侧出口预告

C.高速公路下一出口预告

D.高速公路目的地预告

答案：C

112.这个标志是什么含义？

A.左侧通行　　　　B.不准通行

C.两侧通行　　　　D.右侧通行

答案：A

113.指路标志的作用是什么？

A.提示限速信息　　B.提供方向信息

C.限制车辆通行　　D.警告前方危险

答案：B

114.这个标志是什么含义？

A.十字交叉路口预告

B.Y形交叉路口预告

C.互通立体交叉预告

D.环形交叉路口预告

答案：D

115.这个标志是什么含义？

A.观景台　　　　　B.休息区

C.停车场　　　　　D.停车位

答案：A

116.这个标志是什么含义？

Y002

A.乡道编号　　　　B.县道编号

C.省道编号　　　　D.国道编号

答案：A

117.这个标志是什么含义?

A.高速公路公用电话

B.高速公路紧急电话

C.高速公路救援电话

D.高速公路报警电话

答案：C

118.这个标志是什么含义?

A.高速公路特殊天气最低速度

B.高速公路特殊天气平均速度

C.高速公路特殊天气最高速度

D.高速公路特殊天气建议速度

答案：D

119.这个标志是什么含义?

A.十字交叉路口预告

B.分道信息预告

C.道路分岔处预告

D.地点和距离预告

答案：A

120.这个标志是什么含义?

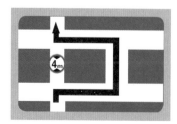

A.禁止左转　　　　B.禁止通行

C.此路不通　　　　D.超高绕行

答案：D

121.这个标志是什么含义?

A.高速公路紧急停车带

B.高速公路客车站

C.高速公路停车区

D.高速公路避让处所

答案：A

122.这个标志是什么含义?

A.分岔处预告　　　　B.车道方向预告

C.交叉路口预告　　　D.分道信息预告

答案：C

123.这个标志是什么含义?

A.地点距离　　　　B.终点地名

C.行驶路线　　　　D.行驶方向

答案：A

124.这个标志是什么含义?

A.高速公路左侧出口预告

B.高速公路右侧出口预告

C.高速公路下一出口预告

D.高速公路地点、方向预告

答案：D

125.这个标志是什么含义?

A.高速公路紧急电话

B.高速公路公用电话

C.高速公路报警电话

D.高速公路救援电话

答案：A

126.这属于哪一类标志?

A.指路标志　　　　B.禁令标志

C.警告标志　　　　D.指示标志

答案：A

127.这个标志是什么含义?

A.设有ETC的收费站　B.高速公路领卡处

C.高速公路收费处　　D.高速公路检查站

答案：A

128.这个标志是什么含义?

A.专用停车场　　　B.室内停车场

C.内部停车场　　　D.露天停车场

答案：B

129.这个标志是什么含义?

A.合流处　　　　　B.应急车道

C.向左变道　　　　D.车道数变少

答案：D

130.这个标志是什么含义?

A.线形诱导标志　　B.分流诱导标志

C.转弯诱导标志　　D.合流诱导标志

答案：A

131.这个标志是什么含义?

A.右侧通行　　　　B.左侧通行

C.两侧通行　　　　D.不准通行

答案：A

132.这个标志是什么含义?

A.高速公路入口　　B.高速公路出口

C.高速公路起点　　D.高速公路终点

答案：C

133.这个标志是什么含义?

A.高速公路起点预告

B.高速公路终点预告

C.高速公路入口预告

D.高速公路出口预告

答案：C

134.这个标志是什么含义?

A.停车检查　　　　B.停车领卡
C.停车缴费　　　　D.ETC通道
答案：B

135.这个标志是什么含义?

A.环形交叉路口预告　B.丁字交叉路口预告
C.十字交叉路口预告　D.Y形交叉路口预告
答案：D

136.这个标志是什么含义?

A.Y形交叉路口预告
B.环形交叉路口预告
C.十字交叉路口预告
D.互通式立体交叉预告
答案：D

137.这个标志是什么含义?

A.分流处　　　　B.向右变道
C.路面变宽　　　D.车道数增加
答案：D

138.这个标志是什么含义?

A.此路不通　　　　B.T形路口
C.分流路口　　　　D.减速通行
答案：A

139.这个标志是什么含义?

A.高速公路目的地预告
B.高速公路下一出口预告
C.高速公路右侧出口预告
D.高速公路左侧出口预告
答案：D

140.这个标志是什么含义?

A.丁字交叉路口预告
B.道路分叉处预告
C.十字交叉路口预告
D.Y形交叉路口预告
答案：A

141.这个标志是什么含义?

A.高速公路交通广播频率
B.高速公路救援电话号码
C.高速公路服务电话号码
D.高速公路报警电话号码
答案：A

142.这个标志是什么含义?

A.两侧通行　　　　B.左侧通行

C.右侧通行　　　　　D.不准通行

答案：A

143.这个标志是什么含义？

A.国道编号　　　　　B.省道编号

C.县道编号　　　　　D.乡道编号

答案：C

144.这个标志是什么含义？

A.高速公路左侧出口预告

B.高速公路右侧出口预告

C.高速公路下一出口预告

D.高速公路目的地预告

答案：B

145.这个标志是什么含义？

A.高速公路服务区预告

B.高速公路客车站预告

C.高速公路避险处预告

D.高速公路收费站预告

答案：A

146.这个标志是什么含义？

A.观景台　　　　　　B.休息区

C.服务区　　　　　　D.停车场

答案：B

147.这个标志预告什么？

A.高速公路避险处预告

B.高速公路客车站预告

C.高速公路服务区预告

D.高速公路停车场预告

答案：D

148.这个标志是什么含义？

A.预告前方是道路管理分界

B.预告前方是分岔处

C.预告前方是互通式立交

D.预告前方是十字交叉路口

答案：D

149.这个标志是什么含义？

A.旅游区方向　　　　B.旅游区符号

C.旅游区类别　　　　D.旅游区距离

答案：D

150.这个标志是什么含义？

A.旅游区方向　　　　B.旅游区符号

C.旅游区距离　　　　D.旅游区类别

答案：A

151.这个标志是什么含义？

A.人行横道   B.注意儿童

C.注意行人   D.徒步

答案：D

152.在标志、标线齐全的高速公路上行车，应当按照什么规定的车道和车速行驶？

A.《道路交通安全法》

B.标志或标线

C.车辆说明书

D.地方法规

答案：B

153.这种白色矩形标线框含义是什么？

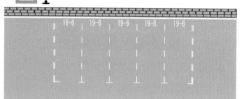

A.长时停车位   B.限时停车位

C.专用停车位   D.免费停车位

答案：B

154.这个路中黄色分界线的作用是什么？

A.允许在左侧车道行驶

B.分隔同向行驶的交通流

C.禁止跨越对向行车道

D.分隔对向行驶的交通流

答案：D

155.这个圈内的白色半圆状标记是什么标线？

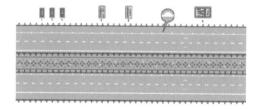

A.减速行驶线   B.车距确认线

C.车速确认线   D.路口减速线

答案：B

156.这个圈内两条白色虚线是什么标线？

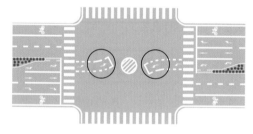

A.掉头引导线

B.交叉路停车线

C.左转弯待转区线

D.小型车转弯线

答案：C

157.这个白色矩形标线框含义是什么？

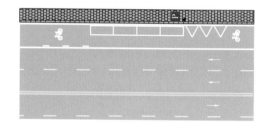

A.平行式停车位

B.倾斜式停车位

C.垂直式停车位

D.出租车专用上下客停车位

答案：A

158.这个圈内白色虚线是什么标线？

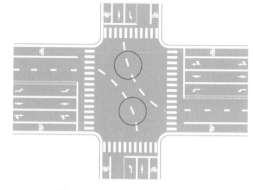

A.小型车转弯线

B.车道连接线

C.路口导向线

D.非机动车引导线

答案：C

159.这个圈内的白色折线是什么标线?

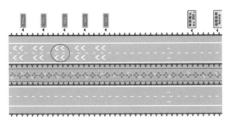

A.车速确认线　　　B.路口减速线

C.车距确认线　　　D.减速行驶线

答案：C

160.这个路面上白色虚线和三角地带标线组成的是什么标线?

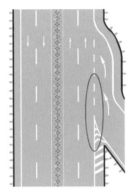

A.道路入口标线　　B.道路入口减速线

C.可跨越式分道线　D.道路出口标线

答案：A

161.这种停车标线是什么含义?

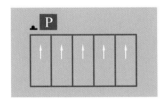

A.机动车限时停车位

B.固定停车方向停车位

C.专用待客停车位

D.专用上下客停车位

答案：B

162.这个路中白色虚线是什么标线?

A.可跨越同向车道中心线

B.禁止跨越对向车道中心线

C.限制跨越对向车道中心线

D.单向行驶车道分界中心线

答案：A

163.这个路右侧车行道边缘的白色虚线是什么含义?

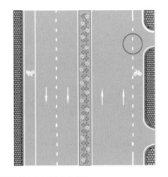

A.车辆禁止越线行驶

B.应急车道分界线

C.人行横道分界线

D.车辆可临时越线行驶

答案：D

164.这个路中心的黄色虚线属于哪一类标线?

A.指示标线　　　　B.辅助标线

C.禁止标线　　　　D.警告标志

答案：A

165.这个路面由白色虚线和三角地带标线组成的是什么标线?

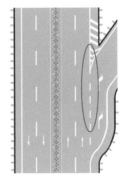

A.道路入口标线　　B.道路出口减速线

C.道路出口标线　　D.可跨越式分道线

答案：C

166.这个圈内的路面标记是什么标线?

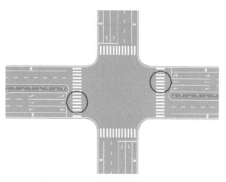

A.人行横道线　　　B.路口示意线
C.减速让行线　　　D.停车让行线
答案：A

167.地面上的这是什么标线?

A.交叉路口预告　　B.减速让行预告
C.停车让行预告　　D.人行横道预告
答案：D

168.这个红色圆圈内的标线含义是什么?

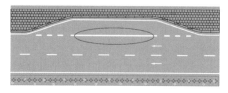

A.临时停靠站　　　B.应急停车带
C.公交车停靠站　　D.港湾式停靠站
答案：D

169.这个导向箭头是什么含义?

A.提示前方有右弯或需向右合流
B.提示前方有左弯或需向左合流
C.提示前方右侧有障碍需向左合流

D.提示前方有左弯或需向左绕行
答案：B

170.这个导向箭头是什么含义?

A.指示前方道路是Y形交叉口
B.指示前方道路是分离式道路
C.指示前方道路需向左右合流
D.指示前方道路仅可左右转弯
答案：D

171.这个导向箭头是什么含义?

A.指示向左转弯或掉头
B.指示直行或掉头
C.指示直行或向左转弯
D.指示直行或向左变道
答案：C

172.这个导向箭头是什么含义?

A.指示前方直行　　B.指示前方掉头
C.指示前方右转　　D.指示向左变道
答案：B

173.这个导向箭头是什么含义?

A.指示前方可直行或掉头

B.指示前方可左转或掉头

C.指示前方可直行或左转

D.指示前方可直行或向左变道

答案：B

174.这个导向箭头是什么含义?

A.指示直行或掉头

B.指示直行或右转弯

C.指示向右转弯或掉头

D.指示直行或向右变道

答案：B

175.这个路中的两条双黄色虚线是什么标线?

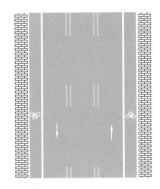

A.单向分道线

B.双向分道线

C.潮汐车道线

D.可跨越分道线

答案：C

176.这个圈内的黄色虚线是什么标线?

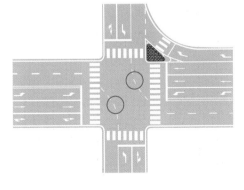

A.路口导向线　　　　B.车道连接线

C.小型车转弯线　　　D.非机动车引导线

答案：A

177.这个圈内的锯齿状白色实线是什么标线?

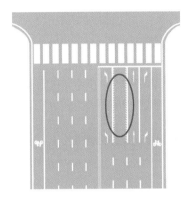

A.导向车道线　　　　B.方向引导线

C.单向行驶线　　　　D.可变导向车道线

答案：D

178.指示标线的作用是什么?

A.指示通行　　　　　B.限制通行

C.警告提醒　　　　　D.禁止通行

答案：A

179.这个红色圆圈内标线含义是什么?

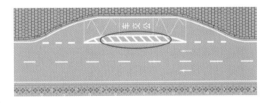

A.临时停靠站

B.应急停车带

C.大客车停靠站

D.公交车停靠站

答案：D

180.这个路面标记是什么含义?

A.最高限速为80km/h

B.最低限速为80km/h

C.平均速度为80km/h

D.解除80km/h限速

答案：B

181.这个路面标记是什么含义?

A.平均速度为100km/h

B.最低限速为100km/h

C.最高限速为100km/h

D.解除100km/h限速

答案：C

182.这个路面标记是什么含义?

A.非机动车道 　　B.摩托车专用道

C.电动车专用道 　　D.自行车专用道

答案：A

183.这个车道分界线的作用是什么?

A.用来分隔同方向行驶的车辆

B.用来分隔反方向行驶的车辆

C.用来分隔机动车和非机动车

D.用来分隔机动车、非机动车和行人

答案：A

184.这个白色菱形图案是什么含义?

A.减速让行线 　　B.停车让行线

C.禁驶区标线 　　D.人行横道预告标示

答案：D

185.这个港湾式停靠站标线是什么含义?

A.公共电车、汽车（长途客车）长时间停车位

B.公共电车、汽车（长途客车）超车让行

路段

C.公共电车、汽车（长途客车）靠边减速让行路段

D.公共电车、汽车（长途客车）分离引道和停靠位置

答案：D

186.这个路口内白色虚线区是什么含义?

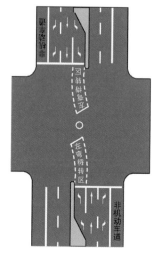

A.右转弯导向 　　B.左转弯导向

C.右转弯待转区 　　D.左转弯待转区

答案：D

187.这个平行于路边的白色平行实线是什么含义?

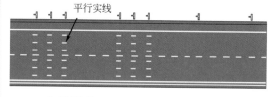

A.人行横道 　　B.停车带

C.收费岛地面 　　D.高速公路车距确认

答案：D

188.这个数字是什么含义?

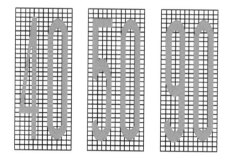

A.平均行驶速度标准

B.设计时速标准

C.最低行驶速度不得低于标记所示规定

D.最高行驶速度不得超过标记所示规定

答案：D

189.这个路两侧的车行道边缘的白色实线是什么
含义？

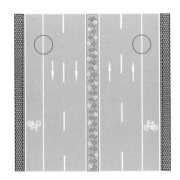

A.禁止车辆跨越

B.车辆可临时跨越

C.机动车可临时跨越

D.非机动车可临时跨越

答案：A

190.这个道路最左侧的白色虚线区域是什么含义？

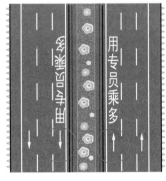

A.多乘员车辆专用车道

B.小型客车专用车道

C.大型客车专用车道

D.未载客出租车专用车道

答案：A

191.这个路缘石上的黄色实线是什么含义？

A.禁止停放车辆　　　B.仅允许上下人员

C.仅允许装卸货物　　D.禁止长时间停车

答案：A

192.这个路中心的双黄实线属于哪一类标线？

A.指示标线　　　　　B.辅助标线

C.警告标志　　　　　D.禁止标线

答案：D

193.这个路中心黄色虚实线是什么含义？

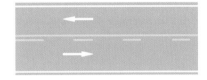

A.实线一侧允许越线

B.两侧均可越线行驶

C.虚线一侧禁止越线

D.实线一侧禁止越线

答案：D

194.这个路中心白色实线是什么含义？

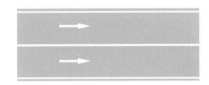

A.禁止跨越同向车行道分界线

B.双侧可跨越同向车道分界线

C.禁止跨越对向车行道分界线

D.单侧可跨越同向车道分界线

答案：A

195.这个圈内三角填充区域是什么标线？

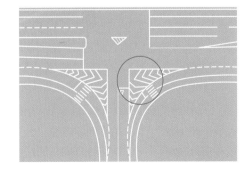

A.网状线　　　　　　B.停车线

C.减速线　　　　　　D.导流线

答案：D

196.这是路面什么标线？

A.网状线　　　　　　B.导流线

C.中心圈　　　　　　D.禁驶区

答案：C

197.这个路口中央的黄色路面标记是什么标线？

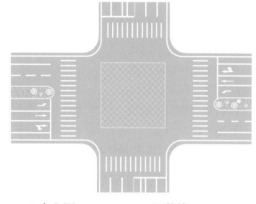

A.中心圈　　　　　　B.网状线

C.停车区　　　　　　D.导流线

答案：B

198.这个圈内的白色实线是什么标线？

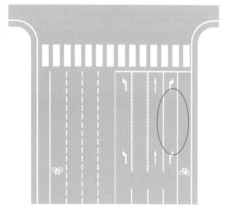

A.导向车道线　　　　B.方向引导线

C.单向行驶线　　　　D.可变导向车道线

答案：A

199.这个路缘石上的黄色虚线是什么含义？

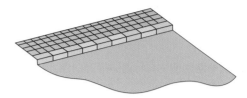

A.禁止临时停车　　　B.禁止长时停车

C.禁止上下人员　　　D.禁止装卸货物

答案：B

200.这个圈内的白色横实线是什么含义？

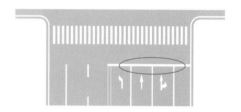

A.减速线　　　　　　B.让行线

C.停止线　　　　　　D.待转线

答案：C

201.这个路口最前端的双白虚线是什么含义？

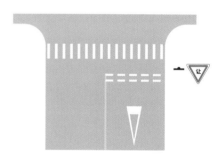

A.左弯待转线　　　　B.停车让行线

C.减速让行线　　　　D.等候放行线

答案：C

202.这个路中心的双黄实线是什么含义？

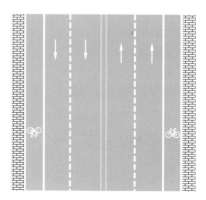

A.单向行驶车道分界线

B.禁止跨越对向车道分界线

C.可跨越对向车道分界线

D.双侧可跨越同向车道分界线

答案：B

203.这个路口最前端的双白实线是什么含义？

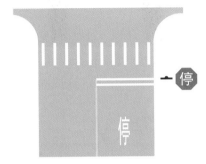

A.减速让行线 　　B.左弯待转线

C.等候放行线 　　D.停车让行线

答案：D

204.这个圈内的两条黄色虚线间的区域是什么含义？

A.营运客车专用车道

B.出租车专用车道

C.公交专用车道

D.大客车专用车道

答案：C

205.这个标线是什么含义？

A.禁行

B.禁止停车

C.禁止转弯

D.禁止掉头

答案：D

206.这个标线是什么含义？

A.中心圈

B.禁止掉头标记

C.停车位

D.表示禁止临时停车的简化网状

答案：D

207.这个路面上的黄色标线是什么含义？

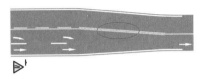

A.车行道变多标线

B.接近障碍物标线

C.施工路段提示线

D.路面宽度渐变标线

答案：D

208.这个路面上的白色标线是什么含义？

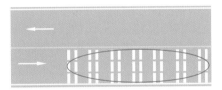

A.道路施工提示标线

B.车行道横向减速标线

C.车道变少提示标线

D.车行道纵向减速标线

答案：B

209.这个路面上的黄色填充标线是什么含义？

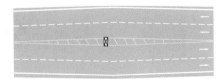

A.接近狭窄路面标线

B.接近移动障碍物标线

C.接近狭窄障碍物标线

D.接近障碍物标线

答案：D

210.这个路面上的菱形块虚线是什么含义?

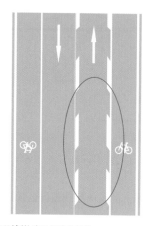

A.车行道纵向减速标线

B.车行道横向减速标线

C.车道变少提示标线

D.道路施工提示标线

答案：A

211.这个路中心的黄色斜线填充是什么含义?

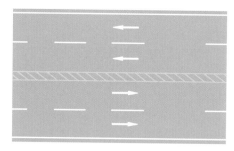

A.单向行驶车道分界线

B.可跨越对向车道分界线

C.禁止跨越对向车道分界线

D.双侧可跨越同向车道分界线

答案：C

212.这个黄黑相间的倾斜线条是什么标记?

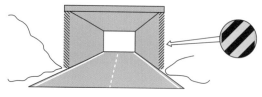

A.实体标记

B.立面标记

C.减速标记

D.突起标记

答案：B

213.这个交警手势是什么信号?

A.转弯　　　　　　　B.停止

C.直行　　　　　　　D.示意车辆靠边停车

答案：C

214.这个交警手势是什么信号?

A.停止　　　　　　　B.右转弯

C.示意车辆靠边停车　D.减速慢行

答案：B

215.这个交警手势是什么信号?

A.左转弯待转　　　　B.左转弯

C.右转弯　　　　　　D.减速慢行

答案：A

216.这个交警手势是什么信号?

A.减速慢行　　　　　B.变道

C.右转弯　　　　　　D.示意车辆靠边停车

答案：A

217.这个交警手势是什么信号?

A.左转弯   B.右转弯

C.停止   D.示意车辆靠边停车

答案: D

218.驾驶机动车在路口遇到这种情况如何行驶?

A.停车等待   B.靠右侧直行

C.可以向右转弯   D.遵守交通信号灯

答案: A

第四部分 安全驾驶

一、判断题

1.起步前,驾驶人应对车辆周围交通情况进行观察,确认安全时再开始起步。

答案: √

2.在停车场起步时,应先观察两侧是否有正在行驶的车辆。

答案: √

3.在车辆较多的道路上起步后,要迅速向道路中央行驶。

答案: ×

正确: 在车辆较多的道路上起步后,应沿原停车方向缓行一段,等车速提高到一定程度,并确认左后方无车超越时,再向道路中央行驶。

4.在这种能见度的情况下起步要开启近光灯。

答案: √

5.驾驶机动车在这种环境条件下起步前要开启远光灯。

答案: ×

正确: 夜间起步时开启近光灯、左转向灯,注意观察两侧的车辆和行人,特别要注意提防黑暗中的车辆和行人。在夜间起步前,不要开启远光灯。

6.机动车临时靠边停车后准备起步时,驾驶人应鸣喇叭示意左侧车道机动车让道。

答案: ×

正确: 驾驶机动车起步后,要随时注意机动车两侧道路情况,向左缓慢转向,在不影响其他车辆通行的前提下,逐渐驶入正常行驶道路。

7.驾驶机动车从辅路汇入主路车流时,一定要迅速。

答案: ×

正确: 从辅路汇入主路车流时,要低速选择汇入时机,不能急加速汇入车流。

8.驾驶机动车在该位置不能变更车道。

答案: √

9.驾驶机动车遇到这种情况要注意让行。

答案：√

10.驾驶机动车遇到这种情况要迅速向左变更车道。

答案：×

正确：变更车道时，不能妨碍其他车辆的正常行驶。

11.驾驶机动车可在该路口处向右变更车道。

答案：×

正确：严禁越过白实线变更车道。

12.变更车道时，只需开启转向灯，便可迅速转向驶入相应的行车道。

答案：×

正确：变更车道前，通过内外后视镜观察后方道路交通情况，确认安全后提前3秒开启转向灯，再次观察道路两侧有无车辆超越，在不妨碍其他车辆正常行驶的情况下逐渐变更到所需车道后，关闭转向灯。

13.在道路上跟车行驶时，跟车距离不是主要的，只需保持与前车相等的速度，就可防止发生追尾事故。

答案：×

正确：跟车行驶时，始终要与前车保持足够采取紧急制动措施的安全距离。

14.超车时，提前开启左转向灯，变换使用远近光灯或者鸣喇叭提示前车。

答案：√

15.在这种道路上从前车右侧超越最安全。

答案：×

正确：严禁从前车右侧超车。

16.驾驶机动车在这种情况下可以越过中心实线超车。

答案：×

正确：无论单黄线还是双黄线，只要是实线，就严禁跨越，比如超车、转弯、掉头等。

17.机动车在这种情况下可以超车。

答案：×

正确：不得在铁路道口、交叉路口、窄桥、弯道、陡坡、隧道、人行横道、市区交通流量大的路段等没有超车条件的路段超车。

18.驾驶机动车在这种情况下不能超车。

答案：√

19.遇机动车超越本车时，不允许向左转向或紧急制动，以免后车反应不及时发生追尾或侧撞事故。

答案：√

20.超车遇到前方机动车不减速、不让道的情况时，要连续鸣喇叭尽快加速超越。

答案：×

正确：对于不肯让超的车，驾驶人要有耐心，反复鸣喇叭提醒，跟车距离也可适当缩短一些，一有机会便快速超越。

21.驾驶机动车在这个路口允许掉头。

答案：×

正确：只能直行，按照导向箭头的指示行车。

22.驾驶机动车在该处不影响行人正常通行的情况下可以掉头。

答案：×

正确：只能直行，按照导向箭头的指示行车。

23.驾驶机动车进入左侧车道可以掉头。

答案：√

24.在坡道上掉头，每次停车时都应用行车制动器控制，不必使用驻车制动器。

答案：×

正确：在坡道上掉头，每次停车时均要拉紧驻车器。

25.倒车过程中，一定要缓慢行驶，注意观察机动车两侧和后方的情况，随时做好停车准备。

答案：√

26.在这个区域内可以临时停车。

答案：×

正确：在设有禁停标志、标线的路段，在机动车道与非机动车道、人行道之间设有隔离设施的路段以及人行横道、施工地段，不得停车。

27.在这样的路段可以鸣喇叭和临时停车。

答案：×

正确：在这样的路段，禁止鸣喇叭和停车。

28.驾驶机动车通过这个路口要注意观察左侧情况。

答案：×

正确：右侧有来车，应注意观察右侧情况。

29.驾驶机动车遇到这种情况，可以不让行。

答案：×

正确：通过交通信号绿灯亮的交叉路口直行时，先让已在路口内转弯的车辆先行。

30.驾驶机动车通过这个路口要随时准备停车礼让。

答案：√

31.驾驶机动车在这种情况下要跟前车进入路口等待。

答案：×

正确：遇有前方交叉路口交通阻塞时，要依次停在路口以外等候，不能进入路口或从前车两侧绕行。

32.驾驶机动车遇到环岛行驶指示标志时，要注意前方环岛路口，提前减速行驶。

答案：√

33.通过立交桥时，如果发现选择路线错误，可立即在原地掉头或倒车更改路线。

答案：×

正确：通过立交桥时，如果发现选择路线错误，应继续行驶至下一立交桥或允许掉头的路口掉头，不得立即在原地掉头或倒车更改路线。

34.驾驶机动车不能通过这种情况的铁路道口。

答案：√

35.驾驶机动车在人行横道前遇到这种情况一定要减速慢行。

答案：×

正确：遇行人或非机动车通过人行横道时，及时停车让行，不得抢行或绕行。

36.驾驶机动车在公交车站遇到这种情况要迅速停车让行。

答案：√

37.驾驶机动车在居民小区遇到这种情形要紧跟其后行驶。

答案：×

正确：遇到在路边玩耍的儿童时，要注意观察儿童的动态，减速缓慢通过。

38.当机动车白天驶入黑暗隧道时，要提前降低车速，使驾驶人适应光线变化。

答案：√

39.驾驶机动车遇到这种情况要靠右侧停车等待。

答案：√

40.驾驶机动车通过山区跨涧公路大桥时，不会受到强横向风影响。

答案：×

正确：行至山区跨涧公路大桥时，往往会受到强横向风影响，一定要握稳方向盘，以防车辆偏离行驶路线或翻车。

41. 驾驶机动车在隧道内行驶，要勤鸣喇叭。

答案：×

正确：隧道内是一个近似半封闭的地方，如果勤鸣喇叭就会变得很嘈杂，不仅影响驾驶人情绪，也会影响交通。

42. 驾驶机动车在隧道内发生故障时，要设法先将车移出隧道。

答案：√

43. 机动车遇有急弯路时，要在进入弯路后减速。

答案：×

正确：驾驶机动车进入弯道前，要将车速降到限速范围内。

44. 未上坡的车辆遇到这种情况让对向下坡车先行。

答案：√

45. 驾驶机动车上坡，在将要到达坡道顶端时要加速并鸣喇叭。

答案：×

正确：在上坡路段驶近坡道顶端等影响安全视距的路段时，要减速慢行并鸣喇叭示意。

46. 驾驶机动车在通过山区道路弯道时，要做到"减速、鸣喇叭、靠右行"。

答案：√

47. 驾驶机动车通过经常发生塌方、泥石流的山区地段，要停车观察，低速通过。

答案：×

正确：通过经常发生塌方、泥石流的山区地段时，减速慢行，注意观察，尽快通过，不能停车。

48. 在山区道路超车时，要选择宽阔的缓上坡路段，开启左转向灯，提前鸣喇叭，在确认前车让超后超越。

答案：√

49. 在山区道路，遇到对向来车占路面较大时，可加速或紧靠道路中心会车。

答案：×

正确：在山区道路，遇到对向来车占路面较大时，要减速靠右行驶，不得加速或紧靠道路中心会车，以防发生刮碰事故。

50. 驾驶机动车通过傍山险路，要靠右侧谨慎驾驶，避免停车。

答案：√

51. 在这样的山路上会车时，临崖一方的蓝车应让行。

答案：×

正确：在没有道路中心线的狭窄山路会车，不靠山体的一方先行。

52. 遇窄桥时，要注意观察对向来车并提前做好停让准备，避免在桥面上会车。

答案：√

53. 机动车在山区道路跟车行驶时，要适当缩小安全距离。

答案：×

正确：在山区道路跟车行驶时，要适当加大与前车的安全距离。

54. 在连续降雨天气的山区公路行车时，要选择道路中间坚实的路面行驶。

答案：√

55. 驾驶机动车在这种情况下临时停车后，为避免机动车后溜可将方向盘向左转。

答案：√

56. 因故障在山区上坡路段长时间停车时，要用这种办法塞住车轮。

答案：×

正确：因车辆故障在上坡路段长时间停车时，要在后方用塞车木或石块塞住车轮，以防车辆后溜。

57.驾驶机动车通过这种傍山险路时要靠左侧行驶。

答案：×

正确：通过傍山险路时，要靠右侧谨慎驾驶，避免停车。

58.驾驶机动车在山区道路遇到这种情况要加速超越前车。

答案：×

正确：弯道禁止超车。

59.驾驶机动车在山区道路行驶，要选择靠山体一侧超车。

答案：×

正确：超车时要选择宽阔的缓上坡路段，开启左转向灯，提前鸣喇叭，在确认前车让超后超越。严禁在禁止超车或不具备超车条件的路段超车。

60.驾驶机动车在山区道路遇有危险路段时，要停车观察，确认安全后通过。

答案：√

61.驾驶机动车遇到跨江、河、海大桥时，要控制好方向加速通过。

答案：×

正确：通过高速公路跨江大桥时，握牢方向盘，控制好车速，各行其道。正常情况下车速不要超过100km/h。不得盲目加速或紧急制动，不得变更车道。行至江面、河口路段时，往往会受到强横向风影响，一定要握稳方向盘，以防车辆偏离行驶路线或翻车。

62.驾驶机动车遇到这种情况，不能从前车左侧超越。

答案：√

63.驾驶机动车看到这个标志时，要将车速迅速提高到40km/h以上。

答案：×

正确：这是限制速度标志，驾驶机动车看到这个标志时，要将车速控制在40km/h以内。

64.驾驶机动车在高速公路匝道提速到60km/h以上后，直接驶入行车道。

答案：×

正确：从匝道驶入高速公路，在高速公路三角地带开启左转向灯，注意观察行车道内的车辆，正确选择汇入行车道的时机，以确保安全。

65.机动车驶离高速公路进入匝道后，要使车速降到限定时速以下。

答案：√

66.驾驶机动车从加速车道汇入行车道有困难时，可停车让行。

答案：×

正确：在加速车道跟车行驶时，注意观察前车的加速情况，避免在加速车道上超车、减速或停车。

67.在高速公路上变更车道时，开启转向灯后迅速驶入需要变更的车道。

答案：×

正确：变更车道前，通过后视镜提前观察将进入车道的交通情况，在不影响其他车辆正常行驶的情况下，开启转向灯，缓慢转向，同时注意观察后视镜，加速变道。

68.驾驶机动车驶离高速公路，要经过减速车道减速后进入匝道。

答案：√

69.机动车驶入匝道后，迅速将车速提高到60km/h以上。

答案：×

正确：进入匝道后尽快提高车速，但不能超过标志规定的速度。前方有行驶的车辆时，要保持足够的安全间距。

70.遇高速公路限速标志标明的车速与车道行驶车速的规定不一致的，应按照车道行驶规定的车速行驶。

答案：×

正确：遇高速公路限速标志标明的车速与车道行驶车速的规定不一致的，应按限速标志标明的车速行驶。

71.驾驶机动车在高速公路上遇到大雾，视线受阻时，应当立即紧急制动停车。

答案：×

正确：驾驶机动车在高速公路上，遇雾、雨、雪、沙尘、冰雹天气，能见度小于200m时，车速不得超过60km/h；能见度小于100m时，车速不得超过40km/h；能见度小于50m时，车速不得超过20km/h，并尽快从最近的出口驶离高速公路。

72.雾天超越正在行驶的车辆时，一定要小心谨慎。

答案：×

正确：雾天严禁超越正在行驶的车辆。

73.在雾中行车，要根据雾天的能见度，选择遇到情况时能迅速停车的行驶速度。

答案：√

74.雾中跟车行驶，要适当减小与前车的纵向距离。

答案：×

正确：雾中跟车行驶，要密切注意前车动态，严格控制车速，适当加大与前车的纵向安全

距离，以防与前方车辆距离太近，将前车停车开着的尾灯误认为是行驶车辆的尾灯，紧跟行驶导致撞车。

75.雾天在公路上行车，可多使用喇叭引起对方注意；听到对方机动车鸣喇叭，也要鸣喇叭回应。

答案：√

76.雨中行车，因路面与轮胎间的附着系数减小，影响制动效能，很容易发生侧滑现象。

答案：√

77.在雨天湿滑路面行车时，要尽量避免紧急制动。

答案：√

78.在大暴雨中高速行车，不会发生"水滑"现象。

答案：×

正确：雨天为避免发生"水滑"现象而造成方向失控，要降低车速。一旦发生"水滑"现象时，要缓抬加速踏板减速，不要使用紧急制动减速。

79.连续降雨天气，山区公路可能会出现路肩疏松和堤坡坍塌现象，行车时应选择道路中间坚实的路面，避免靠近路边行驶。

答案：√

80.机动车行至泥泞或翻浆路段时，要停车观察，选择平整、坚实或有车辙的路段通过。

答案：√

81.机动车在泥泞路段，后轮发生侧滑时，要将方向盘向侧滑的相反方向缓转修正。

答案：×

正确：当车辆发生侧滑时，要冷静清醒。在松抬加速踏板的同时，将方向盘向后轮侧滑的一侧适当缓转修正方向，切忌猛打方向盘或紧急制动。

82.泥泞路对安全行车的影响，是车轮极易空转和侧滑。

答案：√

83.在这样的路段行车，要牢牢握住方向盘加速通过。

答案：×

正确：在泥泞路段上行车，应握稳方向盘，

稳住加速踏板，匀速、一次性、缓慢通过。

84. 在冰雪路行车中，方向盘不可急打急回，以防车辆侧滑偏出道路。

答案：√

85. 在冰雪路行车时，如果车辆发生侧滑，应快速地向后轮侧滑的一侧转动方向盘，以便调整车身。

答案：×

正确：在冰雪路行车时，如果车辆发生侧滑，应立即缓慢、适当地向后轮侧滑的一侧转动方向盘，可连续数次回转方向盘，以便调整车身。

86. 冰雪路面处理情况，不能使用紧急制动，但可采取急转向的方法躲避。

答案：×

正确：在冰雪路行车中，方向盘不可急打急回，以防车辆侧滑偏出道路。

87. 在冰雪道路上行车时，机动车的稳定性降低，加速过急时车轮易空转或溜滑。

答案：√

88. 大风天气，影响安全行车的主要因素是风速和风向不断变化、尘土飞扬。

答案：√

89. 驾驶机动车在沙尘天气条件下行车，不用开启前照灯、示宽灯和后位灯。

答案：×

正确：在雨、雪、沙尘、冰雹等低能见度情况下行驶时，开启前照灯、示宽灯和后位灯，但同方向行驶的后车与前车近距离行驶时，不得使用远光灯。

90. 大风天气行车中，如果遇到狂风袭来，感觉机动车产生横向偏移时，要急转方向以恢复行驶方向。

答案：×

正确：大风天气行车，由于风速和风向往往不断地发生变化，如果遇到狂风袭来，感觉汽车产生横向偏移时，一定要双手稳握方向盘并减速。

91. 如果遇到较强横风，感觉机动车产生横向偏移时，要握紧方向盘并紧急制动。

答案：×

正确：遇到较强横风，感觉机动车产生横向偏移时，应轻收加速踏板，等车速降下来后再轻打方向盘和轻踩制动踏板。如果紧急制动，极易

侧翻或者侧滑。

92. 驾驶机动车遇到左侧来风时，可适当向左调整方向。

答案：×

正确：驾驶机动车遇到左侧来风，应握紧方向盘，保持直线行驶，出现偏移时才要适当调整方向。

93. 驾驶机动车遇到右侧来风时，可适当向右调整方向。

答案：×

正确：驾驶机动车遇到右侧来风，应握紧方向盘，保持直线行驶，出现偏移时再适当调整方向。

94. 夜间行车时，驾驶人视距变短，影响观察，同时注意力高度集中，容易产生疲劳。

答案：√

95. 夜间会车时，如果对向来车不关闭远光灯，可开启远光灯以便于看清路面情况。

答案：×

正确：夜间会车应当在距对向来车150m以外改用近光灯，如果对向车辆不关闭远光灯，可交替使用远近光灯提示对向车辆。当对向来车仍不关闭远光灯时，要及时减速靠右侧行驶或停车让行。

96. 夜间机动车灯光照射距离由远及近，说明机动车可能已到起伏坡道的低谷。

答案：√

97. 夜间驾驶机动车跟车行驶的距离要比白天时短。

答案：×

正确：夜间行车相对白天而言，车辆灯光照射的范围小，驾驶人的视野受限，对事物的观察能力明显比白天差，并且常遇紧急情况。因此，驾驶人必须准备随时停车。在这种情况下，为避免危险，要注意适当增加跟车距离。

98. 在夜间行车，前方遇到这种情况时不能盲目让超。

答案：√

99.夜间会车遇到这种情况要警惕两车前照灯交汇处（视线盲区）的危险。

答案：√

二、单选题

1.驾驶机动车在这种情况下怎样汇入主路车流?

A.加速直接汇入车流

B.从主路内紫色车后汇入车流

C.开启转向灯直接汇入车流

D.从主路内紫色车前汇入车流

答案：B

2.车辆在主干道上行驶，驶近主支道交汇处时，为防止与从支道突然驶入的车辆相撞，应怎样做?

A.鸣喇叭，迅速通过

B.提前减速、观察，谨慎驾驶

C.保持正常速度行驶

D.提前加速通过

答案：B

3.驾驶机动车变更车道至少提前多长时间开启转向灯?

A.提前3秒开启转向灯

B.提前2秒开启转向灯

C.开始变道时开启转向灯

D.变道时不用开启转向灯

答案：A

4.驾驶机动车在有导向车道的交叉路口怎样变更车道?

A.在实线区变更车道

B.在虚线区变更车道

C.根据需要变更车道

D.接近路口时变更车道

答案：B

5.驾驶机动车在路口前准备右转弯遇右侧有车怎样变更车道?

A.在停止线前向右变道

B.进入实线区后向右变道

C.在右侧车后向右变道

D.超越右侧机动车向右变道

答案：C

6.驾驶机动车在路口前准备左转弯遇左侧有车怎样变更车道?

A.在左侧车后向左变道

B.在停止线前向左变道

C.直接向左变道

D.加速在左侧车前方变道

答案：A

7.驾驶机动车在交叉路口前变更车道时，应怎样驶入要变更的车道?

A.在虚线区按导向箭头指示

B.进入路口实线区内

C.在路口停止线前

D.在路口前实线区内根据需要

答案：A

8.驾驶机动车遇到这种情况怎样行驶最安全?

A.减速或停车让行　　B.紧靠路中心行驶

C.占对方车道会车　　D.鸣喇叭或开前照灯

答案：A

9.驾驶机动车遇到这种情况怎样行驶?

A.连续鸣喇叭告知让道

B.从摩托车左侧绕过

C.占对向车道加速超越

D.减速让摩托车先行

答案：D

10.驾驶机动车遇到这种情形怎么办？

A.连续鸣喇叭告知

B.迅速从车左侧超越

C.保持较大跟车距离

D.迅速从车右侧超越

答案：C

11.在这种情况下怎样会车最安全？

A.靠中心线行驶　　B.向车左侧避让

C.开前照灯行驶　　D.向路右侧避让

答案：D

12.会车前选择的交会位置不理想时，要如何处置？

A.加速选择理想位置

B.向左占道，让对方减速让行

C.减速，低速会车或停车让行

D.打开前照灯，示意对方停车让行

答案：C

13.机动车如何在窄桥上会车？

A.加速通过　　　　B.不给对方让行

C.减速靠右通行　　D.减速靠中间通行

答案：C

14.会车中道路一侧有障碍，双方车辆驾驶人应如何做？

A.无障碍一方让对方

B.有障碍的一方让对方

C.速度快的让速度慢的

D.无让路条件的一方让对方

答案：B

15.机动车如何在狭窄的山路会车？

A.重车让空车

B.靠山体的一方让行

C.不靠山体的一方让行

D.速度快的让速度慢的

答案：B

16.机动车在狭窄的坡路上会车时，正确的会车方法是什么？

A.下坡车让上坡车

B.上坡车让下坡车

C.坡顶交会时距离坡顶远的一方

D.下坡车已行至中途而上坡车未上坡时，让上坡车

答案：A

17.夜间会车应当在距相对方向来车多少米改用近光灯？

A.30m以内　　　　B.50m以内

C.100m以内　　　D.150m以外

答案：D

18.会车中遇到对方来车行进有困难需借道时怎么办？

A.示意对方停车让行

B.靠右侧加速行驶

C.尽量礼让对方先行

D.不侵占对方道路，正常行驶

答案：C

19.行车中需要借道绕过前方障碍物，但对向来车已接近障碍物时，应怎样做？

A.加速提前抢过

B.鸣喇叭示意对向车辆让道

C.降低速度或停车，让对向来车优先通行

D.迅速占用车道，迫使对向来车停车让道

答案：C

20.行车中遇到对向来车占道行驶时怎么办？

A.紧靠道路中心行驶

B.逼对方靠右行驶

C.主动给对方让行

D.用前照灯警示对方

答案：C

21.驾驶机动车超车时遇到这样的情况怎样保证安全？

A.连续鸣喇叭提示

B.减速保持安全距离

C.保持距离加速通过

D.占用对向车道超越

答案：B

22.超车时，发现前方机动车正在超车，驾驶人怎么办？

A.加速强行超越

B.紧跟其后，伺机超越

C.连续鸣喇叭催前车让路

D.停止超车，让前方机动车先超车

答案：D

23.驾驶机动车超车要注意什么？

A.从前车的右侧超越

B.不受速度限制

C.从前车的左侧超越

D.从左右两侧均可超越

答案：C

24.行车中突遇对方车辆强行超车，占据自己车道，正确的做法是什么？

A.加速行驶

B.保持原车速行驶

C.尽可能减速避让，直至停车

D.挡住其去路

答案：C

25.进入左侧道路超车，无法保证与正常行驶前车的横向安全间距时，要如何处置？

A.加速超越

B.并行一段距离后再超越

C.谨慎超越

D.放弃超车

答案：D

26.在没有道路中心线的道路上，前车遇后车发出超车信号时，要如何处置？

A.加速行驶

B.迅速停车让行

C.保持原有状态行驶

D.在条件许可的情况下，减速靠右让路

答案：D

27.在同方向只有一条机动车道的道路上，前车遇后车发出超车信号时，要如何处置？

A.加速靠右让行

B.及时停车靠右让行

C.保持正常行驶速度靠右让行

D.在条件许可的情况下，降低速度靠右让行

答案：D

28.在这种情况下被超机动车驾驶人怎样做才对？

A.开远光灯抗议

B.鸣喇叭进行警告

C.冷静减速或停车

D.加速反超后告诫

答案：C

29.在一般道路掉头时，如果发现有过往机动车通过，要如何处置？

A.鸣喇叭示意

B.主动停车避让

C.继续掉头

D.加速掉头

答案：B

30.以下准许机动车掉头的地方是哪一项？

A.隧道　　　　　　B.环岛

C.铁路道口　　　　D.人行横道

答案：B

31.大客车倒车时遇到这种情况怎样做以保证安全?

A.低速缓慢倒车

B.主动停车避让

C.连续鸣喇叭示意

D.向右转向倒车

答案:B

32.在一般道路倒车时,如果发现有过往车辆通过,应怎样做?

A.加速倒车　　　　B.主动停车避让

C.鸣喇叭示意　　　D.继续倒车

答案:B

33.机动车临时靠边停车后准备起步时,应先做什么?

A.挂前进挡　　　　B.观察周围交通情况

C.轻踩加速踏板　　D.鸣喇叭

答案:B

34.驾乘人员下车时要怎样做以保证安全?

A.观察前方交通情况

B.先开车门再观察侧后情况

C.先观察侧后情况,再缓开车门

D.停车后立即开门下车

答案:C

35.机动车在道路边临时停车时要注意什么?

A.可逆向停放

B.只要出去方便,可随意停放

C.可并列停放

D.不得逆向或并列停放

答案:D

36.机动车在雨天临时停车时,应开启什么灯?

A.前后雾灯　　　　B.前照灯

C.倒车灯　　　　　D.危险警告灯

答案:D

37.机动车在雾天临时停车时,应开启什么灯?

A.危险警告灯、示宽灯和后位灯

B.倒车灯、示宽灯和后位灯

C.左转向灯、示宽灯和后位灯

D.前照灯、示宽灯和后位灯

答案:A

38.机动车在雪天临时停车时,应开启什么灯?

A.倒车灯、示宽灯和后位灯

B.前照灯、示宽灯和后位灯

C.前后雾灯、示宽灯和后位灯

D.危险警告灯、示宽灯和后位灯

答案:D

39.机动车在夜间临时停车时,应开启什么灯?

A.前后雾灯、示宽灯和后位灯

B.倒车灯、示宽灯和后位灯

C.前照灯、示宽灯和后位灯

D.危险警告灯、示宽灯和后位灯

答案:D

40.以下哪种停车行为是正确的?

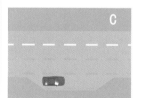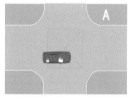
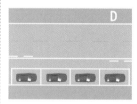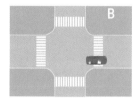

A.停在路中心

B.停在人行横道

C.停在公交车站

D.停在路旁标划的停车区

答案:D

41.机动车停车的错误做法是什么?

A.应当在规定地点停放

B.禁止在人行道上停放

C.可以停放在非机动车道上

D.在道路上临时停车时,不得妨碍其他车辆和行人通行

答案：C

42.在这种情况的路口哪辆直行车优先通行？

A.大客车先行

B.不分先后通行

C.速度快的先行

D.红色小客车先行

答案：A

43.如何驾驶机动车通过无交通信号的交叉路口？

A.提前加速通过

B.鸣喇叭，迅速通过

C.保持正常速度行驶

D.提前减速，确认安全后通过

答案：D

44.驾驶机动车在这种情况的路口哪辆车优先通行？

A.直行机动车　　　B.掉头机动车

C.左转弯机动车　　D.右转弯机动车

答案：A

45.驾驶机动车在这个路口怎样右转弯行驶？

A.沿直行车道右转弯

B.停止线前停车等待

C.借非机动车道右转

D.沿右侧道路右转弯

答案：D

46.驾驶机动车在路口直行遇到这种情况怎么办？

A.鸣喇叭示意其让行

B.加速从车前通过

C.减速或停车让行

D.开前照灯示意其让行

答案：C

47.机动车在交叉路口有优先通行权的，遇有机动车抢行时怎么办？

A.抢行通过

B.提前加速通过

C.减速避让，必要时停车让行

D.按优先权规定正常行驶不予避让

答案：C

48.机动车行至交叉路口，遇有转弯的机动车抢行时怎么办？

A.停车避让　　　　B.鸣喇叭抢先通过

C.保持正常车速行驶　D.提高车速抢先通过

答案：A

49.在没有交通信号的交叉路口遇到车辆缓慢行驶时怎么办？

A.从左侧超车　　　B.依次交替通行

C.穿插等候的车辆　D.借右侧道路超车

答案：B

50.驾驶机动车驶出这个环岛路口怎样使用灯光？

A.开启左转向灯　　B.开启警告灯

C.开启右转向灯　　D.不用开转向灯

答案：C

51.驾驶机动车进入这个路口怎样使用灯光?

A.开启右转向灯　　B.开启左转向灯
C.开启危险警告灯　D.不用开启转向灯
答案: D

52.在环形路口内行驶时,如果有机动车强行驶入怎么办?

A.提高车速,抢道行驶
B.提高车速,不让其驶入
C.保持正常车速行驶
D.减速避让
答案: D

53.驾驶机动车怎样通过立交桥左转弯?

A.过桥前左转进入匝道
B.过桥后左转进入匝道
C.过桥前向右进入匝道
D.过桥后向右进入匝道
答案: D

54.驾驶机动车怎样通过立交桥右转弯?

A.过桥前向右进入匝道
B.过桥后左转进入匝道
C.过桥后向右进入匝道
D.过桥前左转进入匝道
答案: A

55.驾驶机动车怎样通过这个铁路道口?

A.换入空挡,滑行通过
B.一停、二看、三通过
C.减速、观察、慢通过
D.加速、观察、快通过
答案: B

56.机动车怎样通过有管理人员的铁路道口?

A.以正常速度

B.尽快加速
C.保持安全车速
D.按照管理人员的指挥
答案: D

57.机动车怎样通过有交通信号的铁路道口?

A.尽快加速
B.按照交通信号
C.以正常速度
D.保持安全车速
答案: B

58.机动车遇行人正在通过人行横道要做什么?

A.绕行通过
B.持续鸣喇叭通过
C.停车让行
D.提前加速通过
答案: C

59.机动车行经没有交通信号的道路,遇行人横过道路时要做什么?

A.加速行驶
B.减速或停车避让
C.鸣喇叭,让行人快走
D.绕行通过
答案: B

60.驾驶机动车看到路边有这种标志时怎样行驶?

A.断续鸣喇叭　　B.采取紧急制动
C.减速注意观察　D.做好绕行准备
答案: C

61.驾驶机动车在这种情况下注意什么?

A.公交车突然倒车

B.公交车突然起步

C.行人从车后穿出

D.行人从车前穿出

答案：D

62.驾驶机动车临近停在车站的公交车时，正确的处置方法是什么？

A.保持正常车速行驶

B.持续鸣喇叭

C.随时准备停车

D.加速向左侧变道通过

答案：C

63.在这种公交车站怎样预防公交车突然起步？

A.减速，缓慢超越

B.连续鸣喇叭提醒

C.在公交车后停车

D.迅速超越公交车

答案：A

64.驾驶机动车遇到这种情况怎样行驶？

A.减速避让自行车

B.加速从左侧超越

C.连续鸣喇叭告知

D.紧跟在自行车后

答案：A

65.车辆驶近停在车站的公交车辆时，为预防公交车突然起步或行人从车前穿出，应怎样做？

A.随时准备紧急制动

B.保持正常车速行驶

C.鸣喇叭提醒，加速通过

D.减速，保持足够间距，随时准备停车

答案：D

66.驾驶机动车在这种道路上怎样会车最安全？

A.靠路中心行驶　　B.靠路左侧行驶

C.靠路右侧行驶　　D.在路中间行驶

答案：C

67.机动车驶入双向行驶隧道前，要如何使用灯光？

A.开启近光灯　　B.开启危险警告灯

C.开启远光灯　　D.开启雾灯

答案：A

68.驾驶车辆行至道路急转弯处，应怎样做？

A.靠弯道外侧行驶

B.急剧制动，低速通过

C.充分减速并靠右侧行驶

D.借对向车道行驶

答案：C

69.在这种路段如何行驶？

A.在弯道中心转弯　　B.占对方道路转弯

C.加速鸣喇叭通过　　D.减速鸣喇叭示意

答案：D

70.在这种条件的道路上怎样行驶才安全？

A.靠路左侧转大弯　　B.借对向车道转弯

C.靠弯路中心转弯　　D.靠路右侧转小弯

答案：D

71.山区道路车辆进入弯道前，在对面没有来车的情况下，应怎样做？

A.可靠弯道外侧行驶

B.可短时间借用对方的车道

C.应"减速、鸣喇叭、靠右行"

D.可加速沿弯道切线方向通过

答案：C

72.驾驶机动车遇到这种情况怎样行驶最安全？

A.鸣喇叭或开前照灯　B.减速靠右侧行驶

C.沿道路左侧行驶　　D.尽量靠路中心行驶

答案：B

73.在较窄的山路上会车时，如果靠山体的一方不让行，临崖一方要注意什么？

A.保持正常车速行驶

B.鸣喇叭催其让行

C.向左占道，谨慎驶过

D.选择安全的地方避让

答案：D

74.驾驶机动车在这种山区弯路怎样行驶？

A.占对向车道行驶　　B.紧靠路右侧行驶

C.靠右侧减速行驶　　D.在道路中心行驶

答案：C

75.驾驶机动车在山区道路遇到这种情况怎样行驶？

A.靠路左侧，加速绕行

B.注意观察，尽快通过

C.勤鸣喇叭，低速通行

D.停车瞭望，缓慢通过

答案：B

76.驾驶机动车在山区道路怎样跟车行驶？

A.加大安全距离　　B.减小纵向间距

C.紧随前车之后　　D.尽快超越前车

答案：A

77.山区上坡路段跟车过程中遇前车停车时怎么办？

A.连续鸣喇叭提示　B.从前车两侧超越

C.紧跟前车后停车　D.保持大距离停车

答案：D

78.在山区道路超车时，应该选择什么路段？

A.任意路段　　　　B.较缓的下坡路段

C.宽阔缓上坡路段　D.较长下坡路段

答案：C

79.驾驶机动车在山区道路因故障停车需要注意什么？

A.选择平缓路段停放

B.选择下坡路段停放

C.选择上坡路段停放

D.选择坡顶位置停放

答案：A

80.驾驶机动车在下坡路段停车怎样使用行车制动器？

A.和平路时一样

B.比在平路时提前

C.比在平路时推迟

D.要轻踏制动踏板

答案：B

81.机动车驶近坡道顶端等影响安全视距的路段时如何保证安全？

A.快速通过

B.随意通行

C.使用危险警告灯

D.减速慢行并鸣喇叭示意

答案：D

82.在山区道路遇对向来车时，应怎样会车？

A.紧靠道路中心　　B.不减速

C.减速或停车让行　D.加速

答案：C

83.车辆在山区道路跟车行驶时，应怎样做？

A.适当加大安全距离

B.尽可能寻找超车机会

C. 适当减小安全距离

D. 紧随前车之后

答案：A

84. 山区道路对安全行车的主要影响是什么？

A. 车流密度大

B. 坡长弯急，视距不足

C. 交通情况单一

D. 道路标志少

答案：B

85. 驾驶机动车怎样经过公路跨线桥？

A. 尽量靠桥中心行驶

B. 加速行驶，尽快通过

C. 车速控制在15km/h以内

D. 按照标志限定速度行驶

答案：D

86. 驾驶机动车驶入高速公路匝道后，以下哪种说法是正确的？

A. 不准掉头　　　　B. 允许停车

C. 可以倒车　　　　D. 允许超车

答案：A

87. 高速公路上行车，如果因疏忽驶过出口且下一出口距离较远时怎样做？

A. 立即停车

B. 在原地掉头

C. 沿路肩倒车驶回

D. 继续向前行驶

答案：D

88. 机动车在高速公路上行驶，以下哪种说法是正确的？

A. 可在应急车道停车上下人员

B. 非紧急情况时不得在应急车道行驶或者停车

C. 可在紧急停车带停车装卸货物

D. 可在减速或加速车道上超车、停车

答案：B

89. 机动车驶出高速公路隧道口时，如遇横风会明显出现什么情况？

A. 加速感　　　　　B. 压力感

C. 减速感　　　　　D. 方向偏移

答案：D

90. 需要在高速公路上停车时，要选择在什么地方停车？

A. 匝道　　　　　　B. 服务区

C. 加速车道　　　　D. 减速车道

答案：B

91. 机动车在高速公路上发生故障需停车检查时，要在什么地方停车？

A. 应急车道

B. 匝道口

C. 最外侧行车道上

D. 内侧行车道上

答案：A

92. 机动车因故障或者事故在高速公路行车道上紧急停车时，驾乘人员怎么办？

A. 站在机动车前方

B. 站在机动车后方

C. 留在车上等待救援

D. 迅速转移至右侧路肩上或应急车道内

答案：D

93. 驾驶机动车进入高速公路加速车道后，尽快将车速提高到多少？

A. 30km/h以上　　　B. 40km/h以上

C. 50km/h以上　　　D. 60km/h以上

答案：D

94. 在同向3车道高速公路上行车，车速高于90km/h、低于110km/h的机动车应在哪条车道上行驶。

A. 最左侧　　　　　B. 最右侧

C. 中间　　　　　　D. 任意

答案：C

95. 在同向3车道高速公路上行驶，最右侧车道的最低车速为多少？

A. 40km/h　　　　　B. 60km/h

C. 80km/h　　　　　D. 100km/h

答案：B

96. 在同向4车道高速公路上行车，车速高于110km/h的机动车应在哪条车道上行驶。

A. 最左侧　　　　　B. 第二条

C. 第三条　　　　　D. 最右侧

答案：A

97.机动车在高速公路上超车，车速为100km/h时，最小横向间距应为多少？

A.0.8m　　　　　B.1.0m

C.1.2m　　　　　D.1.5m

答案：D

98.机动车从匝道驶入高速公路，应当开启什么灯？

A.左转向灯　　　　B.右转向灯

C.前照灯　　　　　D.危险警告灯

答案：A

99.机动车驶离高速公路时，应当开启什么灯？

A.左转向灯　　　　B.右转向灯

C.前照灯　　　　　D.危险警告灯

答案：B

100.机动车上高速公路，以下哪种说法是正确的？

A.非紧急情况时可在应急车道行驶

B.可以试车或学习驾驶

C.可在匝道、加速车道、减速车道上超车

D.不准倒车、逆行、穿越中央分隔带掉头

答案：D

101.机动车上高速公路，以下哪种说法是错误的？

A.不可骑、轧车道分界线行驶

B.不可在路肩上行驶

C.不可学习驾驶

D.可以在匝道、加速车道或者减速车道上超车

答案：D

102.在高速路上机动车发生故障，设置故障车警告标志正确的是哪项？

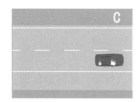
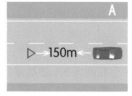
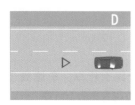
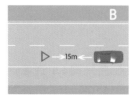

A.打开危险警告灯，车身后150m处放置三角警告标志

B.打开危险警告灯，车身后15m放置三角警告标志

C.无任何警告标志

D.车身后随意放置警告标志

答案：A

103.雾天对安全行车的主要影响是什么？

A.易发生侧滑　　　B.能见度低

C.视野变宽　　　　D.行驶阻力大

答案：B

104.大雾天在高速公路上遇事故不能继续行驶时，危险的做法是什么？

A.尽快离开机动车

B.尽量站到防护栏以外

C.开启危险警告灯和雾灯

D.沿行车道到车后150m以外设置警告标志

答案：D

105.驾驶机动车遇到浓雾或特大雾等能见度过低的天气时如何做？

A.开启雾灯低速行驶

B.选择安全地点停车

C.紧靠路边低速行驶

D.开启前照灯低速行驶

答案：B

106.驾驶机动车在雾天怎样跟车行驶？

A.开启近光灯　　　B.适时鸣喇叭

C.保持大间距　　　D.开启远光灯

答案：C

107.驾驶机动车在雾天两车交会时怎样做最安全？

A.开启雾灯　　　　B.开启远光灯

C.低速大间距　　　D.开启近光灯

答案：C

108.机动车在雾天行驶时，要开启什么灯？

A.雾灯和转向灯　　B.雾灯和远光灯

C.雾灯和近光灯　　D.雾灯和危险警告灯

答案：D

109.遇有浓雾或特大雾能见度过低，行车困难时，应怎样做？

A.开启危险警告灯和雾灯，选择安全地点停车

B.开启示宽灯、雾灯，靠右行驶

C.开启危险警告灯，继续行驶

D.开启前照灯，继续行驶

答案：A

110. 大雾天在高速公路遇事故不能继续行驶时怎样处置？

　　A. 开启危险警告灯和远光灯

　　B. 车上人员要迅速从左侧车门离开

　　C. 在来车方向100m处设置警告标志

　　D. 车上人员站到护栏以外安全的地方

　　答案：D

111. 雨天对安全行车的主要影响是什么？

　　A. 路面湿滑，视线受阻

　　B. 发动机易熄火

　　C. 电气设备易受潮短路

　　D. 行驶阻力增大

　　答案：A

112. 下雨后路面湿滑，车辆行驶中紧急制动时容易导致什么？

　　A. 因视线模糊而撞车

　　B. 发生侧滑，引发交通事故

　　C. 不被其他车辆驾驶人发现

　　D. 引起车辆熄火

　　答案：B

113. 雨天行车，遇撑雨伞和穿雨衣的行人在公路上行走时，应怎样做？

　　A. 持续鸣喇叭示意其让道

　　B. 加速绕行

　　C. 以正常速度行驶

　　D. 提前鸣喇叭，并适当降低车速

　　答案：D

114. 在普通道路上驾车遇暴雨，刮水器无法改善驾驶人视线，这时要采取的措施是什么？

　　A. 减速行驶

　　B. 以正常速度行驶

　　C. 集中注意力谨慎驾驶

　　D. 立即减速靠边停驶

　　答案：D

115. 最容易发生侧滑的路面是什么？

　　A. 干燥水泥路面

　　B. 潮湿水泥路面

　　C. 大雨中的路面

　　D. 下雨开始时的路面

　　答案：D

116. 当车辆在湿滑路面上行驶时，路面附着力随

着车速的增加如何变化？

　　A. 没有变化　　　　　B. 急剧增大

　　C. 逐渐增大　　　　　D. 急剧减小

　　答案：D

117. 在泥泞路段行车容易出现什么现象？

　　A. 行驶阻力大　　　　B. 车轮侧滑

　　C. 方向失控　　　　　D. 机动车颠簸

　　答案：B

118. 在泥泞路段遇车后轮向右侧滑时如何处置？

　　A. 向右转向　　　　　B. 向左转向

　　C. 紧急制动　　　　　D. 继续加速

　　答案：A

119. 在泥泞路段遇驱动车轮空转打滑时如何处置？

　　A. 换高速挡加速猛冲

　　B. 在驱动轮下铺垫砂石

　　C. 在从动轮下铺垫砂石

　　D. 猛打方向盘配合急加速

　　答案：B

120. 水淹路面影响行车安全，不易通行的原因是什么？

　　A. 无法观察到暗坑和凸起的路面

　　B. 路面附着力增大

　　C. 能见度低，视野模糊

　　D. 日光反射阻挡视线

　　答案：A

121. 泥泞道路对安全行车的主要影响是什么？

　　A. 能见度低，视野模糊

　　B. 车轮极易滑转和侧滑

　　C. 行驶阻力变小

　　D. 路面附着力增大

　　答案：B

122. 冰雪道路对行车安全的主要影响是什么？

　　A. 能见度降低　　　　B. 容易发生故障

　　C. 行驶阻力增大　　　D. 制动性能变差

　　答案：D

123. 驾驶机动车在山区冰雪道路上遇前车正在爬坡时如何处置？

　　A. 紧随前车后爬坡

　　B. 前车通过后再爬坡

　　C. 迅速超越前车爬坡

　　D. 低速超越前车爬坡

　　答案：B

124.驾驶机动车在冰雪路面怎样跟车行驶？

A.开启危险警告灯

B.不断变换前照灯远近光

C.保持较大的安全距离

D.适时鸣喇叭提示前车

答案：C

125.驾驶机动车在结冰的道路上怎样会车？

A.适当加速交会

B.两车临近时减速

C.提前减速，缓慢交会

D.尽量靠近中线交会

答案：C

126.驾驶机动车在冰雪路面行车注意什么？

A.制动距离变短　　　B.制动距离变长

C.抗滑能力变大　　　D.路面附着力变大

答案：B

127.驾驶机动车在冰雪路面怎样安全超车？

A.增大横向间距　　　B.加速尽快超越

C.开启前照灯　　　　D.连续鸣喇叭

答案：A

128.机动车在什么样的路面上制动时车轮最容易抱死？

A.混凝土路　　　　　B.土路

C.冰雪路面　　　　　D.沙土路

答案：C

129.驾驶未安装防抱死制动系统（ABS）的机动车，在冰雪路面怎样使用制动？

A.重踏制动踏板

B.猛踏制动踏板

C.轻踏或间歇踩踏制动踏板

D.与其他路面一样踏制动踏板

答案：C

130.大风天气行车，由于风速和风向往往不断地发生变化，当感到方向盘突然"被夺"时，驾驶人要怎样做？

A.逆风向转动方向盘

B.顺风向转动方向盘

C.双手稳握方向盘

D.采取紧急制动

答案：C

131.夜间道路环境对安全行车的主要影响是什么？

A.驾驶人易产生冲动、幻觉

B.驾驶人体力下降

C.能见度低，不利于观察道路交通情况

D.路面复杂多变

答案：C

132.夜间驾驶机动车在窄路或者窄桥遇自行车对向驶来时，要怎样使用灯光？

A.使用示宽灯

B.使用远光灯

C.使用近光灯

D.连续变换远近光灯

答案：C

133.机动车在夜间通过没有交通信号灯控制的交叉路口时，要怎样使用灯光？

A.使用危险警告灯

B.使用远光灯

C.使用近光灯

D.交替使用远近光灯示意

答案：D

134.夜间机动车通过照明条件良好的路段时，要怎样使用灯光？

A.远光灯　　　　　　B.前后雾灯

C.近光灯　　　　　　D.危险警告灯

答案：C

135.夜间驾驶机动车遇到这种情况怎样使用灯光？

A.临近时关闭前照灯

B.使用近光灯

C.使用远光灯

D.提前关闭所有灯光

答案：B

136.夜间驾驶机动车在照明条件良好的路段跟车行驶怎样使用灯光？

A.关闭前照灯

B.使用远光灯

C.使用近光灯

D.关闭所有车灯

答案：C

137.夜间驾驶机动车遇到这种情况时怎样处理?

  A.减速或停车让行

  B.保持正常车速行驶

  C.高速行驶避开灯光

  D.开启远光灯对射

  答案：A

138.夜间行车时前方出现急转弯或大坑,灯光照射如何变化?

  A.距离不变　　　　B.由高变低

  C.由远及近　　　　D.离开路面

  答案：D

139.夜间会车要在距对方来车多少米以外改用近光灯?

  A.30　　　　　　　B.50

  C.100　　　　　　 D.150

  答案：D

140.夜间机动车灯光照射由路中移到路侧是什么原因?

  A.驶入上坡道　　　B.进入下坡道

  C.上坡驶到坡顶　　D.前方出现弯道

  答案：D

141.夜间机动车灯光照射距离由远及近可能是什么原因?

  A.由弯道进入直道　B.前方出现弯道

  C.进入连续弯道　　D.前方出现大坑

  答案：A

142.夜间驾驶机动车超车遇前车不让路时怎样处置?

  A.保持距离等待让行

  B.连续鸣喇叭提示

  C.开远光灯尾随行驶

  D.连续变换前照灯远、近光

  答案：A

143.夜间会车前,两车在相距150m之外交替变换前照灯远近光的作用是什么?

  A.驾驶操作的习惯行为

  B.便于双方观察前方情况

  C.会车前两车之间相互提示

  D.驾驶人之间的一种礼节

  答案：B

144.夜间行车时,全车灯光突然熄灭,应如何处置?

  A.减速行驶

  B.利用惯性,慢慢停车

  C.紧急制动,原地停车

  D.立即制动,靠边停车

  答案：D

145.机动车在夜间行驶如何保证安全?

  A.保持现有速度行驶

  B.以最高设计车速行驶

  C.降低速度,谨慎驾驶

  D.以超过规定的最高车速行驶

  答案：C

146.夜间驾驶车辆遇自行车对向驶来时,应怎样做?

  A.连续变换远、近光灯

  B.使用近光灯,减速或停车避让

  C.不断鸣喇叭

  D.使用远光灯

  答案：B

147.夜间驾驶人对物体的观察明显比白天差,视距会有什么变化?

  A.变短　　　　　　B.无规律

  C.变长　　　　　　D.不变

  答案：A

三、多选题

1.为了安全驾驶,新能源纯电动汽车对动力蓄电池的要求有哪些?

  A.比能量高　　　　B.安全性好

  C.均匀一致性好　　D.电压高

  答案：ABC

2.为了安全驾驶,新能源纯电动汽车对充电设备的基本要求是什么?

  A.安全性

  B.效率高

  C.使用方便

  D.外形尺寸要小

  答案：ABC

3.驾驶机动车通过学校时要注意什么？

A.减速慢行

B.不要鸣喇叭

C.快速通过

D.观察标志标线

答案：ABD

4.机动车通过隧道时禁止以下哪些行为？

A.停车　　　　　　B.掉头

C.超车　　　　　　D.倒车

答案：ABCD

5.机动车行驶至转弯路段时，易引发事故的驾驶行为有什么？

A.在驶入弯道前不减速

B.机动车靠路右侧行驶

C.机动车占对向道行驶

D.在弯道内急转方向盘

答案：ACD

6.为确保机动车在高速公路上行驶的安全，不得有下列哪些行为？

A.倒车逆行，穿越中央分隔带掉头，或在车道内停车

B.在匝道、加速车道或者在减速车道上超车

C.骑轧车行道分界线或者在路肩上行驶

D.试车或者学习驾驶机动车

答案：ABCD

7.机动车在高速公路上行驶，遇有雾、雨、雪且能见度为100～200m时，应该怎么做？

A.开启雾灯、近光灯、示宽灯、前后位灯

B.车速不超过60km/h

C.从最近的出口尽快驶离高速公路

D.与同车道前车保持100m以上的距离

答案：ABD

8.机动车因故障必须在高速公路上停车时，要采取的正确做法是什么？

A.在车后150m处设置故障警告标志

B.夜间要开启示宽灯和后位灯

C.要开启危险警告灯

D.在车后100m处设置故障警告标志

答案：ABC

9.雾天机动车在道路上通行，驾驶人要怎样做？

A.减速慢行　　　　B.高速行驶

C.保持安全车距　　D.正确使用灯光

答案：ACD

10.雨天安全行车的注意事项是什么？

A.选择安全车速行驶

B.避免紧急制动、紧急转向

C.保持足够的安全距离

D.注意非机动车和行人动态

答案：ABCD

11.驾驶机动车遇有漫水路时，要采取的正确做法是什么？

A.停车察明水情

B.确认安全后，低速通过

C.机动车涉水后，持续轻踏制动踏板

D.机动车涉水后，间断轻踏制动踏板

答案：ABD

12.在泥泞道路上行车时，采取的正确做法是什么？

A.稳握方向盘

B.加速通过

C.尽量避免使用行车制动器

D.选用中低速挡慢速行驶

答案：ACD

13.在冰雪路面转弯，驾驶人要采取的措施是什么？

A.紧跟前车

B.控制车速，避免紧急制动

C.尽量循前车的车辙行驶

D.避免急转方向

答案：BCD

14.机动车在夜间发生故障时，驾驶人要做什么以确保安全？

A.开启危险警告灯

B.选择安全区域停车

C.开启示宽灯和后位灯

D.按规定设置警告标志

答案：ABCD

15.新能源纯电动汽车的性能或声音发生什么变化时是需要检修的直观预兆？

A.冷却液温度持续过高，不流动，有泄漏

B.电机有卡滞、异响，运转时有过大振动

C.动力总成有漏油、异味、动力显著降低

D.电池温度持续高温

答案：ABCD

16.新能源纯电动汽车动力蓄电池故障警告灯和动力蓄电池高压断开警告灯同时点亮，故障原因可能是什么？

　　A.动力蓄电池模组低压断路

　　B.高压互锁故障

　　C.SOC过低

　　D.系统误报

　　答案：ABD

第五部分　临危处置与事故救护

一、判断题

1.在高速公路上遇到紧急情况时，要采取急转向避让措施。

　　答案：×

　　正确：在高速公路遇到紧急情况时，要采取制动减速措施，不要轻易急转向避让。

2.紧急情况下避险，始终要把人的生命安全放到首位。

　　答案：√

3.机动车的专用备胎可作为正常轮胎长期使用。

　　答案：×

　　正确：备胎不能作为正常轮胎使用，只是临时替换用。

4.避免爆胎的唯一方法，就是经常进行轮胎换位。

　　答案：×

　　正确：避免爆胎的正确做法是，定期检查轮胎；更换有裂纹或有很深损伤的轮胎；及时清理轮胎沟槽里的异物。

5.车辆发生爆胎后，驾驶人在尚未控制住车速前，不要冒险使用制动踏板停车，以防车辆横甩发生更大的险情。

　　答案：√

6.行车中，遇到突然爆胎时，一定要紧急制动停车。

　　答案：×

　　正确：遇到突然爆胎时，要双手紧握方向盘，保持镇定，缓抬加速踏板，尽力控制机动车直线行驶，轻踏制动踏板，缓慢减速，尽快平稳停车。

7.发现轮胎漏气或气压过低时，要迅速制动停车。

　　答案：×

　　正确：发现轮胎漏气或气压过低时，要缓慢制动减速，将机动车驶离主车道。减速时，不要

采用紧急制动，以免造成翻车或后车采取制动不及导致追尾事故。

8.机动车转向突然失控后，如果前方道路条件能够保持直线行驶，不要使用紧急制动。

　　答案：√

9.出现制动失效后，要首先控制车速，再设法控制方向。

　　答案：×

　　正确：出现制动失效后，要首先控制方向，再设法控制车速。

10.制动突然失灵，避让障碍物时，要掌握"先避人后避物"原则。

　　答案：√

11.与前车发生追尾碰撞时，驾驶人要将双手迅速置于脑后合并护住头后部。

　　答案：×

　　正确：一旦发生汽车追尾碰撞时，驾驶人应挺直腰，双手紧握方向盘，防止惯性前冲使身体猛烈地抛离坐垫伤及颈腰，同时应立即采取相应的停车措施。

12.机动车发生火灾时，要设法将机动车停在远离城镇、建筑物、树木、机动车及易燃物的空旷地带。

　　答案：√

13.高速公路行车发生火灾时，要将机动车驶进服务区或停车场灭火。

　　答案：×

　　正确：发生火灾或自燃时，要尽快靠边停车，在来车方向设置警告标志，及时报警，使用车内备用的灭火器灭火。千万不要将车驶进服务区或停车场灭火。

14.救火时，不要脱去所穿的化纤服装，以免伤害暴露的皮肤。

　　答案：×

正确：救火时，如果穿着尼龙等化纤制品的容易燃烧的衣物，应及早脱去。

15. 救火时，不要张嘴呼吸或高声呐喊，以免烟火灼伤上呼吸道。

答案：√

16. 装有ABS的机动车，在这种路面上会最大限度缩短制动距离。

答案：×

正确：不要依赖防抱死制动系统（ABS）缩短制动距离，尤其是在冰雪路面上紧急制动时，防抱死制动系统（ABS）无法有效缩短制动距离。

17. 驾驶装有ABS的机动车，制动时一定轻踏制动踏板，以防侧滑。

答案：×

正确：驾驶装有ABS的机动车制动时，一定要用力踩制动踏板。

18. 机动车侧滑时，车轮往哪边侧滑，就往侧滑相同的一边转动方向盘。

答案：×

正确：发生侧滑时，前轮侧滑，要向侧滑相反方向转动方向盘；后轮侧滑，要向侧滑方向转动方向盘。

19. 机动车在泥泞路紧急制动时，不会产生侧滑。

答案：×

正确：在泥泞路上制动时，车轮易发生侧滑或甩尾，导致交通事故。

20. 在泥泞路行车中发生侧滑时，要向后轮侧滑的方向转动方向盘适量修正。

答案：√

21. 驾驶机动车在雨雪天气发生侧滑时，要采取紧急减速措施停车。

答案：×

正确：在冰雪路面驾驶机动车要避免紧急制动。

22. 机动车转弯时速度过快，离心力变大，容易发生侧滑。

答案：√

23. 机动车在高速公路意外撞击护栏时，有效的保护措施是向相反方向大幅度转向。

答案：×

正确：意外碰撞护栏时，要稳住方向，迅速向碰撞一侧转向，迫使车辆减速停住。如果向相反方向转向，就会导致车辆发生连续碰撞两侧护栏，甚至发生倾翻事故。

24. 一旦发生"水滑"现象时，要缓抬加速踏板减速，不要使用紧急制动减速。

答案：√

25. 在高速公路上停车休息时，要选择应急车道或路肩等安全的地方。

答案：×

正确：连续驾驶2小时左右，就应找服务区休息。如果一时找不到服务区，可找紧急停车带停车稍微休息，呼吸一下新鲜空气。在紧急停车带休息时，不要进入主路活动。

26. 机动车在高速公路上因故障不能离开行车道时，可在行车道上迅速抢修。

答案：×

正确：在高速公路上发生故障必须停车时，要控制好车速，看清车前车后的交通情况，开启右转向灯，尽快驶离行车道，停在紧急停车带或右侧路肩内。切不可紧急停车，更不要在行车道上直接停车。

27. 在高速公路上发生故障需检查时，要在应急车道停车，不要在行车道上抢修。

答案：√

28. 大雾天在高速公路遇事故不能继续行驶时，车上人员要从右侧车门下车，站到护栏以外安全的地方。

答案：√

29. 高速公路行车发生火灾或自燃时，要尽快靠边停车，在来车方向设置警告标志，及时报警，使用车内备用的灭火器灭火。

答案：√

30. 击打玻璃的尖锤，应经常置放在驾驶人便于操持及相对固定的地方，一旦急用就可信手拈来。

答案：√

31. 机动车落水后，要迅速关闭车窗阻挡车内进水，短暂闭绝空气，可打电话告知救援人员失事地点，等待救援。

答案：×

正确：落水后，驾驶人应保持冷静，并告知乘员不要慌张，做好深呼吸，等水快浸满车厢时再开启车门或打开车窗逃生，不得采用关闭车窗阻挡车内紧水或打急救电话告知救援人员等错误方法。

32.驾驶人逃离火灾时，如果无法开启驾驶室门或车门，应敲碎前风窗玻璃脱离。

答案：×

正确：车窗侧窗是逃生出口，前风窗玻璃采用的是夹胶玻璃，不是逃生出口。

33.在道路上发生交通事故，驾驶人要迅速停车，首先要保护现场，有人员受伤时要立即抢救受伤人员，并迅速报警。

答案：√

34.因抢救受伤人员需要变动现场时，不需要标明位置。

答案：×

正确：因抢救受伤人员需要变动现场时，要标明位置。

35.遇重、特大事故有众多伤员需送往医院时，颈椎受伤的伤员，首先送往医院；处于昏迷状态的伤员，最后送往医院。

答案：×

正确：遇重、特大事故有众多伤员需送往医院时，处于昏迷状态的伤员，首先送往医院；颈椎受伤的伤员，最后送往医院。

36.受伤者在车内无法自行下车时，可设法将其从车内移出，尽量避免二次伤害。

答案：√

37.遇伤者被压于车轮或货物下时，不要拉拽伤者的肢体将其拖出。

答案：√

38.搬运昏迷或有窒息危险的伤员时，要采取仰卧的方式。

答案：×

正确：搬运昏迷或有窒息危险的伤员时，要采取侧卧的方式。

39.采用指压止血法为动脉出血伤员止血时，拇指压在伤口的近心端动脉，然后用绷带进行包扎。在没有绷带的情况下，可用毛巾、手帕、床单、长筒尼龙袜子等代替。

答案：√

40.救助失血过多出现休克的伤员，不要采取保暖措施。

答案：×

正确：救助失血过多出现休克的伤员，要采取保暖措施，防止热损耗。

41.颈总动脉压迫止血法，常在伤员颈部动脉大出血而采用其他止血方法无效时使用。

答案：√

42.伤员前臂或小腿出血，可在腋窝或肘窝加垫屈肢固定。

答案：√

43.在紧急情况下为伤员止血时，要先用压迫法止血，然后再根据出血情况改用其他止血法。

答案：√

44.用沙土覆盖会造成伤口感染，甚至危及生命。

答案：√

45.烧伤伤员口渴时，只能喝白开水。

答案：×

正确：烧伤伤员口渴时，可喝少量的淡盐水。

46.对无骨端外露骨折伤员的肢体，用夹板或木棍、树枝等固定时要超过伤口上、下关节。

答案：√

47.伤员四肢骨折有骨外露时，不要还纳，可用敷料包扎。

答案：√

48.伤员脊柱骨折时，要用三角巾固定，移动时小心扶持伤者走动。

答案：×

正确：伤员脊柱骨折时，要用三角巾固定，移动时切勿扶持伤者走动，要用硬担架运送。

49.伤员骨折后在抬上担架时，要遵循医护人员的指导，由3名救护人员把手托放在伤员身下，一起将伤员抬上担架。

答案：√

50.伤员骨折处出血时，应先固定，然后再止血并消毒包扎伤口。

答案：×

正确：伤员骨折处出血时，应先止血并消毒包扎伤口，然后再固定。

51.伤员大腿、小腿和脊椎骨折时，一般不要随便移动伤者。

答案：√

52. 压缩气体遇燃烧、爆炸等险情时，应向气瓶覆盖沙土，并及时将气瓶移出危险区域。

答案：×

正确：应该首先弄清燃烧的气体源头，可能的话关闭气体阀门，迅速撤离到它的上风处，用高压水枪或泡沫灭火器对准火源根部喷射直至火熄。

53. 扑救易散发腐蚀性蒸气或有毒气体的火灾时，扑救人员应戴防毒面具和相应的防护用品，站在上风处施救。

答案：√

54. 易燃液体一旦发生火灾，要及时用水扑救。

答案：×

正确：灭火扑救时，如果燃油起火，不要用水灭火，只能用灭火器或篷布等蒙盖，断绝与空气的接触，使其熄灭。

55. 腐蚀品着火时，不能用水柱直接喷射扑救。

答案：√

二、单选题

1. 遇紧急情况避险时，要沉着冷静，坚持什么样的处理原则？

　　A.先避物后避车　　B.先避车后避人

　　C.先避物后避人　　D.先避人后避物

答案：D

2. 在高速公路上遇到紧急情况避险时需注意什么？

　　A.采取制动措施减速

　　B.向左侧转向避让

　　C.向右侧转向避让

　　D.迅速转动方向盘躲避

答案：A

3. 避免爆胎错误的做法是什么？

　　A.及时清理轮胎沟槽里的异物

　　B.定期检查轮胎

　　C.更换有裂纹或有很深损伤的轮胎

　　D.降低轮胎气压

答案：D

4. 前轮胎爆裂已出现转向时，驾驶人不要过度校正，应在控制住方向的情况下，该怎样做使车辆缓慢减速？

　　A.迅速踏下制动踏板

　　B.使用驻车制动

　　C.轻踏制动踏板

　　D.采取紧急制动

答案：C

5. 轮胎气压过低时，若高速行驶，轮胎会出现波浪变形、温度升高而导致什么？

　　A.行驶阻力增大　　B.气压更低

　　C.爆胎　　　　　　D.气压不稳

答案：C

6. 避免机动车行驶中突然爆胎的预防措施是什么？

　　A.降低轮胎气压

　　B.进行轮胎前后换位

　　C.提高轮胎气压

　　D.不使用有伤痕的轮胎

答案：D

7. 行车中发现轮胎漏气时怎样处置？

　　A.迅速制动减速

　　B.迅速向爆胎一侧转向

　　C.采取紧急制动

　　D.慢慢制动减速

答案：D

8. 后轮胎爆裂时，驾驶人要如何处置？

　　A.迅速采取制动措施

　　B.迅速转动方向盘调整

　　C.控制行驶方向并慢慢减速

　　D.迅速向相反方向转动方向盘

答案：C

9. 行车中轮胎突然爆裂时的不正确做法是什么？

　　A.保持镇静，缓抬加速踏板

　　B.待车速降低后，再轻踏制动踏板

　　C.紧握方向盘，控制机动车直线行驶

　　D.采取紧急制动，在最短的时间内停车

答案：D

10. 行车中前轮胎出现爆裂时怎样处置？

　　A.使用驻车制动

　　B.迅速向爆胎一侧转向

　　C.轻踏制动踏板

　　D.采取紧急制动

答案：C

11. 行车中后轮胎爆裂时怎样处置？

　　A.迅速向爆胎一侧转向

　　B.使用驻车制动减速

　　C.控制方向，减速停车

　　D.采取紧急制动措施

答案：C

12.避免爆胎的错误做法是什么？

 A.定期检查轮胎

 B.降低轮胎气压

 C.及时清理轮胎沟槽里的异物

 D.更换有裂纹或有很深损伤的轮胎

 答案：B

13.行车中轮胎突然爆裂时的应急措施是什么？

 A.迅速制动减速

 B.迅速转动方向盘调整方向

 C.紧握方向盘，尽快平稳停车

 D.低速行驶，寻找换轮胎的地点

 答案：C

14.当机动车转向失控，行驶方向偏离，事故已经无可避免时，要采取什么措施？

 A.紧急制动

 B.迅速转向进行调整

 C.迅速向有障碍一侧转向躲避

 D.迅速向无障碍一侧转向躲避

 答案：A

15.驾驶装有助力转向装置的机动车发现转向困难怎样处置？

 A.降低车速行驶

 B.停车查明原因

 C.控制转向，缓慢行驶

 D.保持机动车直线行驶

 答案：B

16.行车中遇到转向失控，行驶方向偏离时怎样处置？

 A.尽快减速停车

 B.迅速转向调整

 C.向无障碍一侧躲避

 D.向有障碍一侧躲避

 答案：A

17.驾驶人发现转向不灵活时，错误的做法是什么？

 A.继续驾驶　　　　B.停车查明原因

 C.应尽快减速停车　D.在安全地点停车

 答案：A

18.转向失控后，如果车辆偏离直线行驶方向，应怎样使车辆尽快减速停车？

 A.迅速抢挡减速

 B.轻踩制动踏板

 C.拉紧驻车制动器操纵杆

 D.果断地连续踩踏、放松制动踏板

 答案：D

19.高速行驶的车辆，在转向失控的情况下使用紧急制动，很容易造成什么后果？

 A.侧滑　　　　　　B.翻车

 C.爆胎　　　　　　D.车厢前移

 答案：B

20.机动车发生撞击的位置不在驾驶人一侧或撞击力量较小时，驾驶人不正确的做法是什么？

 A.从一侧跳车　　　B.紧握方向盘

 C.两腿向前蹬　　　D.身体向后紧靠座椅

 答案：A

21.在车速较高，可能与前方机动车发生碰撞时，驾驶人要采取什么措施？

 A.急转方向向左避让

 B.急转方向向右避让

 C.先转向避让，后制动减速

 D.先制动减速，后转向避让

 答案：D

22.行车中与其他机动车发生正面碰撞已不可避免时怎样处置？

 A.迅速采取紧急制动

 B.向左急转方向盘躲避

 C.变正面碰撞为侧面碰撞

 D.向右急转方向盘躲避

 答案：A

23.怎样正确使用灭火器灭火？

 A.尽量接近火源　　B.灭火器瞄准火苗

 C.人要站在下风处　D.灭火器瞄准火源

 答案：D

24.机动车行驶过程中起火，驾驶人错误的做法是什么？

 A.跳车逃离　　　　B.驾车远离加油站

 C.使用灭火器灭火　D.将车停至空旷路段

 答案：A

25.在高速公路上驾驶机动车意外碰撞护栏时采取什么保护措施？

 A.适量修正方向盘

 B.迅速采取紧急制动

 C.迅速向碰撞一侧转向

D.迅速向相反方向转向

答案：C

26.雨天机动车在高速公路上行驶发生"水滑"现象时怎样处置？

A.提速增大车轮排水量

B.急踩制动踏板减速

C.缓抬加速踏板减速

D.迅速转向进行调整

答案：C

27.大雨天在高速公路上行车时，怎样避免发生"水滑"现象？

A.提高车速行驶 　　B.降低车速行驶

C.安装防滑装置 　　D.断续使用制动

答案：B

28.机动车在高速公路上发生故障需检查时怎样停车？

A.在应急车道停车

B.在最外侧行车道上停车

C.在内侧行车道上停车

D.在匝道口三角地带停车

答案：A

29.在高速公路上行车选择什么地方停车？

A.匝道 　　　　　　B.服务区

C.加速车道 　　　　D.减速车道

答案：B

30.在高速公路上遇到紧急情况避险时需注意什么？

A.向左侧转向避让

B.迅速转动方向盘躲避

C.向右侧转向避让

D.采取制动措施减速

答案：D

31.机动车因故障或者事故在高速公路行车道上紧急停车时，驾乘人员怎么办？

A.站在机动车前方

B.站在机动车后方

C.留在车上等待救援

D.迅速转移至右侧路肩上或应急车道内

答案：D

32.机动车在高速公路上发生故障时错误的做法是什么？

A.按规定设置警告标志

B.车上人员不能下车

C.开启危险警告灯

D.迅速报警

答案：B

33.机动车不慎落水，车门无法开启时，可选择的自救方法是什么？

A.敲碎侧窗玻璃 　　B.关闭车窗

C.打电话求救 　　　D.用工具撬开车门

答案：A

34.行车中遇交通事故受伤者需要抢救时，应怎样做？

A.借故避开现场

B.尽量避开，少惹麻烦

C.绕过现场行驶

D.及时将伤者送医院抢救或拨打急救电话

答案：D

35.伤员众多时，最后送往医院的是哪一类伤员？

A.大出血 　　　　　B.上肢骨折

C.呼吸困难 　　　　D.肠管脱出

答案：B

36.在事故现场抢救伤员的基本要求是什么？

A.先帮助轻伤员

B.后救助重伤员

C.先治伤，后救命

D.先救命，后治伤

答案：D

37.抢救昏迷失去知觉的伤员需注意什么？

A.连续拍打伤员面部

B.抢救前先检查呼吸

C.马上实施心肺复苏

D.使劲掐伤员的人中

答案：B

38.抢救失血伤员时要先采取什么措施？

A.观察 　　　　　　B.包扎

C.询问 　　　　　　D.止血

答案：D

39.对没有骨折或关节损伤的上肢或小腿出血伤员采用哪类止血法？

A.压迫止血法

B.止血带止血法

C.屈肢加垫止血法

D.加压包扎止血法

答案：C

40.采用指压止血法为动脉出血伤员止血时，拇指压住伤口的什么位置？

A.血管中部　　　　B.近心端动脉

C.血管下方动脉　　D.远心端动脉

答案：B

41.包扎止血不能用的物品是什么？

A.绷带　　　　　　B.麻绳

C.三角巾　　　　　D.止血带

答案：B

42.止血带止血是用弹性的橡胶管、橡胶带，上肢结扎于伤员上臂什么位置？

A.上1/2　　　　　B.上1/3

C.上2/3　　　　　D.上3/4

答案：B

43.救助全身燃烧伤员要采取哪种应急措施？

A.向身上喷冷水灭火

B.用灭火器进行灭火

C.用沙土覆盖火焰灭火

D.帮助脱掉燃烧的衣服

答案：A

44.救助有害气体中毒伤员，首先采取的措施是什么？

A.采取保暖措施

B.进行人工呼吸

C.进行胸外心脏按压

D.将伤员移到有新鲜空气的地方

答案：D

45.抢救骨折伤员时注意什么？

A.迅速抬上担架送往医院

B.适当调整损伤时的姿势

C.不要移动身体骨折部位

D.用绷带对骨折部位进行包扎

答案：C

46.火药、炸药和起爆药属于哪类危险化学品？

A.爆炸品　　　　　B.氧化性物质

C.易燃固体　　　　D.自燃物品

答案：A

47.火柴、硫黄和赤磷属于哪类危险化学品？

A.爆炸品　　　　　B.自燃物品

C.易燃固体　　　　D.氧化性物质

答案：C

48.下列属于危险化学品易燃固体的是什么？

A.烟花　　　　　　B.电石

C.火柴　　　　　　D.炸药

答案：C

49.电击电气事故发生后，如果事故受害者没有反应，不应采取的急救措施是什么？

A.确定受害者是否有生命迹象

B.呼叫急救医生

C.进行人工呼吸

D.搬动事故受害者

答案：D

三、多选题

1.发生交通事故后，防止二次事故的有效措施是什么？

A.疏散人员

B.开启危险警告灯

C.正确放置危险警告标志

D.标记伤员的原始位置

答案：ABC

2.机动车行驶时突然发生自燃，驾驶人采取的以下紧急避险措施中，正确做法是什么？

A.用清水喷洒扑灭

B.及时报警

C.使用车内备用的灭火器灭火

D.在来车方向设置警告标志

答案：BCD

3.机动车避免爆胎的正确做法是什么？

A.降低轮胎气压

B.定期检查轮胎

C.更换有裂纹或损伤的轮胎

D.及时清理轮胎沟槽内的异物

答案：BCD

4.机动车在高速行驶中，突然爆胎要采取的安全措施是什么？

A.立即松开加速踏板

B.轻踩制动踏板

C.紧急制动，靠边停车

D.牢牢地握住方向盘，保持直行

答案：ABD

5.有效预防机动车发生制动失效的措施是什么？

A.定期维护制动系统

B.正确使用制动，防止热衰退

C.行车前检查制动液是否有滴漏

D.行车前检查制动踏板的自由行程

答案：ABCD

6.与对向来车发生正面碰撞且碰撞位置在驾驶人正前方时，驾驶人正确的应急驾驶姿势是什么？

A.两腿蹬直

B.迅速躲离方向盘

C.迅速将两腿抬起

D.往前排乘员（副驾驶）座位躲避

答案：BCD

7.机动车行驶时突然发生自燃，驾驶人采取的以下紧急避险措施中，正确做法是什么？

A.及时报警

B.用清水喷洒扑灭

C.在来车方向设置警告标志

D.使用车内备用的灭火器灭火

答案：ACD

8.机动车发生侧滑时要如何调整方向？

A.前轮侧滑，向侧滑相反方向转动方向盘

B.前轮侧滑，向侧滑方向转动方向盘

C.后轮侧滑，向侧滑相反方向转动方向盘

D.后轮侧滑，向侧滑方向转动方向盘

答案：AD

9.新能源纯电动汽车着火时，应使用哪种灭火器灭火？

A.水

B.泡沫

C.干粉

D.二氧化碳

答案：CD

第六部分 文明驾驶与案例分析

一、判断题

1.行车时要文明驾驶，礼让三先，做到不开英雄车、冒险车、赌气车和带病车。

答案：√

2.当行人出现交通违法行为时，机动车可以不给行人让行。

答案：×

正确：遇到行人突然横穿道路时，要减速或停车让行，不可从行人前后方绕行或持续鸣喇叭提醒。

3.行车中，遇故意不避让车辆的行人时，可连续鸣喇叭加速通过。

答案：×

正确：遇到行人在路边占道行走时，要减速慢行，注意观察行人动态，不得加速超越或持续鸣喇叭。

4.驾驶机动车遇到行动不便的行人在路边准备过马路时，要提前加速通过。

答案：×

正确：遇到行动不便的行人横过道路时，要及时减速或停车让行，不可采取绕行或鸣喇叭提

醒的方法通过。

5.驾驶机动车遇到盲人横过道路时，要停车礼让。

答案：√

6.驾驶机动车遇到接听手机或注意力高度集中的行人，要在临近时鸣喇叭警示。

答案：×

正确：遇到接听手机或注意力高度集中的行人，应提前减速，轻按喇叭提醒。

7.行车中，遇到儿童在路边玩耍，要提前减速，谨慎驾车通过。

答案：√

8.行车中，遇到缺乏交通经验的行人时，应提高警惕，控制好车速，做好随时停车或让行的准备。

答案：√

9.行车中，遇到老年人在路边行走影响通行时，可连续鸣喇叭催其让道。

答案：×

正确：遇到在路边行走的老年人时，要提前减速慢行，距离较近时要及时停车让行，不可采取加速绕行或连续鸣喇叭的方法通行。

10.驾驶机动车遇到行人在路边占道行走时，要减速慢行，注意观察行人动态，不得加速超越或持续鸣喇叭。

答案：√

11.驾驶机动车遇到行人突然横穿道路时，要从行人前后方绕行。

答案：×

正确：遇到行人突然横穿道路时，要减速或停车让行，不可从行人前后方绕行或持续鸣喇叭提醒。

12.驾驶机动车遇到翻越中间护栏的行人时，要迅速减速并鸣喇叭提示，注意观察动态，做好随时停车的准备，预防行人迅速跑向右侧路边。

答案：√

13.驾驶机动车遇到路边有挑担子的行人时，要急鸣喇叭提示。

答案：×

正确：驾驶机动车遇到路边有挑担子的行人时，要提前减速行驶，可适当鸣喇叭提示，注意观察行人动态，预防行人担子换肩或担子突然横出。

14.驾驶机动车遇有非机动车准备绕过停放的车辆或抢道行驶时，要连续鸣喇叭示意或加速绕过。

答案：×

正确：遇有非机动车准备绕过停放的车辆或抢道行驶时，要主动减速让行，不要连续鸣喇叭示意或加速绕过，否则很容易引起刮碰事故。

15.驾驶机动车遇到在路中玩耍的儿童时，要提前鸣喇叭，加速通过。

答案：×

正确：驾驶机动车遇到在路中玩耍的儿童时，提前鸣喇叭，减速行驶，发现横穿道路的孩子要及时停车礼让，不可从孩子们中间穿行或两侧绕行通过。

16.驾驶机动车超越同向行驶的自行车时，注意观察其动态，减速慢行，保持安全距离，从左侧绕行。

答案：√

17.驾驶机动车遇到缓慢横过道路的老年人时，可加速绕行或连续鸣喇叭通行。

答案：×

正确：驾驶机动车遇到缓慢横过道路的老年人

时，不可采取加速绕行或连续鸣喇叭的方法通行。

18.驾驶机动车遇到牲畜跑向路中，要预防赶牲畜的人突然跑向路中。

答案：√

19.驾驶机动车遇到牲畜横穿抢道的情况，要及时鸣喇叭进行驱赶。

答案：×

正确：遇到动物保护区或牧区时，要降低车速，随时注意避让动物。遇到占道或横过道路的野生动物或牲畜，要及时减速或停车让行。

20.驾驶机动车遇到成群青少年绕过路边停放的机动车时，要主动减速让行。

答案：√

21.在道路情况良好的条件下，行车时可以观看车载视频。

答案：×

正确：行车时观看车载视频是妨碍安全驾驶的行为。

22.行车中，不开转向灯强行并线既是违法行为，也是不文明行为。

答案：√

23.女性驾驶人穿高跟鞋驾驶机动车，不利于安全行车。

答案：√

24.在驾驶室的前后窗范围内悬挂和放置妨碍驾驶人视线的物品，会影响安全行车。

答案：√

二、单选题

1.行车中发现有需要援助的机动车时怎么办？

A.加速通过

B.不予理睬

C.找理由拒绝

D.减速停车，给对方以帮助

答案：D

2.机动车行驶过程中，驾驶人应当把废弃物扔到哪里？

A.车窗外街道上

B.无人看管的道路上

C.随车携带的垃圾箱（袋）里

D.车内座位下或车厢内

答案：C

3.行车中遇其他驾驶人向自己询问路线时怎么办？

    A.不予理睬   B.耐心回答

    C.有偿回答   D.找理由拒绝

    答案：B

4.行车中发现其他机动车有安全隐患时怎么办？

    A.尽快离开   B.不予理睬

    C.随其车后观察   D.及时提醒对方

    答案：D

5.行车中发现其他机动车陷入损坏路段而不能行驶时怎么办？

    A.改道行驶   B.绕行通过

    C.尽快离开   D.尽力帮助

    答案：D

6.驾驶机动车通过积水路面，且道路两侧有行人和非机动车通行时，正确的做法是什么？

    A.加速通过

    B.连续鸣喇叭提醒两侧行人和非机动车注意

    C.减速慢行，避免积水打湿两侧行人和非机动车

    D.保持正常速度行驶

    答案：C

7.驾驶机动车遇到这种情形应该注意什么？

    A.预防儿童横穿   B.尽快加速通过

    C.持续鸣喇叭   D.预防机动车侧滑

    答案：A

8.驾驶机动车在雨天遇到撑雨伞和穿雨衣的行人在路边行走怎样礼让？

    A.加速从左侧绕行

    B.以正常速度行驶

    C.临近鸣喇叭示意

    D.提前减速鸣喇叭

    答案：D

9.驾驶机动车遇到精神病患者影响通行时如何避让？

    A.按照患者的指挥行驶

    B.连续鸣喇叭催其让开

    C.从患者两侧加速通过

    D.从患者右侧低速通过

    答案：D

10.驾驶机动车遇到盲人在路边行走，占路幅较大怎样礼让？

    A.从左侧快速绕过   B.减速或停车避让

    C.连续鸣喇叭提示   D.紧跟在后面行驶

    答案：B

11.驾驶机动车遇到醉酒行人如何避让？

    A.连续鸣喇叭警示   B.减速并保持距离

    C.紧跟在后面行驶   D.加速从左侧绕过

    答案：B

12.驾驶机动车在这种情况下正确的做法是什么？

    A.低速跟在后面行驶

    B.连续鸣喇叭提醒

    C.鸣喇叭加速超越

    D.保持安全距离超越

    答案：D

13.驾驶机动车遇到这种情况怎样做才对？

    A.主动减速让行   B.连续鸣喇叭警告

    C.加速从前方绕过   D.出现危险再减速

    答案：A

14.行车中遇列队横过道路的学生时，应怎样做？

    A.提前加速抢行

    B.降低车速、缓慢通过

C.停车让行

D.连续鸣喇叭催促

答案：C

15.驾驶人行车中看到注意儿童标志的时候，应怎样做？

A.谨慎选择行车速度

B.绕道行驶

C.保持正常车速行驶

D.加速行驶

答案：A

16.行车中遇儿童时，应怎样做？

A.迅速从一侧通过

B.长鸣喇叭催促

C.减速慢行，必要时停车避让

D.加速绕行

答案：C

17.事故中造成这个驾驶人致命伤害的原因是什么？

A.没有系安全带

B.安全气囊没有打开

C.离方向盘距离过近

D.没有握紧方向盘

答案：A

18.这两辆车相撞的主要原因是什么？

A.小客车处置不当

B.大客车速度过快

C.小客车占对向车道

D.大客车占对方车道

答案：D

19.某日13时10分，赵某驾驶一辆新能源汽车从高速公路0km处出发，下午14时10分行至该高速公路125km+200m处时，发生追尾碰撞，汽车驶出西南侧路外边坡，造成3人死亡、2人受伤。赵某的主要违法行为是什么？

A.超速行驶　　　　B.汽车超员

C.疲劳驾驶　　　　D.不按交通标线行驶

答案：A

20.某日早上6时，钱某驾驶一辆新能源汽车出发，连续行驶至上午11时，在宣汉县境内宣南路1km处，坠于公路一侧垂直高度8.5m的陡坎下，造成2人死亡、3人受伤。钱某的主要违法行为是什么？

A.超速行驶　　　　B.汽车超员

C.疲劳驾驶　　　　D.不按交通标线行驶

答案：C

21.孙某驾驶一辆乘载7人的新能源汽车（核载5人），行至宁合高速公路南京境内454km+100m处，被一辆重型半挂牵引车追尾，导致新能源汽车翻出路侧护栏并起火燃烧，造成5人死亡、2人受伤。孙某的主要违法行为是什么？

A.超速行驶

B.驾驶逾期未年检机动车

C.操作不当

D.汽车超员

答案：D

22.周某驾驶一辆新能源汽车（乘载5人，核载5人）行至沿河县境内540县道58km+500m处时，在结冰路面以44km/h的车速行驶，导致汽车侧滑翻下公路，造成2人死亡、3人受伤。周某的主要违法行为是什么？

A.超速行驶　　　　B.疲劳驾驶

C.客车超员　　　　D.操作不当

答案：A

23.吴某驾驶一辆新能源汽车（乘载4人，核载5人）行至太原境内以45km/h的车速通过一处泥泞路段时，汽车侧滑驶出路外坠入深沟，导致1人死亡、3人受伤。吴某的主要违法行为是什么？

A.超速行驶　　　　　B.酒后驾驶

C.疲劳驾驶　　　　　D.客车超员

答案：A

24.驾驶机动车变更车道时，属于交通陋习的是什么行为？

A.随意并线

B.提前开启转向灯

C.仔细观察后变更车道

D.不得妨碍其他车道正常行驶的车辆

答案：A

25.机动车在道路上行驶时，属于交通陋习的是什么行为？

A.遵守交通信号

B.按规定使用灯光

C.带行驶证、驾驶证

D.随意向车外抛撒物品

答案：D

26.发现前方机动车停车排队缓慢行驶时，属于交通陋习的是什么行为？

A.停车或依次行驶

B.加塞抢行

C.不强行超车

D.不占用非机动车道行驶

答案：B

27.驾驶人边驾车边吸烟的做法有什么影响？

A.可提高注意力　　　B.妨碍安全驾驶

C.可缓解驾驶疲劳　　D.不影响驾驶操作

答案：B

28.这样在路边临时停放机动车有什么违法行为？

A.在非机动车道停车

B.在人行横道上停车

C.距离路边超过30cm

D.在有禁停标线路段停车

答案：B

三、多选题

1.张某驾驶新能源汽车以110km/h的速度在城市道路行驶，与一辆机动车追尾后弃车逃离，被群众拦下。经鉴定，事发时张某血液中的酒精浓度为135.8mg/100mL。张某的主要违法行为是什么？

A.肇事逃逸　　　　　B.醉酒驾驶

C.超速驾驶　　　　　D.疲劳驾驶

答案：ABC

2.韦某驾驶新能源汽车，行至陂头镇上汶线3km+600m弯道路段时，以40km/h的车速与昌某驾驶的乘载19人正三轮载货摩托车发生正面相撞，造成10人死亡、9人受伤。双方驾驶人的主要违法行为是什么？

A.韦某驾驶与准驾车型不符的机动车

B.昌某不按信号灯指示行驶

C.昌某驾驶摩托车非法载客

D.韦某超速行驶

答案：CD

3.马某夜间驾驶大货车在没有路灯的城市道路上以90km/h的车速行驶，一直开启远光灯，在通过一窄路时，因加速抢道，导致对面驶来的一辆新能源汽车撞上右侧护栏。马某的主要违法行为是什么？

A.不按规定会车　　　B.疲劳驾驶

C.超速行驶　　　　　D.不按规定使用灯光

答案：ACD

4.某日19时，苗某驾驶新能源汽车，乘载7人（核载5人），连续行驶至次日凌晨1时，在金城江区境内050国道3008km+110m处，因机动车左前胎爆裂，造成2人死亡、5人受伤的交通事故。苗某的主要违法行为是什么？

A.疲劳驾驶　　　　　B.操作不当

C.汽车超员　　　　　D.超速行驶

答案：AC

5.方某驾驶一辆新能源汽车，乘载6人（核载5人），以38km/h的车速，行至一连续下陡坡转弯路段时，汽车翻入路侧溪水内，造成2人死亡、4人受伤。方某的主要违法行为是什么？

A.汽车超员　　　　　B.疲劳驾驶

C.酒后驾驶　　　　　D.超速行驶

答案：AD

6.任某驾驶一辆新能源汽车，乘载5人（核载5人），行驶途中察觉制动装置有异常但未处理，行至双岛海湾大桥时车速为50km/h（该路段限速40km/h），因制动失灵坠入海中，造成1人死亡、4人受伤。任某的主要违法行为是什么？

    A.疲劳驾驶

    B.汽车超员

    C.超速行驶

    D.驾驶故障机动车

    答案：CD

7.袁某驾驶新能源汽车，乘载6人（核载5人），保持40km/h以上的车速行至八宿县境内连续下坡急转弯路段处，翻下100m深的山崖，造成3人死亡、3人受伤。袁某的主要违法行为是什么？

    A.超速行驶

    B.汽车超员

    C.疲劳驾驶

    D.驾驶时接听手持电话

    答案：AB

8.柳某驾驶一辆新能源汽车，乘载8人（核载5人），行至163县道7km+300m处时，机动车失控坠入山沟，造成2人死亡、6人受伤。事后经酒精检测，柳某血液酒精含量为26mg/100mL。柳某的主要违法行为是什么？

    A.疲劳驾驶

    B.酒后驾驶

    C.超速行驶

    D.汽车超员

    答案：BD

9.某日3时40分，史某驾驶新能源汽车（乘载4人、核载5人）行至随岳高速公路229km+300m处，在停车下客过程中，被后方驶来张某驾驶的重型半挂机动车追尾，造成2人死亡、2人受伤。事后查明，张某从昨日18时许出发，途中一直未休息。双方驾驶人的主要违法行为是什么？

    A.史某违法停车下客

    B.史某客车超员

    C.张某疲劳驾驶

    D.张某超速

    答案：AC

10.唐某驾驶中型客车（乘载33人），行至许平南高速公路163km处时，以120km/h的车速与停在最内侧车道上刘某驾驶的因事故无法移动的新能源汽车（未设置警示标志）相撞，中型客车撞开右侧护栏侧翻，造成16人死亡、15人受伤。双方驾驶人的主要违法行为是什么？

    A.唐某超速行驶

    B.唐某客车超员

    C.刘某未按规定设置警示标志

    D.刘某违法停车

    答案：ABC

11.姚某驾驶新能源汽车（核载5人，实载7人），行至京港澳高速公路938km时，因乘车人携带的大量危险化学品在车厢内突然发生爆燃，造成2人死亡，5人受伤。此事故中的主要违法行为是什么？

    A.汽车超员   B.不按规定停车

    C.携带危险物品   D.超速行驶

    答案：AC

12.林某驾驶改装的新能源汽车（核载5人，实载8人），行至榆林子镇马槽沟村处，占用对向车道逆行时与一辆重型自卸货车正面碰撞，造成4人死亡、4人受伤。该起事故中的主要违法行为是什么？

    A.汽车超员

    B.货车超速行驶

    C.非法改装机动车

    D.汽车逆向行驶

    答案：ACD